# Vietnam

# Vietnam
## Küche & Kultur

Rezepte Hans Gerlach
Reportagen Susanna Bingemer
Reportagefotos Hans Gerlach
Foodfotos Joerg Lehmann
Foodstyling Frauke Koops

# Inhalt

# Vietnam
## Essen ist Frieden

Diese Schulmädchen kennen den Vietnamkrieg nur aus dem Geschichtsbuch.

Bäuerinnen mit Kegelhüten, die in dampfende Felder Reis pflanzen; Geschäftsleute im Anzug; kahl geschorene Mönche; Beamte in militärgrünen Uniformen; Jugendliche in Jeans. Elegante Hotels im Kolonialstil und Hütten auf dem Wasser; Heere von Hondafahrern und Wasserbüffel, die langsam die Erde pflügen – das alles ist Vietnam. Der Küstenstaat am Südchinesischen Meer ist ein Land großer Kontraste, ein Land, das noch sehr alten Traditionen verbunden ist, sich dennoch mit Enthusiasmus in den Fortschritt wagt. Das macht es heute zu einer der spannendsten Regionen Asiens.

Lange Zeit haben viele Vietnam nur mit Krieg in Verbindung gebracht. Kein Wunder: Allein in der jüngeren Geschichte war das südostasiatische Land 30 lange Jahre im Kriegszustand – gegen die Kolonialmacht Frankreich, später gegen die Amerikaner. Nach Kriegsende war das Land vom Rest der Welt praktisch isoliert. Bis vor wenigen Jahren, seit der kommunistische Staat einen Kurs der vor allem wirtschaftlichen »Erneuerung« fährt, bei dem er sich mehr und mehr dem Ausland öffnet. Jetzt erhebt sich Vietnam wie Phoenix aus der Asche. Was dabei hilft: Die Vietnamesen sind kein nachtragendes Volk. Fast alle wollen einen Neubeginn mit den Feinden von damals. Und über die Hälfte der Bevölkerung ist so jung, dass sie den Vietnamkrieg nur aus Geschichtsbüchern kennt. Erst seit einigen Jahren für den breiten Tourismus zugänglich, boomt Vietnam inzwischen im doppelten Sinn – als neues asiatisches Wirtschaftswunder und als faszinierendes Reiseland mit einmaligen Kulturschätzen, aufregenden Landschaften, liebenswerten Menschen und einer einzigartigen Küche.

### Essen ist hohe Lebenskunst

Essen ist in Vietnam wesentlich mehr als die reine Nahrungsaufnahme. »*Es ist eine hohe Lebenskunst*«, so der vietnamesische Ethnologe Tien Huu. Essen sichert zugleich Überleben und Fortpflanzung. Man isst, um zu leben und bleibt dabei auch in Verbindung mit den verstorbenen Ahnen, die in der Religiosität der Vietnamesen eine große Rolle spielen. So erklären sich auch die vielen Speiseopfer bei der Ahnenverehrung auf dem Hausaltar. Die Bedeutung des Essens liegt in der vietnamesischen Geschichte begründet, die über Jahrtausende von Kriegen, Dürre und Überschwemmungen bestimmt war. Not macht bekanntlich erfinderisch, und so lernten die Vietnamesen aus wenigen Zutaten in kurzer Zeit das Bestmögliche zu zaubern. Glück – so ein Sprichwort – heißt für einen vietnamesischen Bauern, sich satt essen zu können.

Nicht nur das Essen selbst, sondern auch die Art und Weise, wie gegessen wird, hat in Vietnam einen symbolischen Sinn. Im Gegensatz zu westlichen Küchen kommen bei einem vietnamesischen Mahl alle Speisen gleichzeitig auf den Tisch. Alle, die an der Mahlzeit teilnehmen, bedienen sich aus denselben Schüsseln, tunken ihr Essen in denselben Dip. So wird aus dem Essen ein Akt der Gemeinschaft und gegenseitigen Sympathie – nur wer sich mag, isst aus derselben Schüssel. Besondere Bedeutung kommt dabei auch den Essstäbchen zu: Wer mit ihnen isst, muss langsam essen, sich Zeit nehmen, seine ganze Aufmerksamkeit der Mahlzeit schenken. Wer mit Stäbchen isst, zerschneidet das Essen nicht grob, sondern zupft vorsichtig Fleisch- oder Gemüsestücke vom gemeinsamen Teller und schiebt die besten Stücke dem anderen zu. In Vietnam sagt man: »*Wer mit Schale und Essstäbchen umzugehen versteht, versteht auch mit Worten umzugehen*«.

### Reis, Kräuter und Fischsauce

Die drei Grundpfeiler der vietnamesischen Küche sind Reis, die Fischsauce *nuoc mam* und frische Kräuter. Reis ist wie in allen asiatischen Ländern Grundnahrungsmittel. In Vietnam aber wird er oft weiterverarbeitet zu dicken Reisnudeln oder Reispapier. Mit Reispapier wickelt man Fleisch- oder Gemüsehappen ein zu den für

Vietnam so typischen Reispapierrollen. Die wiederum gibt es roh als Glücksrollen (*goi cuon*), gedämpft als Mandarinrollen (*banh cuon*) oder frittiert als die klassischen Frühlingsröllchen (*cha gio* oder *nem*). Diese Röllchen sind sehr beliebt, oft werden zwei oder drei Sorten als Vorspeisen gereicht. Frische Kräuter unterscheiden die Küche Vietnams von den anderen Küchen Südostasiens. In Vietnam wächst eine einzigartige Vielfalt an uns unbekannten Kräutern. Den Dritten im Bunde, die Fischsauce *nuoc mam*, verwendet man eigentlich immer – zum Kochen, als Marinade, Dressing oder Dip, ähnlich wie Sojasauce in anderen Küchen Asiens.

## Fremde Einflüsse

Seine geographische Lage hat Vietnam zur Drehscheibe verschiedener Kulturen gemacht. Und die vietnamesische Küche ist ein Musterbeispiel für die Fähigkeit der Vietnamesen, fremde Einflüsse aufzunehmen, ohne dabei ihre eigene Identität zu verlieren – sondern im Gegenteil die eigene Kultur damit zu bereichern. Natürlich haben tausend Jahre Fremdherrschaft durch die Chinesen auf die Kochkunst der Vietnamesen eingewirkt, doch ein eigener Stil blieb erhalten. Und auch die Grande Cuisine Frankreichs verfeinerte die traditionelle Küche Vietnams – damals, als einheimische Köche Gouverneuren und reichen Gourmets auftischen mussten. Die Franzosen brachten beispielsweise den Dill in das ohnehin schon kräuterreiche Land. Anbau und Verwendung europäischer Gemüsesorten wie Artischocken und Spargel ist ihnen ebenso zu verdanken, nicht zu vergessen Baguette und Kaffee. Vietnamesisches Essen unterscheidet sich aber nicht nur durch französische Elemente von der Küche der Nachbarländer: Es ist weniger scharf, viel differenzierter gewürzt. Das lässt sich auch auf indische Einflüsse zurückführen – durch die Khmer, die noch vor den Vietnamesen das Mekong-Delta besiedelt hatten, und vor allem durch die Cham, die mehr als 1400 Jahre über

7

Teile Mittel- und Südvietnams herrschten, bis sie von den Vietnamesen unterworfen wurden. Beim Besuch einer privaten Universität in Saigon machte uns der Direktor, ein Japanologe, darauf aufmerksam, dass schon im Namen »Indochina« für Vietnam und die Nachbarländer Laos und Kambodscha deutlich wird, welche Kulturen auf Vietnam und seine Küche eingewirkt haben.

### Im Norden: nicht nur *pho bo*

So wie das Land aus drei Regionen besteht – Norden, Mitte, Süden –, gibt es auch drei kulinarische Traditionen. Im Norden ist der chinesische Einfluss am stärksten. Pfannengerührte und geschmorte Gerichte, Reisbrei und Suppen sind in dieser kühleren und trockeneren Gegend besonders beliebt. Da hier nicht so viele Gewürze und Kräuter wachsen, sind die Speisen auch nur mit wenigen Zutaten gewürzt. Im Winter versammelt man sich gern um ein auf dem Tisch stehendes Holzkohleöfchen, um beim berühmten Feuertopf *lau* Fleisch- und Gemüsestücke in einer Brühe zu garen. Das bekannteste nordvietnamesische Gericht ist aber sicher die berühmte *pho bo*, Nudelsuppe mit Rindfleisch, die sich mittlerweile zum Nationalgericht gemausert hat.

### Im Zentrum: kaiserliche Raffinesse

In Zentralvietnam, eigentlich die ärmste Region Vietnams, erreichte die offizielle Küche in der Gegend um die Kaiserstadt Hue einen hohen Grad an Raffinesse. Die Kunst des Essens wurde als wesentlicher Bestandteil der feinen Lebensart angesehen. Besondere Aufmerksamkeit widmete man dem Garnieren und der Präsentation der Speisen, die den kaiserlichen Gaumen erfreuen sollten. Bekannt sind die in wilde Betelblätter gewickelten Rindfleischröllchen *bo la lot* oder auch *banh beo*, gedämpfter Reismehlpudding mit gehackten Shrimps.

### Im Süden: exotische Vielfalt

Die Küche des Südens ist differenzierter als die des Nordens. Die Speisen werden mit vielen Gewürzen gleichzeitig aromatisiert, sind salziger, süßer oder saurer als Gerichte aus dem Norden und Zentralvietnam. Auf den fruchtbaren Böden gedeihen exotische Früchte und Gemüse in bester Qualität. Bekanntes Gericht ist *banh xeo*, ein Reismehlpfannkuchen mit Fleisch oder Krabben, zu dem – das ist auch bei anderen Speisen oft der Fall – rohe Sojabohnensprossen ge-

reicht werden. Tatsächlich werden Südvietnamesen von ihren Landsleuten manchmal leicht abfällig *gia* genannt, Sojabohnensprossenesser. Umgekehrt haben Nordvietnamesen den Spitznamen *rau muong*, Wasserspinatesser. Im Süden zieht man das schnelle Pfannenrühren und Sautieren dem Frittieren und langsamen Schmoren vor. Eine Ausnahme sind die im Tontopf geschmorten Fleisch- oder Fischgerichte in Karamellsauce, eine Spezialität aus dem Mekong-Delta. Dort, wo große Kokospalmenplantagen das Bild prägen, spielen natürlich auch Kokosnüsse eine tragende Rolle in der Küche. Man verwendet ihr Wasser, ihre Milch und Kokospäne zum Kochen. Es gibt sogar kräftig gewürzte Curries wie in Thailand oder Kambodscha. Der französische Einfluss zeigt sich am deutlichsten in der Verwendung von Spargel, Kartoffeln und Tomaten, die aber auf vietnamesische Art zubereitet werden. Aus dem Süden kommt außerdem der typisch vietnamesische Brauch, bei Tisch Stückchen von gebratenen oder gegrillten Speisen mit rohem Gemüse und Kräutern in ein Salatblatt oder Reispapier zu wickeln. Dieses Päckchen wird dann in eine scharfe Sauce getunkt.

Die vietnamesische Küche ist raffiniert, komplex und reichhaltig. Seit einigen Jahren knüpfen die Köche Vietnams wieder an diese Tradition an. Aufgrund der jahrzehntelangen Kriegswirtschaft sah es nämlich lange eher dürftig in den Kochtöpfen der Vietnamesen aus. 1975 hatte die kommunistische Regierung zudem fast alle Restaurants des Landes schließen lassen in ihrem Kampf gegen die »Dekadenz« der alten Bourgeoisie. Diese Zeiten haben sich Gott sei Dank gründlich geändert. Private Restaurants schießen wie Pilze aus dem Boden. Hatten wir 1998 während unserer ersten Vietnam-Reise unsere kulinarischen Aha-Erlebnisse noch vornehmlich an den kleinen Garküchen, gerieten wir fünf Jahre später auch beim Besuch etlicher Restaurants – vor allem in Saigon – ins Schwärmen.

Vietnam – das war für uns Liebe auf den ersten Blick und die vietnamesische Küche gehört für uns zu den besten der Welt. Dieses Land ist wie geschaffen dafür, es auf kulinarischem Weg zu erfahren – hier dreht sich fast alles ums Essen. Das spiegelt sich auch in der Sprache wider: Das sino-vietnamesische Zeichen für »essen« setzt sich aus den Zeichen für »Mund« und »Frieden« zusammen. Frieden und Essen. Beides bekommt Vietnam wirklich gut.

Die Frau hat gut lachen: Ihre Garküche ist gut besucht. Heute gibt es in Vietnam wieder genug zu essen für alle.

Feinster Sand und malerische Lotusblüten, so weit das Auge reicht:
Weißer See bei Mui Ne an der Südostküste.

Hier herrscht immer Hochbetrieb:
Der Markt von Binh Tay ist der größte Saigons.

Essen hat für Vietnamesen eine große Bedeutung – natürlich auch
beim Spiel der Kinder.

# Südvietnam
## Land im Aufbruch

*Dampfende Garküchen reihen sich in den Straßen Saigons aneinander. An jeder Ecke brodelt und duftet es in der quirligen Handelsmetropole. Im fruchtbaren Mekong-Delta dagegen mit seinem Netzwerk aus Flüssen und Kanälen bestimmt das Wasser das Leben. Hier ist die Reiskammer des Landes.*

# *Streetfood,*
## Sojasprossen und Kokosnüsse

Dampf steht in der Luft. In der Garküche neben der Hauptpost in Ho Chi Minh City drängen sich vietnamesische Angestellte auf Plastikstühlchen um niedrige Tische sowie eine Gruppe Schülerinnen in *ao dais*, der eng anliegenden vietnamesischen Nationaltracht aus Seide. Sie tragen sie in Weiß als Schuluniform. Es ist Mittagszeit. Alle schlürfen in Windeseile Nudelsuppe – die Suppenschale dicht an den Lippen.

Ho Chi Minh City. Die Einheimischen sagen immer noch Saigon. Erst 1975 wurde die Stadt offiziell umbenannt – und trägt nun als einzige Großstadt den Namen eines Kochs. Staatsgründer Ho Chi Minh hat als junger Mann in Paris eine Zeit lang für den großen Koch Auguste Escoffier gearbeitet, bevor er sich aufschwang, den Kapitalismus zu bekämpfen.

### Saigon – das Paris des Ostens

Die Metropole im Süden ist die größte Stadt Vietnams und gilt als Boom-Town. Kapitalismus prallt auf Kommunismus, hier ist *Doi moi* – zu deutsch »Erneuerung«, die vietnamesische *Perestroika* – am deutlichsten spürbar. An jeder Ecke Baustellen – alte Häuser werden renoviert, Hotels hochgezogen. Wolkenkratzer wie das Saigon Trade Center mit 145 Metern sind Symbole für den wirtschaftlichen Erfolg. Quirlige Geschäftigkeit und ohrenbetäubender Verkehrslärm bestimmen die Atmosphäre. Zement, Eisenstangen, zu Ballen verschnürte Gänse, alles wird auf Rädern, Cyclos oder Mopeds transportiert. Zwischen eifrig kochenden Streetfood-Verkäuferinnen, stoischen Schuhputzern und Kindern mit Bauchladen hasten Geschäftsleute, das Handy immer am Ohr. Aus bunten Läden plärrt Musik aus Lautsprechern auf die Straße. An kleinen Ständen verkaufen alte Frauen Zuckerrohrsaft. Cyclofahrer dösen im Schatten auf ihren Rädern, beim Anblick eines Touristen erwachen sie blitzschnell aus ihrer Lethargie, bieten eine Stadtrundfahrt an. »One hour, one dollar«. Wir gehen lieber zu Fuß – besonders in Saigon wur-

de der motorisierte Verkehr in den vergangenen Jahren immer chaotischer. Eine Cyclo-Fahrt erscheint uns halsbrecherisch.

Cyclos sind typisch für Vietnam: Der Name leitet sich von der französischen Bezeichnung für Rikscha ab. Erste Exemplare wurden während der französischen Kolonialherrschaft vor etwa 100 Jahren importiert. In den engen Gassen waren sie lange Zeit das wichtigste Transportmittel. Gab es Ende der 80er Jahre noch viele Tausend Cyclofahrer in Saigon, sind es heute nur noch wenige Hundert. Im immer dichter werdenden Verkehr Saigons wurden die langsamen Cyclos zum Hindernis, inzwischen sind sehr viele Straßen für sie gesperrt. Von den etwa sieben Millionen Einwohnern Saigons fahren heute allein drei Millionen Moped.

*Sai gon* bedeutet »Wald aus Kapok-Bäumen« – die Khmer benannten die Gegend einst nach asiatischen Baumriesen, die am Ufer des Saigon-Flusses wuchsen. 1859 eroberten die Franzosen Saigon und machten aus der Siedlung eine Stadt, später die Hauptstadt des französischen Kolonialgebietes Cochinchina – man nannte sie das »Paris des Ostens«. Es war die Zeit der französischen Plantagenbesitzer, der Opium rauchenden Kolonialisten und der eleganten Caféhäuser. Die Franzosen ließen prächtige Bauten errichten, von denen viele noch heute mit ihrem kolonialen Charme das Stadtbild prägen wie das ehemalige Rathaus, die Kathedrale Notre Dame oder die wunderschönen »Grand Hôtels«.

Nicht nur französische, auch chinesische Einflüsse prägen Saigon. Der älteste erhaltene Teil der Stadt ist das chinesische Viertel Cholon (»großer Markt«) im Südwesten. Hier betreiben aus Südchina geflüchtete Chinesen und ihre Nachfahren seit 300 Jahren Handel – auf Bürgersteigen, Märkten und in den unzähligen engen Gassen. Es geht bunt und lebhaft zu, 24 Stunden am Tag. Man geht hierher, um einzukaufen. Der Binh Tay-Markt zum Beispiel ist der größte der Stadt, zudem ein Großmarkt, bei dem sich viele kleine

Ein Muss bei öffentlichen Festen: Plakate mit Ho Chi Minhs Konterfei.

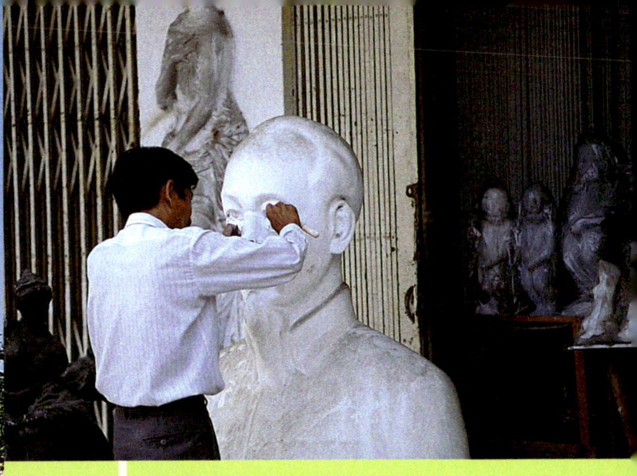

Büsten von »Onkel Ho« – wie Vietnamesen ihren Landesvater nennen – sind ein beliebtes Souvenir und stehen nicht nur in öffentlichen Gebäuden.

Das Cyclo war lange Zeit das wichtigste Transportmittel. Heute weicht es mehr und mehr dem Moped. In den großen Städten bieten Cyclofahrer noch Stadtrundfahrten für Touristen an – wie hier vor Saigons französischer Kathedrale.

Belebte Straße in Ho Chi Minh City. Die Bewohner nennen ihre Stadt heute wie damals: Saigon.

Händler mit Waren eindecken. In Cholon stehen außerdem die meisten der mehr als 180 Pagoden und Tempel Saigons. Eine der schönsten Pagoden ist die Thien Hau-Pagode. Bei ihrem Besuch lässt man Lärm und Hektik der Großstadt hinter sich, taucht in eine Welt der Stille, Räucherstäbchen und eigentümlichen Gottheiten ein.

## Spuren des Krieges

Sehr lange Zeit haben mit kurzen Unterbrechungen nicht Vietnamesen, sondern Ausländer die Geschicke Saigons und damit Vietnams bestimmt – zuerst über 1000 Jahre die Chinesen, in der jüngeren Vergangenheit bis 1954 die Franzosen und schließlich bis 1975 die Amerikaner: Nach dem ersten Indochinakrieg wurde das Land 1954 in Nord- und Südvietnam geteilt und Saigon die Hauptstadt Südvietnams. Die Unterstützung, die die Stadt durch die USA erfuhr, machte sich bald im Stadtbild bemerkbar: Für die amerikanischen Militärfahrzeuge mussten die Straßen verbreitert und viele alte Bäume gefällt werden. Unzählige Tanz- und Drogenbars zogen Straßenmädchen aus der Provinz und Abenteurer aus aller Welt an. Auch Berichterstatter kamen. Denn zu diesem Zeitpunkt rückte Saigon ins internationale Bewusstsein – als wichtiger Schauplatz des Vietnam-Kriegs. Diesem

traurigen Kapitel der Stadt- und Landesgeschichte kann man heute noch nachspüren im Museum der Kriegsverbrechen, das noch vor wenigen Jahren Museum der amerikanischen Kriegsverbrechen hieß.

Damals schloss sich die südvietnamesische Regierung dem Kampf der Amerikaner gegen die Kommunisten Nordvietnams an. Die Kämpfer der nordvietnamesischen Guerilla – der Vietcong – waren zahlenmäßig und technisch der Supermacht stark unterlegen, doch mit großer Zähigkeit und Raffinesse gelang es ihnen, den Gegnern zu trotzen. Zeugnis dieses unglaublichen Überlebenswillens sind die berühmt-berüchtigten Cu Chi-Tunnel etwa 35 km nordöstlich von Saigon. Heute ein wichtiges Touristenziel mit Souvenirshops und Freiluftmuseum, war dieses 250 km lange Tunnelsystem damals Versteck der Partisanen. Ausgestattet mit Schlaf- und Versammlungsräumen, Küchen, Werkstätten und Krankenstationen, lebten die Partisanen über Monate in den engen Tunnels, ohne ans Tageslicht zu kommen – bis zu 16 000 Menschen sollen es gegen Kriegsende gewesen sein. Sogar Kinder wurden in dieser Zeit unter der Erde geboren. Nach der Machtübernahme der Kommunisten in Saigon am 30. April 1975 flüchteten Zehntausende Hals über Kopf aus der Metropole. Die

Getrocknete Krabben, Früchte, Nüsse, aber auch Schuhe oder Rasierschaum – es gibt nichts, was es nicht gibt auf den Märkten der großen Städte. Und was nur Eingeweihte wissen: Die Betreiberinnen der Garküchen in Marktnähe kochen am besten, denn hier holen auch die Marktfrauen ihr Mittagessen.

Frühstücksstand mit Baguette und französischem Schmelzkäse – der Einfluss der ehemaligen Kolonialherren besonders auf die Küche Vietnams ist nicht zu übersehen.

Die meisten Vietnamesen essen lieber Nudelsuppe zum Frühstück.

Morgens sucht eine Köchin auf dem Markt das frischeste Gemüse aus (links). Eine mobile Garküche en miniature ist das Joch (rechts): Auf der einen Seite werden die Zutaten transportiert, auf der anderen Seite auf einem kleinen Feuer in einem Topf gekocht.

Ob Kindergartenkinder oder Büroangestellte – alle Vietnamesen essen gerne Suppe. Größere Stücke werden mit Stäbchen geangelt, die Brühe geschlürft oder gelöffelt.

Oft sind es Details, die die Blicke auf sich ziehen – wie hier die wunderbar gemusterten Klapptische, die an vielen Streetfood-Ständen aufgestellt sind.

neuen Herrscher verboten bald privaten Handel, enteignete Ladenbesitzer wurden über Nacht zu besitzlosen »boat people« – Menschen, die dicht gedrängt auf kleinen Fischerbooten hofften, auf dem Seeweg in ein sicheres Land fliehen zu können. Viele dieser Menschen, denen die Flucht damals gelungen ist, kehren heute in ihr Land zurück, das sich vor allem durch die neue Politik des *Doi Moi* dem Ausland wieder geöffnet hat. Auch dank der Investitionen der Auslands-Vietnamesen boomt Saigon heute erneut.

## Streetfood – Essen auf der Straße

*»In Vietnam musst du das Essen nicht suchen, es sucht dich!«*

In Vietnam findet das Leben – wie in den meisten asiatischen Ländern – auf der Straße statt. So ist es kein Wunder, dass auch auf der Strasse gekocht und gegessen wird. Davon abgesehen ist Snacken eine beliebte Freizeitbeschäftigung in ganz Südostasien. Und die Zubereitung von Streetfood eine hohe Kunst. Südostasien ist ein Imbiss-Paradies. Vietnamesische Hochburg in Sachen Qualität und Vielfalt ist sicherlich Saigon. Auf jedem Markt, an jeder Bushaltestelle und Bahnstation oder in der Nähe von belebten Bürogebäuden sieht man mobile Garküchen. Zudem gibt es in allen größeren Stadtzentren Orte – oft ist es eine bestimmte Straße – an denen ausschließlich Essen angeboten wird und jeder weiß, wo sie sind.

In Saigon ist das vor allem der Ben Than-Markt, der bekannteste Markt der Stadt, mit seinem Uhrturm im Kolonialstil eines ihrer Wahrzeichen. Beim Spaziergang über den Markt schützen uns Schatten spendende Markisen vor der Sonne. Obst, Gemüse, Fleisch, Gewürze, in den Essensgassen duftet, dampft und brodelt es. Die Marktfrauen bieten fast alles koch- oder verzehrfertig an: Fische ausgenommen, Gemüse und Obst geschält und geschnitten – sozusagen Convenience-Produkte auf Vietnamesisch. Die meisten Vietnamesen haben nämlich keinen Kühlschrank, oftmals wenig Platz zum Kochen. Wenn sie die Lebensmittel so vorbereitet auf dem Markt kaufen können, genügen am heimischen Herd wenige Griffe, um das Gericht fertig zuzubereiten. Aus demselben Grund hat sich die Streetfood-Kultur entwickelt: Essen auf der Straße ist billig und gut und man braucht dafür keine Küche zu Hause.

Die Straßenköche spezialisieren sich auf ein einziges Gericht und ihre Zutaten beziehen sie ganz frisch vom Markt. Oft orientieren sie sich an klassischen Rezepten der ländlichen Küche so wie bei *banh xeo*, mit Fleisch oder Krabben gefüllte Reismehlpfannkuchen oder *cha ca chien*, frittierte Süßkartoffel-Fischbällchen. Auch Süßspeisen haben ihren Ursprung oft in ländlichen Regionen, so wie *che dau do lanh*, eine süße Suppe aus rote Bohnen, Tapiokanudeln und Kokosmilch aus dem Mekong-Delta. Daneben bereichern auch fremde Einflüsse die Straßenküche. Vor einem der vielen Stände setzen wir uns auf die kleinkindertauglichen Plastikstühlchen und kaufen ein frisches Baguette, asiatisch belegt mit einer Art Pastete, Fischsauce, Salat und Ei. Baguette? Ja, denn als die Franzosen ihre Kolonie in Südostasien aufgaben, hinterließen sie viel von ihrem Lebensstil. Auch Kaffee wird in Vietnam mit den früher in Frankreich üblichen espressotassenkleinen Alufiltern serviert, durch die das aufgebrühte Getränk direkt in ein Glas rinnt. Mit gesüßter Kondensmilch und Eiswürfeln gönnen wir uns diese Köstlichkeit täglich.

Straßenküche ist immer mobil. In den sich rasant ausdehnenden Städten Asiens können sich die Straßenverkäufer, die für das Wohlbefinden von Millionen von Menschen so wichtig sind, neuen Gegebenheiten schnell anpassen. Wenn sich ein Aktivitätszentrum – sei es touristischer oder wirtschaftlicher Art – verschiebt, ziehen auch die mobilen Garküchen dorthin. Straßenverkäufer sind sehr einfallsreich: Sie stellen sich mit ihren Ständen an Straßenabschnitte, von denen sie wissen, dass dort die Autofahrer vor oder nach der Arbeit im Stau stehen und Hunger haben.

Eine Variante der mobilen Küche sind Reiskuriere. Man könnte sie als Erfinder des Take-Away-Foods bezeichnen. Reiskuriere liefern auf dem Moped Mittagessen an ihre Kunden. Jeden Tag um fünf Uhr morgens beginnt ihr Arbeitstag auf den Märkten Saigons. Nach den Einkäufen bringen sie die Zutaten in ihre Garküche, wo ab halb sieben die Familie und meistens noch mehrere Helfer die Mittagessen vorbereiten. Die Gerichte bestehen aus Suppen, Reis, Gemüse und Fleisch und werden in großen Woks gekocht, portioniert und transportabel gemacht. Dann beginnt die halsbrecherische Fahrt. Beladen mit bis zu 100 Portionen stürzen sich die Reiskuriere in den chaotischen Straßenverkehr.

Praktisch: Erfrischungsgetränk aus der Plastiktüte. Bei Jung und Alt beliebt sind Eistee oder Zuckerrohrsaft.

# Salat von Lotusstängeln

goi ngo sen

Zubereitungszeit: 20 Min.
Pro Portion ca.: 185 kcal

Zutaten für 4 Personen:
250 g Lotusstängel (s. Tipp)
150 g Gurke
1 Bund Polygonum
1/2 Bund Koriandergrün
2 Schalotten
5 EL Öl
100 g gegarte, geschälte Riesengarnelen
3 EL geröstete Erdnüsse (s. Seite 213)
Fisch-Dip (s. Seite 211) ohne Wasser, mit nur 2 EL Fischsauce

Von frischen Lotusstängeln ähnlich wie bei Rhabarber die Haut dünn abziehen, Stängel in 5 cm lange Stücke schneiden. Die Gurke schälen, halbieren, mit einem Teelöffel entkernen und in Streifen schneiden. Kräuter waschen, trockenschütteln und abzupfen.

Schalotten schälen und in Scheiben schneiden, im Öl in 10 Min. hellbraun und knusprig braten. Auf Küchenpapier legen. Riesengarnelen längs halbieren. Erdnüsse hacken.

Alle Salatzutaten miteinander und mit der Sauce mischen, in Schüsselchen verteilen und mit Erdnüssen bestreut servieren.

## TIPP

Frische Lotusstängel gibt es auch in guten Asienläden oft nur auf Bestellung. Lotusstängel aus dem Glas werden kurz gewässert und dann abgespült.

# Pomelosalat

goi buoi

Zubereitungszeit: 30 Min.
Pro Portion ca.: 180 kcal

Zutaten für 4 Personen:
1 Hähnchenbrustfilet (ca. 200 g)
2 Schalotten
1 EL Fischsauce, 1 EL Sojasauce
1 TL Zucker, 2 EL Öl
1 Pomelo
100 g Möhren, 100 g Gurke
1/2 Bund vietnamesische Minze oder asiatisches Basilikum (hellere Sorte)
3 EL geröstete Erdnüsse (s. Seite 213)
3 EL Fisch-Dip (s. Seite 211) mit
3 EL Wasser
Außerdem:
Bambusspieße zum Grillen (ersatzweise Holzspieße)

Bambusspieße in Wasser legen, damit sie später beim Grillen nicht verbrennen. Hähnchenfleisch in 2 cm große Würfel schneiden. Schalotten schälen und würfeln, mit Fischsauce, Sojasauce, Zucker und Öl mischen, Fleischwürfel hineinlegen.

Pomelo schälen, auch die weißen Trennhäute entfernen. Das Fruchtfleisch in Stücke zupfen. Möhren und Gurke schälen, die Möhren in streichholzdünne Streifen schneiden oder grob raspeln. Gurke halbieren und mit einem Teelöffel entkernen. Das Fruchtfleisch in dünne Streifen schneiden. Minze waschen und trockenschütteln, die Blättchen abzupfen und grob hacken. Erdnüsse hacken.

Fleischwürfel auf die Spieße stecken und auf dem Grill oder in einer Grillpfanne bei mittlerer Hitze 8–10 Min. grillen. Fleisch von den Spießen streifen.

Zutaten mischen, Fisch-Dip mit 3 EL Wasser anrühren, unter den Salat heben und mit Erdnüssen bestreuen. Am besten schmeckt der Salat, solange das Fleisch noch warm ist.

Zum Pomelosalat gibt es viele Varianten:
Sie können das Hähnchenfleisch durch marinierte und gegrillte Riesengarnelen ersetzen. Oder durch gekochtes gehacktes Krabbenfleisch.

**Auch Vietnamesen** essen gerne
Krautsalat – mit Erdnüssen, gebratenen Schalotten
oder Koriander bestreut.

**Die reife Papaya** *ist eine Frucht, unreif wird sie in Vietnam jedoch als Gemüse einge-*
*stuft. In Deutschland sollten Sie den Papayasalat nicht mit einer unreifen, gewöhnlichen Papaya aus*
*dem Supermarkt zubereiten, sondern mit einer so genannten Gemüsepapaya aus dem Asienladen –*
*die ist außen grün, innen fast weiß und hat weiße Kerne. Im Süden Vietnams liebt man den Grüne-*
*Papaya-Salat eher scharf, im Rest des Landes bevorzugt man mildere Varianten.*

# Grüne-Papaya-Salat

goi du du

Zubereitungszeit: 30 Min.
Marinierzeit: 30 Min.
Pro Portion ca.: 425 kcal

Zutaten für 4 Personen:
500 g grüne Papaya, 100 g Möhre
1–2 Chilischoten
3 EL geröstete Erdnüsse (s. Seite 213)
3 EL Limettensaft
6 EL vietnamesische Fischsauce, 3 EL Zucker
250 g Rinderrücken ohne Fett und Sehnen (beim
Fleischer in 4 mm dicke Scheiben schneiden lassen)
1 Msp. 5-Gewürze-Pulver
1 TL Chilipaste oder Chilisauce für Suppen
1/2 Bund Koriandergrün
1/2 Bund Grünes Perillakraut oder Polygonum
4 EL Öl, Pfeffer, Salz

Papaya und Möhre schälen und fein raspeln. Chili längs
halbieren und entkernen, in feine Streifen schneiden. Erdnüsse hacken.

Papaya und Möhre mit Limettensaft, 4 EL Fischsauce,
2 EL Zucker und Chili mischen. Ziehen lassen.

Rindfleischscheiben in 2 cm breite Streifen schneiden.
Mit 2 EL Fischsauce, 1 EL Zucker, 5-Gewürze-Pulver und
Chilipaste oder -sauce 30 Min. marinieren.

Kräuter waschen und grob zerzupfen. Fleisch aus der
Marinade nehmen und trockentupfen. Öl in einer
beschichteten Pfanne erhitzen und das Fleisch darin bei
starker Hitze 3 Min. braten, einmal wenden.

Fleisch mit Papaya und Möhre mischen, mit Salz und
Pfeffer abschmecken und mit Erdnüssen und Kräutern
bestreut servieren.

## Variante: Papayasalat mit Entenbrust
Eine Variante aus Nord-Vietnam: Entenbrustfilet in Salzwasser 45 Min. bei schwacher Hitze kochen, dann abkühlen lassen. Wie oben marinieren und in 2–3 EL Öl bei
ganz schwacher Hitze auf der Hautseite 10 Min. knusprig
braten. In dünne Scheiben schneiden, mit dem Salat
mischen. Mit Reisessig statt Limettensaft anmachen.

# Krautsalat mit Huhn

goi ga bap cai

Zubereitungszeit: 20 Min.
Garzeit: 40 Min.
Ruhezeit: 30 Min.
Pro Portion ca.: 240 kcal

Zutaten für 4 Personen:
2 Hühnerkeulen (je 250 g), Salz
500 g Weißkohl
2 asiatische Frühlingszwiebeln
2 Limetten
1 rote Chilischote
1/2 Bund Polygonum
4 Stängel vietnamesische Minze
1–2 EL Öl
1 TL–1 EL Zucker, gestoßener Pfeffer

Die Hühnerkeulen in 1 l Salzwasser in 40 Min. weich
kochen. Herausnehmen und abkühlen lassen, die Brühe
für ein anderes Gericht verwenden. Hühnerbeine häuten,
das Fleisch von den Knochen schneiden und zerzupfen.

Weißkohl in sehr feine Streifen schneiden oder hobeln.
Frühlingszwiebeln putzen, waschen und fein schneiden.
Die Limetten auspressen. Chili waschen und längs halbie-
ren, sehr scharfe Schote entkernen, milde Sorte mit den
Kernen fein hacken. Polygonum und Minze waschen und
die Blätter abzupfen, grob hacken.

Alle Zutaten mischen, 1–2 EL Öl zugeben und mit Zucker,
Salz und Pfeffer würzen. Den Salat leicht drücken, damit
der Kohl gut durchziehen kann, mindestens 30 Min.
ruhen lassen.

Neuere Filme wie »Der Duft der grünen Papaya« (oben links) oder »Indochine« (rechts) haben in der westlichen Welt sehr dazu beigetragen, Vietnam als Reiseziel attraktiv erscheinen zu lassen. Im Liebesepos »Indochina« mit Catherine Deneuve in der Hauptrolle spiegeln sich fast drei Jahrzehnte französischer Kolonialherrschaft in Vietnam wieder. Der Film bekam 1992 den Oscar als beste ausländische Produktion.

Geheimnisse der Kochkunst: In »Der Duft der grünen Papaya« kommt die junge Mui als Diener zu einer bürgerlichen Familie in Saigon. Die alte Thi lehrt sie alles, was eine Frau in diesem Haushalt wissen muss.

# *Blickpunkt Film*
## Der Duft der grünen Papaya

*Die grüne Papaya erinnert immer an die Welt der Frau mit ihren häuslichen Verrichtungen und Verhaltensweisen. Der Duft der grünen Papaya ist für mich eine Kindheitserinnerung an die Gesten der Mutter.*

*Tranh Anh Hung*

Bis vor einigen Jahren dachten viele beim Stichwort Vietnam an den Krieg der USA gegen das Land in Südostasien. Einen großen Teil zu dieser Sichtweise beigetragen haben sicher die so genannten »Vietnam-Filme«, in denen fast ausnahmslos aus amerikanischer Sicht der grauenhafte Krieg geschildert wurde. Selbst in den besseren Filmen dieses Genres wie »Apokalypse Now«, »Full Metal Jacket« oder »Platoon« steht nur das Leid der US-Soldaten in Vietnam bzw. der heimgekehrten Vietnam-»Veteranen« im Mittelpunkt. Vietnamesen bleiben meistens gesichtslos, das Land erscheint unwirklich und gefährlich. Dabei gerät zur Nebensache, dass all diese Filme in Thailand oder auf den Philippinen gedreht wurden.

Erst 1991 drehte ein ausländisches Team auf vietnamesischem Boden »Der Liebhaber« nach dem autobiographischen Roman der französischen Schriftstellerin Marguerite Duras. Im gleichen Jahr entstand »Indochine« mit Catherine Deneuve, ebenfalls ein Liebesfilm des französischen Indochina der 30er Jahre.

Beide Filme haben dazu beigetragen, das Bild Vietnams im Westen zu erweitern. Man sieht schöne Landschaften und ein wenig vom Alltag in Vietnam – allerdings wieder kaum aus vietnamesischer Sicht. Hauptpersonen sind Franzosen. Beide Filme wurden auch von Frankreich produziert, das als erstes Land seine vormalige Kolonie als Drehort entdeckt hat. Dabei erwies sich als hilfreich, dass der Sozialismus vieles konserviert hatte: Man tauschte nur die Plastikstühle gegen Korbsessel aus, nahm die Mopeds von der Straße und fertig war das stilechte Kolonialambiente.

Der erste Film, der ausschließlich eine vietnamesische Geschichte erzählt, wurde wiederum in einem Pariser Studio gedreht: »Der Duft der grünen Papaya« von Tran Anh Hung. Der im französischen Exil lebende Vietnamese schuf 1993 einen poetischen Film über das Leben einer Dienerin im Saigon der 50er Jahre, in dem er den Krieg nur andeutet und in dem keine Ausländer vorkommen. Dem Regisseur ging es vor allem um die Stellung der vietnamesischen Frau, die von Knechtschaft geprägt ist.

Der Film »Der Liebhaber« zeigt die Geschichte der jungen Französin Marguerite Duras, die in Saigon der 30er Jahre aufwächst und eine Affäre mit einem reichen Chinesen beginnt. Gedreht wurde an Originalschauplätzen – hier in Saigons Chinesenviertel Cholon.

## Nostalgischer Blick zurück

Bezeichnenderweise handelt dieser Film, der im Westen als erster authentisches vietnamesisches Leben zeigt (und übrigens in Cannes mit der Goldenen Palme ausgezeichnet wurde), sehr oft vom Essen: Man sieht, wie die Dienerin Wasserspinat und andere typischen Zutaten verarbeitet. Auch der Filmtitel zeigt die Verbundenheit der vietnamesischen Kultur mit dem Essen. »In reifem Zustand ist die Papaya eine Frucht«, erklärt Tran Anh Hung seinen Filmtitel. »Solange sie grün ist, wird sie als Gemüse angesehen. Daher wird der Papayabaum immer im Gemüsegarten hinter der Küche angepflanzt. Er darf auf keinen Fall im Ziergarten stehen. Die grüne Papaya wird dem Mann zum Verzehr bereit auf einem Teller serviert. Gepflückt, gewaschen, geschält und zubereitet wird sie dagegen von der Frau«.

## Das moderne Vietnam

Da Vietnam keine eigene Filmvergangenheit von Bedeutung hatte, war für Tran Anh Hung »Der Duft der grünen Papaya« ein nostalgischer Blick zurück, der Versuch, sich »eine nationale Filmvergangenheit zu schaffen« – um anschließend Filme über das moderne Vietnam machen zu können.

In dem 1995 in Vietnam gedrehten Gangsterpoem »Cyclo« zeigt Tran das hektische, lärmende Saigon von heute. Im Jahr 2000 schließlich setzt er diesem gewalttätigen und pessimistischen Film mit »Ein Sommer in Hanoi« eine Familiengeschichte aus dem beschaulichen Hanoi entgegen. Tatsächlich markieren diese beiden Filme die beiden extremen Seite der modernen vietnamesischen Gesellschaft. Hier die kriminellen Auswüchse, der Kampf ums nackte Überleben nach der marktwirtschaftlichen Öffnung. Dort das sehnsüchtige Festklammern an alten, Geborgenheit verheißenden Strukturen. Nur beides zusammen, so Tran, vermittelt Außenstehenden einen richtigen Eindruck vom Leben in Vietnam.

# Vietnamesische Mortadella

gio lua

Zubereitungszeit: 1 Std.
Garzeit: 45 Min.
Insgesamt ca.: 1475 kcal

Zutaten für 1 Mortadella:
750 g sehr frisches, mageres Schweinefleisch (Oberschale oder Rücken)
Salz
100 g grüner Speck am Stück
2 EL vietnamesische Fischsauce
schwarzer Pfeffer
1 Bananenblatt

Das Fleisch 2 cm groß würfeln, kräftig salzen
und 15 Min. ins Gefrierfach stellen. Währenddessen den Speck in einem kleinen Topf mit
Salzwasser 10 Min. kochen, dann abkühlen
lassen und in kleine Würfel schneiden.

Das Fleisch im Blitzhacker fein pürieren. Mit
Fischsauce und 1/2 TL Pfeffer würzen, den
Speck untermischen.

Das Bananenblatt waschen, abtrocknen und
quer halbieren. Die Fleischfarce so an eine
Blatthälfte legen, dass eine ca. 12 cm dicke
und 15–20 cm lange Wurst entsteht. Fest einrollen und das Blatt an den Enden umschla-
gen. In die zweite Blatthälfte (die Fasern müssen parallel zur Wurst verlaufen, damit sich
das Paket gut verschnüren lässt, ohne dass das
Blatt reißt) einrollen und mit Küchengarn fest
zubinden. Die Wurst in einem großen Topf
mit kochendem Salzwasser legen, bei schwacher Hitze 45 Min. kochen. Aus dem Wasser
nehmen und auskühlen lassen.

Mortadella auspacken und in Scheiben
schneiden. Als kleine Vorspeise mit marinier-
ten (s. Seite 118) oder gedünsteten Frühlingszwiebeln servieren oder für die Füllung von
Sandwiches oder Glücksrollen verwenden. Die
Wurst hält sich im Kühlschrank ein paar Tage.

# Vietnamesische Sandwiches

banh mi

Zubereitungszeit: 35 Min.
Pro Stück ca.: 375 kcal

Zutaten für 4 Sandwiches:
200 g Hähnchenbrustfilet oder
Schweinefleisch aus der Schulter
2 Knoblauchzehen, 2 EL Öl
1 TL 5-Gewürze-Pulver
1/2 TL Chiliflocken, 2 TL Zucker
100 g Schweinehackfleisch
1 EL vietnamesische Fischsauce
200 g Gurke
1/2 Bund Koriandergrün
1 milde große Chilischote
4 vietnamesische Baguettes (s. Seite 210,
oder 4 Baguettebrötchen)
200 g vietnamesische Mortadella
(s. links; ersatzweise italienische
Mortadella) in dünnen Scheiben
100 g eingelegte Möhren und Rettich
(s. Seite 118)
Salz, Pfeffer

Das Fleisch in wenig Salzwasser 30 Min.
kochen, abkühlen lassen und in Scheiben
schneiden.

Knoblauch schälen und fein hacken. 2 EL Öl
erhitzen, Knoblauch, 5-Gewürze-Pulver, Chiliflocken und Zucker darin ca. 10 Sek. rösten.
Das Hackfleisch 4–5 Min. braten, dabei mit
Stäbchen umrühren. Mit 1 El Fischsauce
abschmecken, vom Herd nehmen.

Die Gurke schälen, längs vierteln, entkernen
und in Scheiben schneiden. Koriander
waschen, trockenschütteln und abzupfen,
Chili in dünne Ringe schneiden.

Baguettes auf-, aber nicht durchschneiden
und mit Hackfleisch bestreichen. Fleisch,
Gurke, Koriander, Chili, Mortadella sowie ein-
gelegtes Gemüse darauf verteilen, mit etwas
Salz und Pfeffer würzen.

Vietnamesische Sandwiches
werden auch mit Leberwurst,
Butter oder Mayonnaise
bestrichen. Ebenso wird der
Belag oft variiert, z. B. mit
gegrilltem Fleisch und anderen eingelegten Gemüsen.

Fischbällchen können Sie mit allen Fisch-
sorten zubereiten, die helles, nicht zu festes Fleisch
haben, neben Kabeljau z.B. Rotbarsch.

**Rindfleischsalat** *ist eine echte vietnamesisch-französische Koproduktion: Die Franzosen brachten Rindfleisch, Brunnenkresse und das dazu servierte Baguette ins Land, die Vietnamesen
steuerten ihre Zubereitungsmethode mit Austernsauce, Limetten und asiatischem Basilikum bei.
Der vietnamesische Name bo luc lac kommt von dem Geräusch, das das in der Pfanne springende
Rindfleisch macht: luc lac, luc lac ...*

# Kabeljau-Süßkartoffel-Fladen

cha ca chien

Zubereitungszeit: 45 Min.
Pro Portion ca.: 365 kcal

Zutaten für 4 Personen (ca. 16 Bällchen):
300 g orange Süßkartoffeln
Salz, 300 g Kabeljaufilet, Pfeffer
150 ml Kokosmilch (Dose)
1 Tomate (100 g)
1 Bund Koriandergrün
2 Eier
2–3 EL vietnamesische Fischsauce
50 g Reismehl, 6 EL Öl
Zum Anrichten:
Scharfe Zitronengras-Soja-Sauce (s. Seite 212)
oder Ingwer-Limetten-Sauce (s. Seite 211)

Süßkartoffeln schälen, in 2–3 cm große Stücke schneiden und in Salzwasser in 15 Min. weich kochen. Abgießen, gut ausdampfen lassen und mit einer Gabel oder einem Kartoffelstampfer pürieren.

Fisch mit Salz und Pfeffer würzen und in einem kleinen Topf in der Kokosmilch bei schwacher Hitze 10 Min. garen. Tomate vierteln und ohne Stielansatz und Kerne klein würfeln. Koriander waschen, trockenschütteln, abzupfen und hacken.

Eier und Fischsauce verquirlen. Fisch aus der Kokosmilch nehmen (Kokosmilch wegwerfen), abtropfen lassen, mit einer Gabel zerpflücken und mit den Süßkartoffeln mischen. Koriander, Tomate und die Hälfte der Eiermischung zugeben, gründlich verkneten, abschmecken. Den Teig sofort verarbeiten, er wird sonst feucht.

Reismehl auf einen Teller streuen. In einer großen Pfanne 6 EL Öl erhitzen. Mit einem Esslöffel kleine Teigportionen abstechen, ins Mehl streifen und wenden, so dass abgeflachte Bällchen entstehen. Jedes Bällchen in die restliche Eiermischung tauchen und von ringsum in je 3–4 Min. goldbraun backen.

Fischbällchen mit Salat und Minze anrichten und mit Sauce servieren.

# Scharfer Rindfleischsalat

bo luc lac

Zubereitungszeit: 20 Min.
Pro Portion ca.: 225 kcal

Zutaten für 4 Personen:
400 g Rinderrücken ohne Fett und Sehnen
1 EL Austernsauce, 2 EL Sojasauce
1 Knoblauchzehe
2–3 Vogelaugen-Chilischoten (kleine, scharfe Chilis)
1 EL Zucker, Salz
2 EL Limettensaft
1 kleine rote Zwiebel
400 g frische Ananas
1 Bund Brunnenkresse
1 Bund asiatisches Basilikum
3 EL Öl

Rinderrücken in 1 cm dicke Scheiben, diese in 2 cm große Quadrate schneiden, in einer Schüssel mit Austernsauce und Sojasauce mischen. Knoblauch schälen und in Scheiben schneiden.

Chilis putzen und klein schneiden. Mit Zucker und 1/2 TL Salz im Mörser zerstoßen, in einer großen Schüssel mit 2 EL Limettensaft mischen.

Die Zwiebel schälen, vierteln und fein schneiden. Ananas schälen, vierteln, den Strunk entfernen, Fruchtfleisch in Scheiben schneiden. Kräuter waschen, trockenschütteln, die Blättchen abzupfen.

Im Wok das Öl erhitzen. Knoblauch in die Pfanne geben, nach wenigen Sek. das Fleisch zugeben, unter Rühren 2–3 Min. braten. Fleisch mit allen anderen Zutaten in die Schüssel geben, vorsichtig mit der Sauce mischen. Dazu passt Baguette besonders gut.

Erfordert etwas Übung: Reispapier mit Füllung straff aufrollen.

Jedes Reispapier wird einzeln mit verschiedenen Zutaten bestückt.

In sprudelndem Öl werden die Röllchen frittiert und mit frischen Kräutern, Salatblättern und natürlich einem Dip serviert.

# Frühlingsrollen
## Der richtige Dreh

*Die Frühlingsrolle steht für makro-mikro-kosmische Energie: Ihre Form symbolisiert die Erde, die Füllung den Menschen, das kreisförmige Reisblatt den Himmel. Die Frühlings-rolle verkörpert die unzertrennliche Einheit zwischen Himmel, Erde und Mensch.*

*(Tien Huu)*

Im Westen wird sie oft als das typisch vietnamesische Gericht angesehen: die Frühlingsrolle. Tatsächlich ist sie in Vietnam selbst nicht so wichtig wie das Nationalgericht *pho bo*, doch natürlich ist sie dort nicht von der Speisekarte wegzudenken. Zumal sie in vielen verschiedenen Formen auftritt. Im Gegensatz zur chinesischen Frühlingsrolle, die eine Weizenhülle hat, wird die vietnamesische in Reispapier gerollt. Noch eine Besonderheit: Man bereitet sie häufig erst am Tisch fertig zu.

Der nordvietnamesische Name *nem* verdrängt zunehmend das südvietnamesische *cha gio* und wird inzwischen sogar als Oberbegriff für Glücksrollen – *goi cuon* – verwendet.

*Nem ran* (auch *nem Saigon*) sind gefüllt mit Hackfleisch, Garnelen, Sojasprossen, Glasnudeln, Eigelb, Morcheln, Frühlingszwiebeln und Kräutern, die in hauchdünnes Reispapier eingeschlagen und knusprig frittiert werden. Vor dem Essen wickelt man diese Frühlingsrolle dann in ein Salatblatt, füllt je nach Geschmack mit Minze, Koriander, Gurken- und Möhrenscheiben,

Knoblauch, Chili, Sojasprossen, Sternfrucht oder grünen Bananen auf und tunkt die so präparierten Röllchen in einen Dip.

### Glücksrollen

Bei den Glücksrollen, *goi cuon*, gerät der Do-it-yourself-Aspekt noch mehr in den Vordergrund: Sie bestehen aus den gleichen Zutaten, werden aber nicht frittiert, sondern man wickelt sie am Tisch mit den gewünschten Zutaten selbst in die rohen Reispapierblätter ein. Statt Hackfleisch verwendet man bei Glücksrollen oft marinierte Streifen Schweinefleisch. Am besten schmecken *goi cuon*, wenn sie ganz straff aufgerollt werden – das erfordert allerdings etwas Übung. Als Dip reicht man in Vietnam oft eine Bohnensauce.

Ihren Namen verdankt die Frühlingsrolle wahrscheinlich dem chinesischen Neujahrsfest, das zugleich Frühlingsfest und als solches die größte und wichtigste Festivität im Jahreslauf ist. Traditionelles Essen während dieser Feier sind die feinen Rollen, die die im Frühjahr schlüpfenden Seidenraupen symbolisieren sollen.

# Frühlingsrollen Saigon-Style

cha gio

Zubereitungszeit: 1 Std. 15 Min.
Pro Portion ca.: 490 kcal

Zutaten für 4 Personen (20 Stück):
2 EL Mu-Err-Pilze
50 g getrocknete Glasnudeln
200 g Hähnchenbrust
100 g rohe, geschälte Riesengarnelen
3 Frühlingszwiebeln
2 Knoblauchzehen
100 g Süßkartoffel (oder Möhre)
2 Eier, Salz, schwarzer Pfeffer
20–25 dünne vietnamesische
Reispapierblätter (16 cm Ø)
Öl zum Frittieren
Zum Anrichten:
1 kleiner Kopf Salat
1 Bund gemischte vietnamesische
Kräuter (Minze, Polygonum,
Basilikum)
Fisch-Dip (s. Seite 211) mit Möhre
oder grüner Papaya

Pilze und Glasnudeln separat in lauwarmem Wasser 15 Min. einweichen. Abgießen, Pilze ohne Stiele fein hacken. Glasnudeln mit einer Schere in 1–2 cm lange Stücke schneiden. Hähnchen und Riesengarnelen mit einem schweren Messer fein hacken. Zwiebeln waschen, putzen und fein schneiden, Knoblauch schälen und hacken. Süßkartoffel schälen und fein reiben. Alles mit den Eiern mischen und mit je 1/2 TL Salz und Pfeffer würzen. Die Füllung ist relativ feucht.

Salat und Kräuter waschen, trockenschütteln und abzupfen.

Reispapiere vorbereiten und füllen (s. Seite 28 und 91). Im Wok 4 cm hoch Öl erhitzen. Frühlingsrollen darin in je 5–6 Min. goldbraun frittieren. Herausnehmen und auf Küchenpapier abtropfen lassen.

Fühlingsrollen mit Salat, Kräuterblättern und Dip servieren. Die Rollen werden mit ein paar Kräutern in ein Salatblatt gewickelt und mit der Hand in den Dip getaucht.

## Varianten
Sie können statt Hähnchen und Garnelen auch Schweinehackfleisch oder eine Mischung aus Schweinehack und Garnelen verwenden.
Besonders gut schmeckt auch frisch gekochtes Krebsfleisch statt Riesengarnelen.

# Interaktive Glücksrollen

banh trang phoi suong cuon thit heo luoc vax rau

Zubereitungszeit: 30 Min.
Garzeit: 45 Min.
Pro Portion ca.: 395 kcal

Zutaten für 4 Personen (12 Stück):
400 g Schweinebauch mit Schwarte
Salz, 400 g kleine Gärtnergurken
150 g Sojasprossen
2 Bund gemischte vietnamesische Kräuter
100 g eingelegte Frühlingszwiebeln
(s. Seite 118)
4 EL eingelegte Knoblauchzehen und
Chiliringe (s. Seite 117)
25–30 Reispapierviertel (ca. 14 cm Ø)
Fisch-Dip (s. Seite 211) mit Möhre, Rettich und Chili mit 100 ml Wasser

Schweinefleisch in einem Topf in Salzwasser bei schwacher Hitze in 45 Min. gar kochen.

Inzwischen Gurken waschen, längs halbieren und schräg in dünne Streifen schneiden. Sprossen und Kräuter waschen, gut abtropfen lassen, dicke Kräuterstiele entfernen.

Das Schweinefleisch in sehr dünne Scheiben schneiden. Sprossen, Kräuter und Fleisch auf mehrere Teller verteilen. Eingelegte Gemüse mit etwas Marinade in kleine Schälchen geben, Fisch-Dip in mehrere Schüsselchen verteilen.

Die Reisblätter vorbereiten (s. Seite 91) und auf vier Tellerchen verteilen.

Jeder Gast füllt sich seine Glücksrolle mit den Zutaten – nicht zu viel, sonst lassen sie sich schlecht zusammenrollen. Halb einrollen, die Seiten nach innen schlagen, fest zusammenrollen und in den Dip tauchen.

# Vegetarische Glücksrollen

Bo bia chay

Zubereitungszeit: 45 Min.
Pro Portion ca.: 315 kcal

Zutaten für 12 Rollen (4 Personen):
1 Ei, Salz, 4 EL Öl
100 g Tofu, 2 Schalotten
200 g chinesische oder weiße Rübchen
100 g Möhre
1 EL Sojasauce
4 EL Hoisin-Sauce, 1 EL Chilipaste
1 kleiner Kopfsalat
1 Bund asiatisches Basilikum
2 EL geröstete Erdnüsse (s. Seite 213)
ca. 12 dünne vietnamesische Reispapierblätter (ca. 22 cm Ø)

Ei mit 1 Prise Salz verquirlen. In einer beschichteten Pfanne 1 EL Öl erhitzen und darin 1 dünnes Omelette backen. Auf einem Teller abkühlen lassen. Tofu in 1 EL Öl von beiden Seiten je 2–3 Min. goldbraun braten. Abkühlen lassen und beides in Streifen schneiden.

Schalotten schälen und würfeln. Rübchen und Möhre schälen und raspeln oder in streichholzdünne Streifen schneiden. Gemüse in dem restlichen Öl kurz anbraten, 100 ml Wasser und Sojasauce zugeben, das Gemüse bei schwacher Hitze in 10–15 Min. weich garen – die Flüssigkeit soll am Ende fast verdunstet sein. Hoisin-Sauce in einer kleinen Schüssel mit Chilipaste mischen. Salat und Kräuter waschen, trockenschleudern und abzupfen. Erdnüsse grob hacken.

Reispapiere vorbereiten (s. Seite 91). 1 Salatblatt in die Mitte legen, darauf etwas Gemüse, Tofu und Omelette legen, mit Basilikum und Erdnüssen bestreuen und Hoisin-Sauce darüber träufeln. Alles zu einem länglichen, etwa 10 cm langen Haufen formen. Die Blattseiten nach innen schlagen und fest zusammenrollen. Lauwarm verzehren.

Zwischen Saigon und Cu Chi wachsen besonders viele verschiedene wilde Kräuter, die vor allem in vegetarischen Glücksrollen üppig verwendet werden.

# Mais-Krabben-Suppe

**chao bap voi tom thit** (im Bild unten)

Zubereitungszeit: 15 Min.
Pro Portion ca.: 200 kcal

Zutaten für 4 Personen:
1 l Brühe (s. Seite 213), 220 g Maiskörner (Dose)
200 g geschälte Krabben
4 Frühlingszwiebeln, 1 Bund Koriandergrün
Salz, Pfeffer, 2 Eier

Brühe zum Kochen bringen und mit 100 g Mais pürieren, 5 Min. kochen lassen.

Inzwischen die Krabben und Koriander grob hacken. Frühlingszwiebeln putzen, waschen und fein schneiden. Falls noch Wurzeln am Koriander sind, diese gründlich waschen, hacken und in die Suppe geben.

Restlichen Mais, Krabben und Zwiebeln in die Suppe geben, erhitzen, mit Salz und Pfeffer abschmecken. 2 Eier mit einer Gabel verquirlen, vorsichtig über den Gabelrücken in die heiße Suppe laufen lassen, während Sie mit der Gabelspitze langsam in der Suppe rühren. Die Suppe vom Herd nehmen, zugedeckt 1 Min. ruhen lassen. Sofort mit Koriandergrün servieren.

# Tofu-Dill-Suppe

**canh ngheu/canh thia la** (im Bild Mitte)

Zubereitungszeit: 20 Min.
Pro Portion ca.: 75 kcal

Zutaten für 4 Personen:
100 g Lauch, 2 EL Tamarindenpüree, Salz
3 Tomaten
200 g Tofu (mittelfest oder Seiden-Tofu)
4 Frühlingszwiebeln, 1 Bund Dill
Pfeffer, vietnamesische Fischsauce

Lauch längs halbieren, gründlich waschen und grob zerkleinern. Lauch mit Tamarindenpüree in 800 ml Wasser 15 Min. kochen, dabei leicht salzen.

Inzwischen die Tomaten waschen und würfeln, dabei die Stielansätze entfernen. Tofu in kleine Würfel schneiden. Frühlingszwiebeln waschen, putzen und fein schneiden. Dill waschen, trockenschütteln und grob hacken.

Die Brühe durch ein Sieb gießen, Tomaten, Frühlingszwiebeln und Tofu zugeben, noch einmal aufkochen lassen. Mit Pfeffer und Fischsauce abschmecken, mit Dill bestreut servieren.

# Reisnudelsuppe mit Schweinebein

**banh canh Trang Bang** (im Bild oben)

Vorbereitungszeit: 20 Min.
Garzeit: 1 Std.
Pro Portion ca.: 265 kcal

Zutaten für 4 Personen:
1 Schweinshaxe (Vorderhaxe, ca. 500 g), Salz
100 g Möhren, 1 Bund Frühlingszwiebeln
200 g dicke, runde Reisnudeln (bun)
2–3 EL vietnamesische Fischsauce
200 g Riesengarnelen, Pfeffer

Schweinshaxe in 1 1/2 l Wasser zum Kochen bringen, leicht salzen. Sobald die Brühe einmal kräftig gekocht hat, die Hitze reduzieren und den Schaum mit einem Schöpflöffel abnehmen. Haxe bei schwacher Hitze 1 Std. garen.

Möhren schälen und in dünne Scheiben schneiden. Frühlingszwiebeln putzen, waschen und schräg in kleine Stücke schneiden.

Das Fleisch aus der Brühe nehmen und kurz abkühlen lassen. Vom Knochen lösen und in dünne Scheiben schneiden. Reisnudeln nach Packungsangabe in einem großen Topf mit Salzwasser kochen.

Die Brühe mit Salz, Fischsauce und Pfeffer abschmecken. Garnelen schälen, halbieren, dabei den Darm entfernen. Im Blitzhacker grob pürieren und leicht salzen. Mit einem Teelöffel nussgroße Klößchen abstechen. In der Brühe etwa 3–4 Min. garen. Möhren und Fleisch dazugeben und noch einmal aufkochen. Reisnudeln abgießen und auf vier Schalen verteilen, mit der Brühe begießen, Fleisch dazugeben, mit Frühlingszwiebeln bestreuen.

**Kohlrouladensuppe** wird häufig während des Tet-Fests, dem vietnamesischen Neujahr, serviert. Oft wird die Füllung der Kohlrouladen auch mit Schweinehack zubereitet.

**Canh** *heißt die Garflüssigkeit von Fleisch, Fisch und Gemüse. Häufig trinkt man diese Brühe einfach zum Essen dazu. Abgeschmeckt und mit Einlagen wird sie zur Suppe. Gemüsesuppen serviert man mit Reis, hier passen aber auch Reisnudeln als Einlage sehr gut.*

# Kohlrouladensuppe

canh bap cai cuon thit / rau ngot

Zubereitungszeit: 40 Min.
Pro Portion ca.: 265 kcal

Zutaten für 4 Personen:
5 violette Schalotten, 1 EL Öl
4 EL vietnamesische Fischsauce
1 Bund Koriandergrün
200 g Hähnchenbrustfilet, Salz, Pfeffer
1 kleiner Weißkohlkopf (ca. 800 g)
24 dünne, asiatische Frühlingszwiebeln
200 g Kartoffeln, 200 g Tarowurzel
1 1/4 l Geflügelbrühe

Schalotten schälen und klein würfeln. In einer kleinen Pfanne 1 EL Öl erhitzen, Schalotten darin 2 Min. braten. Mit 2 EL Fischsauce ablöschen und vom Herd nehmen.

Koriander waschen und abzupfen, die Hälfte hacken, die andere Hälfte beiseite stellen. Hähnchenbrust hacken, mit Koriander und Schalotten mischen und mit Salz und Pfeffer abschmecken.

Weißkohl kurz in einen großen Topf mit kochendem Salzwasser tauchen (s. Tipp), 20 Kohlblätter abziehen und im kochenden Wasser ca. 5 Min. blanchieren. Frühlingszwiebeln waschen und putzen, 4 in feine Ringe schneiden, den Rest im Kohlwasser 2 Min. blanchieren. Alles kalt abschrecken.

Die Kohlblätter ausbreiten, dicke Rippen herausschneiden oder abflachen. Kartoffeln und Tarowurzel schälen und würfeln, in die Hühnerbrühe geben und aufkochen lassen. Inzwischen auf jedes Kohlblatt 1 EL Füllung setzen, das Blatt fest zusammenrollen und mit Frühlingszwiebeln verschnüren. Die Rouladen in der Suppe 10 Min. garen. Die Suppe mit Fischsauce abschmecken und mit den Frühlingszwiebelringen und Korianderblättern bestreuen.

## TIPP

Einen Korkenzieher als Griff in den Kohlstrunk drehen, dann können Sie den Kohlkopf immer wieder ins kochende Wasser halten und die Blätter nach und nach abziehen.

# Einfache Gemüsesuppe

canh rau

Zubereitungszeit: 20 Min.
Pro Portion ca.: 110 kcal

Zutaten für 4 Personen:
2 Knoblauchzehen
1 Stück Ingwer (5 cm)
1 Chilischote, 1 TL Salz
1 Zwiebel, 1 El Öl
1 l Gemüsebrühe (s. Seite 213)
100 g Möhren, 200 g Blumenkohl
100 g grüne Bohnen, Pfeffer
4 Frühlingszwiebeln
1 Bund Koriandergrün oder langblättriger Koriander

Knoblauch und Ingwer schälen, mit Chili grob zerkleinern, dann mit 1 TL Salz im Mörser zerreiben. Die Zwiebel schälen und in Streifen schneiden.

Zwiebel und Gewürzpaste in einem Topf in 1 EL Öl kurz anbraten, mit Brühe aufgießen und zum Kochen bringen. Möhren schälen und in Scheiben schneiden, Blumenkohl in Röschen teilen, Bohnen putzen und schräg in Stücke schneiden.

Das Gemüse in die Brühe geben, 6–8 Min. kochen und mit Salz und Pfeffer abschmecken. Frühlingszwiebeln waschen, putzen und fein schneiden. Koriander waschen und abzupfen. Über die Suppe streuen.

## Varianten
Sie können die Gemüse beliebig variieren. Sorten mit unterschiedlichen Garzeiten geben Sie nacheinander in die Brühe.

# Sauer-scharfe Fischsuppe

canh chua ca

Zubereitungszeit: 35 Min.
Pro Portion ca.: 190 kcal

Zutaten für 4 Personen:
50 g Tamarindenpaste
2 Chilischoten, 2 Knoblauchzehen
1 EL Zucker, 1 EL Öl
2 EL getrocknete Garnelen
1 l Hühnerbrühe
4 Tomaten, 200 g frische Ananas
2 Tarostängel (ersatzweise Stangensellerie)
1 dünne Stange Lauch
2 EL Limettensaft
vietnamesische Fischsauce
200 g festes Fischfilet (z. B. Catfisch, Seezunge oder Schwertfisch)
100 g Sojasprossen
1 Bund Thai-Basilikum, 1 Bund Dill

Tamarindenpaste in 100 ml warmem Wasser einweichen. Chilis fein schneiden. Knoblauch schälen und mit Zucker im Mörser zerquetschen. Knoblauch mit der Hälfte der Chiliringe in 1 EL Öl kurz anbraten. Garnelen hacken und dazugeben. Mit Brühe aufgießen und zum Kochen bringen.

Tomaten waschen und achteln, dabei Stielansätze und Kerne entfernen. Ananas schälen, den Strunk entfernen, Fruchtfleisch in Scheiben schneiden und achteln. Tarostängel schälen und schräg in 2 cm lange Stücke schneiden. Lauch waschen, putzen, schräg in Streifen schneiden.

Tamarindenpaste durch ein Sieb streichen, mit Limettensaft, 2–3 EL Fischsauce und dem Gemüse in die Brühe geben. Bei mittlerer Hitze 5–6 Min. kochen lassen.

Inzwischen den Fisch in 2–3 cm große Würfel schneiden. Sojasprossen waschen und verlesen. Die Kräuter waschen, trockenschütteln, abzupfen und grob hacken.

Fisch in der Suppe 2 Min. ziehen lassen. Sprossen und Kräuter zugeben. Fischsauce und restliche Chilis dazustellen.

## Variante: Fischsuppe mit Bananenblüten

In Dalat haben wir eine besonders reizvolle Variante der Fischsuppe kennen gelernt: In die Suppe kommen mit dem Fisch 100 g ganz fein geschnittene Bananenblütenblätter. Zum Schluss streut man 100 g geröstete Speckwürfel darüber.

# Kürbissuppe mit Kokosmilch

canh bi ro ham dua

Zubereitungszeit: 30 Min.
Einweichzeit: 30 Min.
Pro Portion ca.: 140 kcal

Zutaten für 4 Personen:
15 g Mu-Err-Pilze (3 EL)
50 g geschälte Erdnusskerne (nicht geröstet)
500 g Kürbis (z.B. Muskatkürbis)
100 g Luffa-Kürbis oder Zucchini
1 milde Chilischote, Zucker
600 ml Gemüsebrühe
200 ml Kokosmilch (Dose)
Salz
1 Bund Koriandergrün
4 Stängel Polygonum

Pilze und Erdnüsse separat in lauwarmem Wasser 30 Min. einweichen. Kürbis schälen, entkernen und in 2 cm große Würfel schneiden. Luffa-Kürbis oder Zucchini waschen und in sehr dünne Scheiben schneiden. Chili grob zerkleinern und im Mörser mit 1 TL Zucker zerstoßen.

Pilze aus dem Wasser nehmen, die zähen Stiele abschneiden, große Hüte in Stücke schneiden. Erdnüsse abgießen und mit Pilzen, Kürbis, Chili und Brühe 15 Min. kochen.

Luffa-Scheiben und Kokosmilch zugeben, mit Salz abschmecken und in 5 Min. fertig garen. Inzwischen die Kräuter waschen, trockenschütteln und abzupfen. Die Suppe in vier Schalen verteilen, mit Kräutern garnieren und servieren.

# Reisnudelsuppe
# aus Saigon

hu tieu

Zubereitungszeit: 1 Std.
Garzeit: 2–3 Std.
Bei 8 Personen pro Portion: 335 kcal

Zutaten für 6–8 Personen:
Für die Brühe:
100 g kleine getrocknete Tintenfische
1 kg magere Spareribs
500 g Rettich, 1 Zwiebel
1 TL schwarze Pfefferkörner
2 EL eingelegter Rettich (Fertigprodukt)
2 EL Fischsauce, 1–2 EL Sojasauce
Für die Einlage:
400 g Schweinenacken
3 EL Sojasauce, 1 TL 5-Gewürze-Pulver
400 g dünne runde Reisnudeln (bun)
8 geschälte, rohe Riesengarnelen (ca. 200 g)
100 g Sojasprossen
Zum Anrichten:
4 Frühlingszwiebeln
2 Bund vietnamesische Kräuter
(z.B. Koriandergrün, Thai-Basilikum, Polygonum,
langblättriger Koriander)
2 Limetten
knusprige Schalotten und -öl (s. Seite 213)
vietnamesische Fischsauce oder
Chili-Dip (s. Seite 218)

Den Tintenfisch in lauwarmem Wasser 15 Min. einweichen, abgießen und gut abspülen. Spareribs in einzelne Stücke schneiden. Rettich waschen und grob zerkleinern, Zwiebel mit Schale halbieren. Alles mit 4 l Wasser in einen großen Topf geben, Pfeffer, eingelegten Rettich, Fisch- und Sojasauce zugeben und zum Kochen bringen.

Sobald die Brühe einmal kräftig gekocht hat, die Suppe 2–3 Std. köcheln lassen; es sollen 2 1/2–3 l Flüssigkeit übrig bleiben. Zwischendurch immer wieder den Schaum abschöpfen. Die Brühe vorsichtig durch ein feuchtes Passiertuch oder ein feines Sieb gießen. Gargut wegwerfen.

Schweinenacken in 3–4 cm breite und 10 cm lange Streifen schneiden. Sojasauce und 5-Gewürze-Pulver mischen, das Fleisch darin mindestens 30 Min. einlegen. Reisnudeln 30 Min. in kaltes Wasser legen. Riesengarnelen der Länge nach halbieren, den Darm entfernen, Garnelen eventuell kurz waschen.

Zum Anrichten Frühlingszwiebeln waschen, putzen und fein schneiden. Kräuter waschen, dicke Stiele abzupfen. Limetten achteln. Alles auf kleinen Tellern oder in Schälchen anrichten.

Fleisch in einer beschichteten Grillpfanne oder auf dem Grill von beiden Seiten je 6–8 Min. grillen, in feine Scheiben schneiden. Brühe aufkochen lassen, Garnelen darin ca. 1 Min kochen. Gleichzeitig in reichlich kochendem Salzwasser Reisnudeln nach Packungsangabe 1–2 Min. bissfest kochen, abgießen und in große vorgewärmte Suppenschalen verteilen. Sojasprossen waschen, mit Fleisch und Garnelen auf die Schalen geben, mit kochend heißer Brühe aufgießen und servieren.

Jeder Gast gibt nun nach Belieben Kräuter, Limettensaft, Schalotten und -öl, Fischsauce oder Dip in die Suppe. Feste Bestandteile werden mit Stäbchen gegessen, die Brühe gelöffelt oder am Ende sogar geschlürft.

## Varianten:

Manche Köche nehmen mageres Schweinefilet oder -rücken. Das Fleisch wird dann nicht gegrillt, sondern in der Brühe pochiert und in feine Streifen geschnitten. Versuchen Sie statt der Garnelen auch einmal andere Zutaten:
– Fischfladen (s. Seite 27);
– kurz mit etwas Zwiebeln gebratenes
   Schweinehackfleisch;
– eingelegte Frühlingszwiebeln (s. Seite 118);
– Fleischklößchen aus Rinderhackfleisch, gewürzt mit fein geschnittenen Schalotten und Fischsauce (in diesem Fall wird eine Rinderbrühe verwendet).

# *Reis*
## Ohne Fleiß kein Reis

Im ganzen Land wird Reis angebaut. Vietnam ist der drittgrößte Reisexporteur, nach den USA und Thailand. Die mühsame Arbeit auf dem Feld verrichten vor allem Frauen.

Morgens, mittags, abends – in allen Ländern Südostasiens kommt zu jeder Tageszeit Reis auf den Tisch. Doch Reis ist in Vietnam nicht einfach nur ein Nahrungsmittel. Er bestimmt die Lebensweise und die Weltanschauung und hat symbolische Bedeutung. »*Die Sorge um die Reisschale*«, so der Ethnologe Leopold Cadière, »*verfolgt den Vietnamesen nicht nur in seinem diesseitigen Leben, sondern auch noch in seinem künftigen*«. Eine Schale Reis ist für Vietnamesen eine ganze Mahlzeit und so heißt die tägliche Mahlzeit auch *an com* – »Reisessen«. Und »Guten Appetit« umschreibt man im Vietnamesischen mit »Lassen Sie sich den Reis schmecken«.

Reisanbau ist die arbeitsintensivste aller landwirtschaftlichen Kulturen. Jeder Hektar eines Reisfeldes benötigt Tausende von Hektolitern Wasser. Die Schösslinge zieht man zwei Monate lang in Saatfeldern, ehe sie einzeln Stück für Stück in das bewässerte Reisfeld umgesetzt wer-

Große Säcke voll Reis bietet diese junge Marktverkäuferin an. Vietnamesen verarbeiten Reis auch gerne weiter – vor allem zu Reisnudeln.

den, das vorher – meistens mit Hilfe von Wasserbüffeln – gepflügt und geeggt wurde. In jedem Stadium des Wachstums muss der Wasserspiegel gleich hoch sein – damit die Sprösslinge weder verfaulen noch vertrocknen und damit das Korn reifen kann, muss das Wasser abgelassen werden. Nach dem Ernten folgen Dreschen, Schwingen und Schälen. Auch ohne die Gefahr von zu viel oder zu wenig Wasser, von Dürren oder Überschwemmungen erfordert die Reiskultur genaue Arbeitseinteilung und soziale

Organisation. Effektive Bewässerungskontrolle geht dabei weit über die Fähigkeiten einer Familie oder eines Clans hinaus. Ganze Dörfer oder Distrikte müssen hierfür kooperieren. Schon im 11. Jh. wurde deshalb das Amt des Deichinspektors eingeführt, der auch heute noch entscheidet, wo wann wie viel Wasser zugeführt wird.

Reisanbau ist aber auch die ergiebigste Landwirtschaftskultur. Reis ernährt auf einer gleich großen Fläche etwa viermal so viele Menschen wie Weizen.

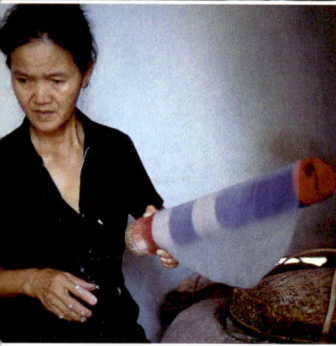

Reispapier ist unerlässlich in der vietnamesischen Küche. Es wird in Handarbeit hergestellt.

Im Delta des Roten Flusses im Norden Vietnams wurde schon vor etwa 4000 Jahren Reis angebaut. Der ruhige und ewig gleichförmige Zyklus von Aussaat und Umpflanzung, Bewässerung und Ernte bestimmt den Lebensrhythmus der Vietnamesen seit Jahrtausenden. Und so ist es kein Wunder, dass Reis im vietnamesischen Alltag oft das Maß aller Dinge ist: »Zeit« ist die Spanne zwischen Trockenheit und Regen oder wie lange es dauert, eine Schale Reis zu kochen. Die Geschichte Vietnams wird erzählt als Geschichte von »immer zu wenig Land für zu viele, die Reis essen wollen«. Die Mehrheit der Vietnamesen verdient auch heute ihren Lebensunterhalt direkt oder indirekt mit Reis – sei es mit der Produktion, dem Transport oder dem Verkauf. Das Land ist heute der drittgrößte Reisexporteur, nach den USA und Thailand.

In Vietnam selbst besonders verbreitet ist Duftreis. Klebreis wird vor allem im Süden und hier vorrangig für die Zubereitung von Desserts verwendet. Berühmteste Speise aus Klebreis sind aber sicher die klassischen Tetfest-Kuchen *banh chung* und *banh day*. Neben Duft- und Klebreis gibt es noch viele Variationen: Reisflocken, gefärbter Reis und etliche Produkte aus Reismehl wie das für die vietnamesische Küche so typische Reispapier und die ebenso typischen Reisnudeln.

## Reisnudeln

Reis oder Nudeln sind das Herz jeder vietnamesischen Mahlzeit. Während man in China und Europa vor allem Nudeln aus Weizenmehl verwendet, fertigen Vietnamesen ihre Nudeln meistens aus Reismehl. Es gibt zwei Hauptsorten, die unterschiedlich hergestellt und verwendet werden. *Bun* sind dünne, runde Nudeln, die den italienischen Vermicelli ähneln, besonders dünne *bun* werden deshalb auch Reis-Vermicelli genannt. Man mischt sie unter Salate und Gerichte mit Raumtemperatur. Etwas dickere, spaghettiartige *bun* werden für Suppen bevorzugt. *Bun* entstehen, indem man den Teig wie Spätzle durch eine Form mit kleinen Löchern presst. In Vietnam kann man diese Nudeln frisch kaufen, bei uns nur getrocknet. Die andere Reisnudelsorte heißt *banh pho*. Diese Nudeln sind flach wie italienische Tagliatelle und kommen – wie der Name schon sagt – in die berühmte *pho*-Suppe oder in gebratene Reisnudelgerichte. Man schneidet sie aus frischem oder halb getrocknetem Reispapier.

## Reispapierblätter

Die Frau blickt nur kurz auf, als wir eintreten, unterbricht ihre Arbeit nicht. Sie macht Reispapier. Ihre Hände bewegen sich flink und gleichmäßig. Mit einer flachen Schöpfkelle streicht sie eine dünne Schicht Reismehlteig auf einen Stoff, der über einen Topf mit dampfendem Wasser gespannt ist. Nach einer halben Minute wickelt sie den gedämpften Teig mit einem langen Stab behutsam um eine Rolle in Größe eines Baseballschlägers. Auf einer stabilen Bambusmatte schließlich wird der Teig entrollt. Von dem Trocknen auf dieser geflochtenen Matte erhält das Reispapier seine hübsche Struktur.

Entlang des Weges trocknen Hunderte, ja Tausende runde, weiße Reispapierblätter auf langen Bambusmatten in der Sonne. Wir sind in einem Dorf in der Nähe Saigons, wo viele Familien das Reispapier herstellen – meistens im Eine-Frau-Betrieb: Die Mutter oder Großmutter der Familie verdient damit in Heimarbeit etwas dazu.

Nachdem ich eine Weile zugeschaut habe, hält mir die Frau Kelle und Rolle entgegen und verlässt ihren Schemel. Ich soll es mal versuchen. Mein erstes Reispapier geht in die Hose – viel zu viel Teig. Das zweite reißt beim Versuch, es mit dem Stab vom Stoff abzuheben, das dritte faltet sich nicht richtig auf beim Entrollen auf der Bambusmatte, erst das vierte könnte als akzeptabel durchgehen. Schweiß steht mir auf der Stirn, nicht nur von dem Feuer, auf dem das Wasser kocht. Erschöpft gebe ich Kelle und Rolle wieder zurück. Das erste Mal lächelt die Reispapierherstellerin – wohl in der Gewissheit, dass ich nun begriffen habe, wie schwer ihre Arbeit ist. Sie schafft an einem Arbeitstag von etwa zehn Stunden 1200 bis 1600 Reispapierblätter.

Reispapier verwenden die Vietnamesen in großen Mengen – ob als Umhüllung für die Frühlingsrollen oder um bei Tisch Fleisch- oder Fischstücke mit Kräutern und anderen Zutaten einzupacken. Der dünnflüssige Teig entsteht aus Wasser und Reismehl. Manchmal fügt man noch etwas Weizenmehl zu, damit der Teig nicht zäh wird. Neben dem einfachen Reispapier gibt es Variationen in Geschmacksrichtungen wie Kokosnuss, Ingwer oder Pandanus (*la dua*) oder – besonders lecker – mit Sesamsamen. Vietnamesisches Reispapier ist dünner als das anderer Länder. In Vietnam ist es auch etwas weicher – also nicht ganz getrocknet – im Handel, so spart man sich das Einweichen vor dem Verarbeiten.

Cornflakes auf Vietnamesisch: Unreifer Reis wird auch zu grünen Flocken verarbeitet.

Frisch gemachte, noch feuchte Reisnudeln kann man morgens auf dem Markt kaufen. Viele Restaurants und Garküchen lassen sich die frischen Nudeln täglich liefern.

Wasserbüffel gehören zum Landschaftsbild. Sie ziehen den Pflug, spenden Milch und Fleisch. Hier eine Herde mit Jungtieren.

# Klebreisrollen mit Kokos

xoi hap dua

Quellzeit: 12 Std.
Zubereitungszeit: 50 Min.
Pro Portion ca.: 400 kcal

Zutaten für 4 Personen:
200 g Klebreis, 1 doppeltes Bananenblatt
150 g geschälte und halbierte Mung-Bohnen
1 TL getrocknete Garnelen
200 ml Kokosmilch (Dose), Salz
50 g frische Kokosnuss (oder 25 g Kokosflocken)
2 EL Öl
Außerdem:
1 Dämpfkorb (mindestens 24 cm Ø)

Klebreis in einer Schüssel mit Wasser im Kühlschrank mindestens 12 Std. einweichen.

Den Reis abgießen und gründlich durchspülen. Einen Wok oder Topf zum Dämpfen vorbereiten (s. Seite 215). Das Bananenblatt waschen, den Dämpfkorb auf den Topf setzen, mit 1 Stück Bananenblatt auslegen. Reis so auf das Blatt schütten, dass an den Rändern des Dämpfkorbes genug Platz für den Dampf bleibt. Zudecken, den Reis bei schwacher Hitze in 30–40 Min. gar dämpfen.

Inzwischen die Mung-Bohnen in einem kleinen Topf in 400 ml Wasser bei schwacher Hitze in 20 Min. weich kochen, zwischendurch eventuell noch etwas Wasser zugeben. Bohnen mit dem Pürierstab oder im Blitzhacker zu einer cremigen Paste verarbeiten, in einen Spritzbeutel mit runder Tülle füllen.

Garnelen hacken und mit Kokosmilch und 1/2 TL Salz zum Kochen bringen, bei ganz schwacher Hitze 10 Min. ziehen lassen. Kokosnuss schälen und fein reiben.

Klebreis mit Kokosmilch und Kokosraspeln vorsichtig mischen. Restliches Bananenblatt in 8 Stücke von 20 cm Länge schneiden und leicht ölen. Jedes Stück mit Reis in einem Rechteck von 6 x 15 cm belegen (mit feuchten Fingern verteilen), dabei soll die längere Seite des Rechtecks parallel zur Faserrichtung des Bananenblatts sein. In die Mitte 1 Streifen Bohnenpüree spritzen. Das Blatt zusammenrollen, die Enden nach unten falten. Rollen im Dämpfkorb 10 Min. dämpfen (s. Seite 217).

# Schwarzer Klebreis

xoi dau den

Quellzeit: 12 Std.
Vorbereitungszeit: 10 Min.
Garzeit: 1 1/4 Std.
Pro Portion ca.: 365 kcal

Zutaten für 4 Personen:
200 g Klebreis
200 g kleine, getrocknete schwarze Bohnen
Salz
4 Frühlingszwiebeln
2 EL Öl
Außerdem:
1 Dämpfkorb (mindestens 24 cm Ø)
1 Passiertuch

Reis und Bohnen getrennt in Wasser im Kühlschrank mindestens 12 Std. einweichen.

Reis und Bohnen abgießen und gründlich durchspülen. Die Bohnen mit 1/2 l Wasser bei mittlerer Hitze 30 Min. kochen, nach 25 Min. den Klebreis zugeben.

Einen zum Dämpfkorb passenden Topf zur Hälfte mit Wasser füllen. Den Dämpfkorb auf den Topf setzen, mit dem Tuch auslegen. Bohnen-Reis-Mischung leicht salzen, in das Tuch schütten, die Ecken des Tuches über dem Reis zusammenschlagen, sodass an den Rändern des Korbes genug Platz für den Dampf bleibt. Bei schwacher Hitze 45 Min. dämpfen (s. Seite 215), bis der Reis gar ist und die Bohnen weich sind.

Inzwischen die Zwiebeln waschen, putzen und fein schneiden. 2 EL Öl in einer großen Pfanne erhitzen, die Zwiebeln darin kurz braten, leicht salzen.

Klebreis mit Stäbchen oder einer Gabel vorsichtig lockern, mit den Zwiebeln mischen.

## TIPP

Schwarzer Klebreis ist eine festliche Beilage vor allem zu Fleischgerichten, wie Schweinefleisch in Karamellsauce (s. Seite 61). Oft wird er auch mit mariniertem Gemüse serviert.

# Gedämpfter Kürbis mit Kokos

bi ham nuoc dua

Zubereitungszeit: 15 Min.
Garzeit: 30 Min.
Pro Portion ca.: 345 kcal

Zutaten für 4 Personen:
800 g Kürbis (z.B. Muskatkürbis)
1 Kokosnuss
3 kleine Zwiebeln
1 Stück Bananenblatt (ca. 25 cm lang)
Salz, 1 EL Zucker
2 EL vietnamesische Fischsauce
1 Bund Koriandergrün
Außerdem:
1 großer Dämpfkorb (s. Seite 217)
1 flache Schüssel, die in den Dämpfkorb passt

Kürbis schälen und in 2–3 cm große Stücke schneiden. Die Kokosnuss mit einem Holzbohrer an den »Augen« anbohren, das Kokoswasser herausgießen und beiseite stellen. Die Nuss öffnen (s. Glossar), das Fruchtfleisch herauslösen und schälen. 100 g Kokosnussfleisch raspeln. Zwiebeln schälen und in Spalten schneiden.

Das Bananenblatt abwaschen, die Schüssel damit auslegen. Kürbis, Zwiebeln, Kokosraspel und -wasser in die Schüssel geben, mit 1/2 TL Salz, Zucker und Fischsauce würzen.

Einen großen Topf oder Wok, in den der Dämpfkorb passt, mit Wasser zum Kochen bringen. Die Schüssel in den Dämpfkorb setzen und das Gemüse bei schwacher Hitze 30 Min. garen.

Koriander waschen, trockenschütteln und hacken, über den fertigen Kürbis streuen und servieren.

## Varianten:
Probieren Sie das Gericht auch mit Zucchini, Auberginen oder Luffa-Kürbis.

Gedämpfter Kürbis mit Kokos: Statt Bananenblatt nimmt man oft Ingwerblätter, die ihren Geschmack an das Gemüse abgeben, aber auch nicht mitgegessen werden (s. Seite 219).

# Rettich mit Trockenfisch

rau cai voi ca kho

Einweichzeit: 30 Min.
Zubereitungszeit: 25 Min.
Pro Portion ca.: 195 kcal

Zutaten für 4 Personen:
100 g getrockneter Fisch (s. Seite 224)
50 g frische Shiitake-Pilze
600 g Eiszapfenrettiche oder junger Rettich
4 Frühlingszwiebeln
30 g Ingwer, 1 Knoblauchzehe
1 milde Chilischote
2 EL Öl, Salz
1 Bund Koriandergrün
1 Bund Minze
vietnamesische Fischsauce
Fisch-Dip (s. Seite 211) mit 2–3 EL Wasser

Getrockneten Fisch in lauwarmem Wasser je nach Sorte mindestens 30 Min. einweichen.

Pilze trocken abwischen, harte Stiele abschneiden, Pilzhüte vierteln. Rettiche schälen und in 2 cm lange Stücke schneiden (jungen Rettich in 2 cm große Würfel schneiden). Frühlingszwiebeln waschen und putzen. Grüne Teile in feine Ringe schneiden und für die Garnitur aufbewahren, helle Teile in 2 cm lange Stücke schneiden. Ingwer und Knoblauch schälen und fein hacken. Chili in Ringe schneiden.

Fisch mit zwei Gabeln in möglichst kleine Stücke reißen. 2 EL Öl im Wok erhitzen, Rettiche und Zwiebeln darin 1 Min. anbraten. Ingwer, Knoblauch und Chili unter Rühren kurz mitbraten, leicht salzen. Mit 200 ml Wasser ablöschen, Fisch und Pilze zugeben und zugedeckt 10 Min. dünsten.

Inzwischen die Kräuter waschen, trockenschütteln und abzupfen. Die Blättchen grob hacken. Rettichgemüse mit Fischsauce abschmecken und mit Kräutern und Fisch-Dip servieren.

# Pfannengerührter Pak Choi

cai bo xoi xao dau hao

Zubereitungszeit: 10 Min.
Pro Portion ca.: 150 kcal

Zutaten für 4 Personen:
600 g Pak Choi
10 violette Schalotten
1 milde große Chilischote
1 EL Sesamöl, 3 EL Öl
2 EL Sesamsamen
2 EL Austernsauce
Salz

Pak Choi waschen, die Blätter in breite Streifen schneiden, die Stiele klein würfeln. Schalotten schälen und in Scheiben schneiden. Chili in Ringe schneiden (scharfe Schote vorher halbieren und entkernen).

Beide Öle in einer großen Pfanne erhitzen. Schalotten und Kohlstängel darin unter Rühren 2 Min. anbraten. Kohlblätter, Chili und Sesam kurz mitbraten. 2 EL Wasser und 2 EL Austernsauce zugeben, zugedeckt in 2 Min. fertig garen, mit etwas Salz abschmecken und servieren.

## Variante
Geben Sie zur Abwechslung statt Wasser Kokosmilch an das Gemüse.

# Geschmorte Auberginen

ca phao kho

Zubereitungszeit: 20 Min.
Pro Portion ca.: 105 kcal

Zutaten für 4 Personen:
600 g kleine Auberginen
2 Zwiebeln
2 Knoblauchzehen
je 1/2 TL Salz und schwarze Pfefferkörner
2 EL Öl
125 ml Gemüsebrühe
2–3 EL vietnamesische Fischsauce
Zum Anrichten:
1/2 Bund Koriandergrün
1/2 Bund Polygonum oder Minze
3 asiatische Frühlingszwiebeln
Fisch-Dip (s. Seite 211) mit 3 EL Wasser

Auberginen waschen, putzen, längs vierteln und in 5 cm lange Stücke schneiden. Zwiebeln schälen, halbieren und fein schneiden. Knoblauch schälen und mit Salz und Pfeffer im Mörser zerstoßen.

2 EL Öl erhitzen, Zwiebeln darin kurz anbraten, Auberginen unter Rühren 2 Min. mitbraten. Die Knoblauchpaste untermischen, mit Brühe und Fischsauce aufgießen, zugedeckt 10 Min. dünsten.

Inzwischen die Kräuter waschen, trockenschütteln und abzupfen. Frühlingszwiebeln waschen, putzen und in feine Ringe schneiden. Auberginengemüse mit Kräutern, Zwiebeln und Fisch-Dip servieren.

## Variante
Manche Familien braten 100 g Hackfleisch zusammen mit den Zwiebeln an – sozusagen als natürlichen Geschmacksverstärker.

# Gemüsecurry

cari rau cai/cari chay

Zubereitungszeit: 30 Min.
Garzeit: 15–20 Min.
Pro Portion ca.: 190 kcal

Zutaten für 4 Personen:
2 Blätter getrocknete Tofuhaut
2 Stängel Zitronengras
1 Stück Ingwer (5 cm)
10 violette Schalotten, 2 Knoblauchzehen
1 Limette, 2 Tomaten
300 g Blumenkohl, 200 g grüne Bohnen
300 g fest kochende Kartoffeln
3 EL Öl
3 EL Currypulver (am besten vietnamesisches)
2 TL Chilipaste
1 TL Zucker, 2–3 EL Sojasauce
400 ml Kokosmilch (Dose)
Salz
1 Bund Koriandergrün

Tofuhaut in kaltem Wasser 30 Min. einweichen, dann in 2–3 cm große Stücke schneiden.

Inzwischen das Zitronengras in größere Stücke schneiden und mit einem schweren Messerrücken leicht klopfen. Ingwer, Schalotten und Knoblauch schälen. Ingwer in dicke Scheiben schneiden. Schalotten halbieren oder vierteln, Knoblauch hacken. Limette auspressen. Tomaten waschen und achteln, dabei die Stielansätze entfernen. Blumenkohl in Röschen teilen, Bohnen putzen und schräg schneiden. Kartoffeln schälen und 2 cm groß würfeln.

Das Öl in einem großen Topf erhitzen. Schalotten, Knoblauch und Currypulver unter Rühren darin 10–20 Sek. rösten. Tofuhaut, Ingwer, Zitronengras, Chilipaste, Zucker, Sojasauce und Limettensaft zugeben und mit Kokosmilch und 200 ml Wasser aufgießen. Aufkochen lassen und das vorbereitete Gemüse in den Topf geben, salzen. Zugedeckt bei schwacher Hitze 15–20 Min. kochen.

Koriander waschen, trockenschütteln und die Blätter abzupfen. Gemüsecurry abschmecken und mit Koriander und Reis oder Baguette servieren.

Varianten:
Sie können die Gemüsesorten variieren.
In Vietnam wird für strenge vegetarische Ernährung Sojasauce benutzt, viele Köche nehmen auch Fischsauce.

# Süßkartoffel-Curry

khoai cari

Zubereitungszeit: 25 Min.
Pro Portion ca.: 200 kcal

Zutaten für 4 Personen:
800 g Süßkartoffeln
400 ml Kokosmilch (Dose) oder Gemüsebrühe
1/2 Rezept Zitronengras-Curry-Paste (s. Seite 212)
1 Bund langblättriger Koriander
Salz

Süßkartoffeln schälen und in 2–3 cm große Würfel schneiden. 3–4 EL Kokosmilch (falls Sie Gemüsebrühe verwenden: 2 EL Öl) in einem Topf erhitzen, die Süßkartoffeln zugeben und zugedeckt bei schwacher Hitze 10 Min. dünsten.

Zitronengras-Curry-Paste zugeben, unter Rühren 2 Min. mit den Süßkartoffeln braten, mit der restlichen Kokosmilch oder der Brühe aufgießen und in 5 Min fertig garen. In der Zwischenzeit den Koriander waschen und trockenschütteln, die Blätter abzupfen. Das Curry mit Salz abschmecken und mit Koriander servieren.

## Varianten

Das Curry schmeckt auch sehr gut mit Kürbis oder mit fest kochenden Kartoffeln.
Sie können es mit Riesengarnelen oder Hummer ergänzen: 200 g rohe Riesengarnelen schälen, der Länge nach halbieren und den Darm entfernen. Garnelen mit der Currypaste zu den Süßkartoffeln geben.
Hummer kaufen Sie am besten vorgekocht und ausgebrochen. Schneiden Sie das Hummerfleisch in größere Stücke und lassen Sie diese im fertigen Curry nur kurz warm werden.

Um Tofu herzustellen, werden die Sojabohnen zuerst ein paar Stunden in Wasser eingeweicht, dann gemahlen und gefiltert. Die ausgefilterten Fasern dienen oft als Schweinefutter.

Wenn die Sonne früh am Morgen aufgeht, ist die Arbeit in diesem Haus schon getan: Der kleine Familienbetrieb ist auf die Herstellung von Tofu spezialisiert – natürlich in Handarbeit.

# *Tofu* für die Unsterblichkeit

*Seit über 2000 Jahren ist Tofu ein wichtiger Bestandteil der ostasiatischen Küche. Während der Han-Dynastie in China entdeckten ihn ein Fürst und seine Hof-alchimisten zufällig bei Experimenten – angeblich, als sie auf der Suche nach einem Mittel für die Unsterblichkeit waren.*

Tofu ist eine Art schnittfester Quark aus Sojabohnen. Die Sojabohne gehört in China neben Reis, Hirse, Weizen, Gerste zu den fünf heiligen Pflanzen, wird sogar als »Gelber Edelstein« bezeichnet. Sie enthält viel biologisch hochwertiges Eiweiß. Außerdem liefern Sojaprodukte wertvolles Eisen, Kalzium und Vitamine, besonders Vitamin E. Tofu ist nicht nur sehr eiweißhaltig, sondern hat wenig Kalorien und ist im Gegensatz zu Fleisch und Milchprodukten basisch und nicht sauer. Auch das macht ihn zu einem sehr gesunden Lebensmittel.

## Natur-Tofu der Familie Nguyen

Die Arbeit beginnt mitten in der Nacht. Großmutter, Mutter, Schwestern, Sohn – alle packen in dem kleinen Familienbetrieb mit an, damit der Tofu früh morgens ausgeliefert werden kann. Jede Nacht ab 1 Uhr, auch sonntags, produziert Familie Nguyen 30–40 kg Tofu, Zwischenhändler bringen ihn dann zum Markt.

Für die Herstellung von Tofu wird die vorbereitete Sojabohnenmasse gekocht, anschließend soll sie gerinnen. Meistens fügt man ein Gerinnungsmittel bei – Zitronensäure oder Essig, Nigarisalz (ein Meersalzextrakt) oder Kalziumsulfat, bekannt als Gipspulver. Das jeweilige Gerinnungsmittel beeinflusst Konsistenz und Geschmack des späteren Tofu. So bekommt der Tofu durch Nigari einen feinen Geschmack, Kalziumsulfat macht ihn weicher und geschmacksneutral.

Familie Nguyen vertraut allerdings auf die natürliche Gerinnung: Der pH-Wert der Sojabohnenmasse ändert sich mit der Zeit. Deshalb lässt Tuy, die Mutter, einen Eimer voll einige Tage stehen und mischt dann ein paar Kellen der abgestandenen Masse unter die frisch gekochte Flüssigkeit. So wird das Ausflocken der Sojabohnen ebenfalls beschleunigt.

Natur-Tofu besitzt einen milden, fast neutralen Geschmack, nimmt aber das Aroma der Zutaten sehr gut an, mit denen er gekocht wird. Deshalb spielt er in der vegetarischen Küche eine große Rolle. Er ist praktisch universell einsetzbar, und kann gebraten, frittiert, gegrillt, gekocht, gebacken, mariniert, püriert und geräuchert werden.

Die noch sehr weiche, ausge-
flockte Sojabohnenmasse wird
in Stofftücher gewickelt.

Zum Schluss werden die Tofu-
päckchen ausgewickelt und zum
Trocknen im Hof ausgelegt.

Die Päckchen werden in einer
speziellen Presse aus Holz entwässert.
So wird der Tofu schnittfester.

### Selbst gemachter Tofu – tau hu

100 g Sojabohnen in einer Schüssel mit Wasser mindestens 12 Std. einweichen. Dann abgießen, dabei
die Flüssigkeit auffangen und abmessen. Bohnenwasser auf 1/2 l auffüllen und mit den Bohnen im
Mixer fein pürieren. Das Bohnenpüree in einem Passiertuch oder einem Küchentuch fest auspressen,
den Bohnensaft auffangen und mit Wasser auf 1 l auffüllen, 1 EL Essig zugeben. Langsam zum Kochen
bringen, 20–30 Min. köcheln lassen, bis das Soja-Eiweiß ausgeflockt ist, vom Herd nehmen und etwas
abkühlen lasen. Den Tofu vorsichtig auf ein mit einem Tuch ausgelegtes Sieb schöpfen, damit die
überschüssige Flüssigkeit abläuft.
Sie können aus dem frischen, weichen Tofu ein schnittfestes Tofustück machen, indem Sie das Tuch
mit dem Tofu in eine kleine Form legen, zudrehen und auspressen.
Servieren Sie frischen Tofu als kleine Vorspeise mit Kräutern und Ihrem Lieblings-Dip.

### Tofu mit Ingwersirup

100 g Zucker mit 2 EL Wasser kochen, bis der Zucker hellbraun karamellisiert, dabei nicht umrühren.
200 ml Wasser und 20 g Ingwer zugeben und köcheln lassen, bis sich der Zucker wieder aufgelöst hat.
Den Sirup durch ein Sieb gießen und in Schälchen mit frischem Tofu servieren.

### Tofu braten

Um Tofu stabiler zu machen und seinen neutralen Geschmack mit Röststoffen zu intensivieren, ist es
für die meisten Gerichte sinnvoll, das Tofustück der Länge nach in 4 Scheiben zu schneiden und diese in einer beschichteten Pfanne mit wenig Öl von beiden Seiten je 2–3 Min. goldbraun zu braten.
Danach den Tofu auf Küchenpapier abtropfen lassen, in die gewünschte Form schneiden und weiter-
verarbeiten.

# Gebratener Tofu mit Minze

tau hu chien so

Zubereitungszeit: 10 Min.
Pro Portion ca.: 155 kcal

Zutaten für 4 Personen:
400 g Tofu
1/2 Bund Minze
1/2 Bund Koriandergrün
1 Knoblauchzehe
3 EL Öl
Salz, Pfeffer
Fisch-Dip (s. Seite 211) mit 100 ml
Wasser oder Ingwer-Limetten-Sauce
(s. Seite 211)

Tofu in 2 cm große Würfel schneiden, auf Küchenpapier abtropfen lassen. Minze und Koriander waschen, die Blättchen abzupfen. Knoblauch ungeschält mit der Breitseite eines schweren Messers leicht quetschen.

3 EL Öl in einer großen, beschichteten Pfanne erhitzen, Tofu und Knoblauch zugeben. Tofu bei starker Hitze in 5–6 Min. goldbraun braten, erst wenden, sobald die Würfel etwas angebraten sind, dabei aufpassen, dass der Tofu nicht zerfällt.

Tofuwürfel mit Salz und Pfeffer kräftig würzen und mit Kräutern und Dip servieren.

## TIPP

Für dieses Rezept verwenden Sie festen oder halbfesten Tofu. Feste Sorten lassen sich leichter braten, halbfeste schmecken saftiger. Entscheidend für den Geschmack ist die Qualität des Tofus – oft gibt es besonders guten in Bio-Läden.

# Tofu mit Zitronengras

dau hu soa ot

Zubereitungszeit: 45 Min.
Pro Portion ca.: 340 kcal

Zutaten für 4 Personen:
600 g Tofu
3 Stängel Zitronengras
1–3 Chilischoten
1/2 TL getrocknete Chiliflocken
1 TL Kurkumapulver
1 EL Zucker, Salz, 2 EL Sojasauce
2 Zwiebeln, 2 Knoblauchzehen
4 asiatische Frühlingszwiebeln
10 Betelblätter
50 g geröstete Erdnüsse (s. Seite 213)
5 EL Öl

Tofu in Scheiben schneiden, diagonal halbieren und auf Küchenpapier abtropfen lassen. Für die Marinade Zitronengras schälen, längs vierteln und sehr fein schneiden. Je nach Geschmack Chilis in Ringe schneiden oder längs halbieren, entkernen und hacken.

Chilis und Zitronengras mit Chiliflocken, Kurkuma, Zucker, 1 gestrichenem TL Salz und Sojasauce verrühren. Tofu in einem flachen Gefäß vorsichtig in der Marinade wenden und 30 Min. marinieren.

Zwiebeln und Knoblauch schälen, Zwiebeln in 1 cm dicke Spalten, Knoblauch in dünne Scheiben schneiden. Frühlingszwiebeln waschen, putzen und in 2–3 cm lange Stücke schneiden. Betelblätter waschen, abtrocknen und in feine Streifen schneiden. Die Erdnüsse grob hacken.

2 EL Öl in einer großen beschichteten Pfanne erhitzen, Zwiebeln, Knoblauch und Frühlingszwiebeln darin bei mittlerer Hitze 4 Min. braten. Herausnehmen, die Pfanne mit Küchenpapier auswischen und wieder auf den Herd stellen. Restliches Öl zugeben, Tofu bei mittlerer Hitze von beiden Seiten goldbraun braten. Zwiebeln, Erdnüsse und Betelblätter zugeben, noch 1 Min. dünsten und sofort servieren.

Dieses Rezept liefert den Beweis: Tofu schmeckt alles andere als langweilig. In der vegetarischen Küche der Buddhisten wird Tofu häufig so zubereitet. Mit Duftreis wird daraus ein Hauptgericht.

# Riesengarnelen mit Tamarinde

tom su rang me

Zubereitungszeit: 20 Min.
Pro Portion ca.: 285 kcal

Zutaten für 4 Personen:
500 g rohe Riesengarnelenschwänze, ungeschält
3 Knoblauchzehen
2 Bund asiatische Frühlingszwiebeln
6 EL Öl
2 EL brauner Zucker
3 EL Tamarindenpüree
Zum Anrichten:
1/2 Kopfsalat
1 Bund Koriandergrün
Salz, Pfeffer
1 Limette

Garnelenschwänze mit Schale längs halbieren, die dunklen Därme entfernen. Knoblauch ungeschält mit der Breitseite eines Küchenbeils leicht quetschen. Zwiebeln waschen und putzen, in 4 cm lange Stücke schneiden.

Kopfsalat und Koriander waschen und trockenschütteln, die Blätter abzupfen. Salz mit schwarzem Pfeffer im Verhältnis 2:1 mischen und in vier Schälchen geben. Limette achteln. 6 EL Öl im Wok erhitzen. Wenn sich an einem ins Fett gehaltenen Holzstäbchen kleine Bläschen bilden, Garnelen und Knoblauch ins Öl geben und 2 Min. frittieren. Zwiebeln 1 Min. mitgaren.

Das Fett abgießen, Zucker und Tamarindenpüree zugeben. Bei starker Hitze 2 Min. glasieren, dabei ständig rühren. Garnelen mit Salatblättern und Koriander anrichten. Jeder Gast bekommt ein Salz-Pfeffer-Schälchen, die Mischung wird mit etwas Limettensaft angerührt und dient zum Eintauchen der Garnelenschwänze.

# Gedämpfte Garnelen mit Koriander

tom su cua hap

Zubereitungszeit: 20 Min.
Pro Portion ca.: 145 kcal

Zutaten für 4 Personen:
8 große rohe Riesengarnelenschwänze (je 70–80 g)
50 g Ingwer
2–3 asiatische Frühlingszwiebeln
2 Stängel Zitronengras
Salz, Pfeffer
1 Bund langblättriger Koriander
200 g Gurke
Süß-scharfer Zitronen-Dip (s. Seite 211)
Außerdem:
1 Dämpfkorb mit mindestens 20 cm Ø

Garnelen mit einem großen Messer längs halbieren. Ingwer in Scheiben schneiden, Frühlingszwiebeln waschen, putzen und in große Stücke schneiden. Zitronengras mit der Rückseite eines schweren Messers klopfen.

Einen zum Dämpfkorb passenden Topf mit etwas Wasser zum Kochen bringen. Gewürze und Garnelen in den Dämpfkorb legen, mit Salz und Pfeffer würzen und 6–8 Min. dämpfen (s. Seite 217).

Inzwischen den Koriander waschen und trockenschütteln, Blätter abzupfen. Die Gurke waschen, längs halbieren und schräg in lange dünne Scheiben schneiden.

Garnelen auf kleine Teller verteilen und mit Gurkenscheiben, Koriander und dem Zitronen-Dip servieren. Ingwer und Zitronengras werden nicht mitgegessen. Dazu passen Reis oder dünne, abgekühlte Reisnudeln.

Diese Garmethode eignet sich auch für alle anderen Krustentiere, häufig verwendet werden Krebse, Hummer oder sogar Tintenfisch.

Kurkuma ist mit Ingwer verwandt, schmeckt aber anders und weniger scharf. Je nach Geschmack können Sie ihn bei den Aalspießen durch Ingwer ersetzen.

# Fischfilets, *die mit der geschuppten Haut gegrillt werden, schmecken meistens besonders gut. Kaufen Sie deshalb am besten Fisch im Ganzen und lassen Sie ihn vom Fischhändler schuppen und filetieren.*

# Gegrillter Wolfsbarsch mit Ingwersauce

ca basa nuong voi xot gung

Marinierzeit: 30 Min.
Zubereitungszeit: 20 Min.
Pro Portion ca.: 215 kcal

Zutaten für 4 Personen:
600 g Wolfsbarschfilets, geschuppt, mit Haut
1 Bund Dill, 1 Limette
1 Stück Ingwer (5 cm)
3 El Öl, Salz
1 Gurke (ca. 400 g)
3–4 EL Ingwer-Limetten-Sauce (s. Seite 211)
Außerdem:
1 Grillpfanne oder 1 Holzkohlengrill mit einem
Klappgitter für Fisch

Fischfilets trockentupfen und in ein großes flaches Gefäß legen. Dill waschen, trockenschütteln und grob hacken, die Hälfte beiseite stellen. Die Limette auspressen, Ingwer schälen und in dünne Scheiben schneiden. Alles mit 2 EL Öl zum Fisch geben, salzen und zugedeckt ca. 30 Min. marinieren.

Inzwischen die Gurke schälen, halbieren und mit einem Teelöffel entkernen. Gurke mit einem Sparschäler in lange Streifen schälen, mit der Ingwer-Limettensauce mischen.

Grillpfanne oder Grill aufheizen, Fisch aus der Marinade nehmen und mit der Hautseite nach unten bei mittlerer Hitze 5 Min. grillen. Fischfilets mit Öl bestreichen, wenden und in 2 Min. fertig garen.

Wolfsbarsch mit Gurke und Sauce anrichten und mit dem restlichen Dill bestreuen.

# Aalspieße mit Kurkuma

luon nuong la nghe

Zubereitungszeit: 20 Min.
Marinierzeit: 1 Std.
Pro Portion ca.: 525 kcal

Zutaten für 4 Personen:
500 g frischer Aal (ersatzweise Viktoriabarsch- oder Red-Snapper-Filet mit Haut)
50 g frische Kurkumawurzel
5 Knoblauchzehen
1 TL Kurkumapulver, 1 TL 5-Gewürze-Pulver
2 EL vietnamesische Fischsauce, 4 EL Öl
1 Bund chinesischer Schnittlauch (ersatzweise Frühlingszwiebeln)
3 EL geschälte Erdnüsse, Salz
8 Holzspieße zum Grillen
Für die Sauce:
50 g rote Peperoni
2–5 Knoblauchzehen
100 g Zucker, 100 g Tamarindenpüree

Holzspieße in kaltes Wasser legen, damit sie beim Grillen nicht verbrennen. Aal trockentupfen und in 3 cm breite Scheiben schneiden.

Kurkumawurzel schälen und grob hacken, im Mörser fein zerreiben. 2 EL Wasser untermischen. Die Paste in einem feinen Sieb auspressen, den Saft auffangen, die Paste wegwerfen. Knoblauch schälen und zerstoßen, mit Kurkumasaft und -pulver, 5-Gewürze-Pulver, Fischsauce und 2 EL Öl mischen, den Fisch darin bei Zimmertemperatur 1 Std. marinieren.

Inzwischen für die Sauce die Peperoni waschen, halbieren und entkernen, grob hacken. Knoblauch schälen und mit Peperoni und etwas Zucker im Mörser fein zerreiben. Mit dem restlichen Zucker und Tamarindenpüree mischen.

Schnittlauch waschen und in 3 cm lange Stücke schneiden. Erdnüsse grob hacken und in 2 EL Öl goldbraun rösten. Schnittlauch kurz mitbraten, die Mischung vom Herd nehmen und leicht salzen.

Fisch aus der Marinade nehmen und auf die Spieße stecken. Von beiden Seiten je 3–4 Min. grillen, mit der Nussmischung bestreuen und mit Tamarindensauce als Dip servieren.

Beide Gerichte werden normalerweise mit Gemüse und Reis oder schwarzem Klebreis (s. Seite 44) serviert. Oft gibt es dazu auch eine Sauer-scharfe Fischsuppe (s. Seite 36).

# Schmoren im Tontopf in Karamellsauce ist eine der beliebtesten Garmethoden im südlichen Vietnam. Wichtig dabei ist, dass sich in einem schweren Topf die Hitze gleichmäßig verteilen kann. Ein kleiner Schmortopf oder eine schwere Stielkasserolle mit Deckel eignen sich dafür genauso gut wie der vietnamesische Tontopf.

# Tunfisch in Karamellsauce

ca tun kho

Zubereitungszeit: 25 Min.
Pro Portion ca.: 425 kcal

Für 4 Personen:
500 g Tunfischfilet (oder Wels, s. Seite 225)
2 Knoblauchzehen
1 Stück Galgant oder Ingwer (5 cm)
3 EL Zucker
2 EL Öl, 5 EL Fischsauce
1/2 TL schwarze Pfefferkörner
3 Frühlingszwiebeln
1/2 Bund Koriandergrün

Fisch in 2–3 cm dicke und 6–8 cm lange Stücke schneiden. Knoblauch und Galgant oder Ingwer schälen und
fein hacken.

100 ml Wasser in einem kleinen Topf aufkochen lassen.
Zucker mit 1 EL Wasser in einem kleinen Schmortopf
schmelzen. Sobald der Zucker sich dunkel-golden färbt,
Öl, Knoblauch und Galgant zugeben, kurz rühren.
Kochendes Wasser, Fischsauce und Fischfilets zugeben.

Zugedeckt bei mittlerer Hitze 5 Min. garen, den Deckel
abnehmen, evtl. den Fisch herausnehmen und die Sauce
in 2–3 Min. sämig einkochen.

Schwarzen Pfeffer im Mörser zerstoßen. Frühlingszwiebeln waschen, putzen und in feine Ringe schneiden. Koriander waschen, trockenschütteln, abzupfen.

Fisch mit der Sauce servieren, mit Pfeffer, Frühlingszwiebeln und Koriander bestreuen.

## Varianten:
Auch hier gibt es viele Varianten, wir bevorzugen diese
Version, bei der der Fisch nur kurz, auf den Punkt, gegart
wird. In manchen Familien wird der Fisch mehrere Male
mit frischem Wasser aufgegossen und so lange gekocht,
bis nicht nur das Fischfilet weich geschmort ist, sondern
bis die Gräten sich vollständig aufgelöst haben. Diese
Methode kommt wohl auch daher, dass der Fisch so für
einige Tage konserviert werden konnte.
Geeignet sind auch Makrele, Karpfen oder Garnelen.

# Schweinefleisch in Karamellsauce

thit kho to

Zubereitungszeit: 20 Min.
Marinierzeit: 30 Min.
Pro Portion ca.: 225 kcal

Für 4 Personen:
500 g Schweinefleisch aus Schulter oder Keule
3 EL Karamellsauce (s. Seite 213 oder links)
2 EL brauner Zucker
2 EL Fischsauce
1 TL schwarze Pfefferkörner
1/2 Bund Koriandergrün

Schweinefleisch in fingerlange, dünne Streifen schneiden
und in einem Schmortopf (am besten eignet sich dafür
ein vietnamesischer Tontopf) mit Karamellsauce, brau-
nem Zucker und Fischsauce 30 Min. marinieren.

Fleisch mit der Marinade zum Kochen bringen. Siruppartig
einkochen lassen, 80–100 ml Wasser zufügen und bei
schwacher Hitze 8 Min. garen.

Pfeffer im Mörser zerstoßen, über das Gericht streuen.
Koriander waschen, trockenschütteln, abzupfen und mit
dem Schweinefleisch servieren.

## Variante:
Jede Familie hat ihr eigenes Rezept für diesen Klassiker.
Unseres funktioniert mit dünnen Fleischstreifen und einer
kurzen Garzeit. Die Variante mit ca. 4 cm großen Fleisch-
würfeln schmeckt anders, aber genauso gut: Nach dem
ersten Einkochen das Fleisch mit Wasser bedecken und ca.
1 Std. garen, bis die Flüssigkeit fast vollständig verdampft
ist. Noch einmal dieselbe Menge Wasser zugeben und wieder einkochen lassen. Den Vorgang ein drittes Mal wiederholen. Die eingekochte Sauce so weit verdünnen, dass sie
nur leicht gebunden ist und nicht zu salzig schmeckt. Am
Ende ist das Fleisch butterzart und sehr aromatisch.

## Kokos-Schwein mit Ingwer

thit kho nuoc dua

Zubereitungszeit: 20 Min.
Garzeit: 40–45 Min.
Pro Portion ca.: 650 kcal

Zutaten für 4 Personen:
800 g magerer Schweinebauch (oder Schulter)
1–2 Peperoni
2 Knoblauchzehen
1/2 TL schwarze Pfefferkörner, Salz
2 EL Öl, 5 Anissterne
2 Stück getrocknete Mandarinenschale (falls vorhanden)
3 EL Karamellsauce (s. Seite 213)
400 ml Kokoswasser
100 g junger oder 50 g ausgewachsener Ingwer
1 Bund asiatische Frühlingszwiebeln
1 Bund gemischte vietnamesische Kräuter
1 Limette

Schweinebauch in 3 cm große Würfel schneiden. Peperoni klein schneiden. Knoblauch schälen und mit Peperoni, Pfeffer und 1 gestrichenem TL Salz im Mörser zerstoßen.

2 EL Öl in einem schweren Topf erhitzen, das Fleisch rundum anbraten. Paste kurz mitbraten, Anis, Mandarinenschale, Karamellsauce und Kokoswasser zugeben. Zugedeckt bei ganz schwacher Hitze 20 Min. garen.

Inzwischen Ingwer schälen und fein hacken. Zwiebeln waschen, putzen und in 1–2 cm lange Stücke schneiden. Kräuter waschen und trockenschütteln, dicke Stiele entfernen. Die Limette achteln. 1 EL Salz mit 1 TL Pfeffer mischen, in vier Schälchen verteilen.

Ingwer und Zwiebeln zum Fleisch geben, 20–25 Min weitergaren. Fleisch mit Sauce, Kräutern, Pfeffer-Salz und Limette anrichten. Jeder Gast kann sich Limettensaft mit Pfeffer-Salz verrühren und zum Fleisch geben.

## Red Snapper in Kokoswasser

ca huong nuoc dua

Zubereitungszeit: 30 Min.
Pro Portion ca.: 300 kcal

Zutaten für 4 Personen:
2 Red Snapper, geschuppt und ausgenommen, je ca. 700–800 g (oder anderer Fisch mit festem Fleisch)
2 Knoblauchzehen, 1 milde Chilischote
1/4 TL schwarze Pfefferkörner
1 Msp. Zimtpulver, 1 Gewürznelke, Salz
3 El Öl, 400 ml Kokoswasser
2 EL vietnamesische Fischsauce
1 Bund asiatisches Basilikum
Süß-scharfer Limetten-Dip (s. Seite 211) ohne Knoblauch

Fisch waschen und trockentupfen, auf jeder Seite 3-mal quer bis auf die Mittelgräte einschneiden, damit er gleichmäßig gart. Knoblauch schälen, Chili klein schneiden, mit Pfeffer, Zimt, Nelke und 1 gestrichenem TL Salz im Mörser fein zerstoßen.

Öl in einer großen beschichteten Pfanne erhitzen, die Fische bei starker Hitze von beiden Seiten je 2 Min. braten. Gewürzpaste einige Sekunden mitbraten. Kokoswasser und 2 EL Fischsauce zugeben. Fisch zugedeckt bei schwacher Hitze 7 Min. garen, vorsichtig wenden, in 6 Min. fertig garen.

Inzwischen das Basilikum waschen, trockenschütteln, die Blätter abzupfen. Fische auf eine Platte heben, die Sauce etwas einkochen lassen. Filets vorsichtig mit Löffel und Gabel von den Gräten heben und auf vier Teller verteilen. Mit Basilikum und Dip servieren.

### Variante
In Vietnam wird der Fisch im Wok frittiert. Doch unsere Variante, bei der der Fisch in wenig Fett gebraten wird, schmeckt genauso gut.

Kokoswasser eignet sich bestens für viele asiatische Curryrezepte und ist weniger fett als Kokosmilch. Sie können auch Wasser und Kokosmilch im Verhältnis 1:1 mischen.

Soll gegen Rheuma wirken: Schlangenschnaps und die gelben Blüten und Wurzeln des Cay Diep-Baums.

Diese Frau in einer chinesischen Apotheke rollt verschiedene Kräuter und Wurzeln zu Kugeln, die vor allem Kinder zur Stärkung essen.

# Yin und Yang
## Essen als Medizin

*In keinem asiatischen Land kommen Kräuter so großzügig und häufig in der Küche zum Einsatz wie in Vietnam. Meistens sind sie dabei roh, ihre wertvollen Inhaltsstoffe bleiben also voll erhalten.*

Für Vietnamesen bedeutet Essen auch Medizin und umgekehrt. Wie die Chinesen glauben sie an den notwendigen Ausgleich von Yin- und Yang-Energien. Ein Mensch wird krank, wenn in seinem Organismus der Zustand der Harmonie zwischen diesen beiden Polen gestört ist. Um gesund zu werden oder die Gesundheit zu erhalten, muss man also abbauen, was zu viel und ausbauen, was zu wenig ist. Jeder medizinischen Substanz und jedem Nahrungsmittel werden Eigenschaften zugewiesen, die Yin und Yang stärken oder schwächen können. Fleisch, Gemüse, Kräuter – alles ist entweder wärmend (Yang), kühlend (Yin) oder neutral. Huhn und Rind z. B. sind wärmend – wenn das Körpersystem sich im selben Zustand befindet, muss das Fleisch neutralisiert werden, indem man es mit kühlenden Kräutern oder Gemüse kocht. Ente und Kaninchen gelten als kühlend, Schwein ist neutral. Knoblauch und Ingwer wärmen; mit dem kühlenden Kohl erhält man eine neutrale Speise.
Zu einem typischen vietnamesischen Mahl gehört ein großer Teller mit Salat und verschiedenen Kräutern, die man sich nach Bedarf auf die Suppe streut oder mit anderen Zutaten ins Reispapier rollt. Da die Hauptmahlzeit vieler Vietnamesen auch heute noch vor allem aus einer Schüssel Reis besteht, sind Kräuter – ebenso wie Fischsauce – eine wichtige geschmackliche und nährstoffreiche Ergänzung. Kräuter sind überall erhältlich und billig. Viele wachsen wild, oft zwischen Reisfeldern. Man verwendet in Vietnam Kräuter oft wie Gemüse, als grüne Beilage zu Fleisch oder Fisch. Davon abgesehen isst man Kräuter auch, um spezielle Krankheiten zu kurieren.
Manchmal spielt allerdings auch Aberglauben in punkto Essen als Heilmittel eine große Rolle. So essen manche Menschen Schildkröteneier und gekochtes Affenhirn für ein langes Leben. Tigerpenis oder Schlangenfleisch soll die Potenz steigern. Diese »Delikatessen« sind teuer und werden nur in Spezialitätenrestaurants angeboten – Touristen bekommen sie nicht »ungewollt« serviert. Inzwischen versucht man der Ausrottung bedrohter Tierarten per Gesetz beizukommen.

Hier werden Kräuter für eine Teemischung abgewogen.

Das kühlende Yin der meisten Kräuter soll Speisen ausgleichen, die Yang-Energie produzieren.

# Gedämpfte Karpfenfilets mit Lilienblüten

ca chep hap kim cham

Zubereitungszeit: 50 Min.
Pro Portion ca.: 330 kcal

Zutaten für 4 Personen:
40 getrocknete Lilienblüten
50 g Glasnudeln
5 violette Schalotten
1 Knoblauchzehe, 1 Peperoni
100 g frische Shiitake-Pilze
100 g gegarte Lotuskerne (Dose)
2 EL Öl, 1 Prise Zucker
2 EL Sojasauce
125 ml Geflügelbrühe
400 g Karpfenfilet, ohne Haut und Gräten (oder Welsfilet), Salz
1 Stück Ingwer (5 cm)
2 Frühlingszwiebeln
1/2 Bund Koriandergrün, Pfeffer
Außerdem:
1 Dämpfkorb (mindestens 28 cm Ø)
1 flache Auflaufform, die in den Korb passt

In jede Lilienblüte 1 Knoten machen, damit sie beim Kochen nicht zerfallen. Blüten 30 Min. in kaltem Wasser einweichen. Glasnudeln 30 Min. in lauwarmes Wasser legen.

Schalotten und Knoblauch schälen und in Scheiben schneiden. Peperoni fein schneiden. Die Stiele der Pilze entfernen, die Kappen vierteln. Lotuskerne abgießen.

Glasnudeln abgießen, in 15 cm lange Stücke schneiden. Eine Pfanne mit 2 EL Öl erhitzen, Schalotten, Knoblauch, Peperoni und Pilze darin 10–20 Sek. braten. Zucker, Sojasauce, Brühe Glasnudeln und Lotuskerne zugeben, aufkochen lassen und alles in eine flache Auflaufform gießen. Fisch leicht salzen und auf das Gemüse legen, Lilienblüten darauf verteilen. Die Form in den Dämpfkorb setzen und ca. 15 Min. dämpfen (s. Seite 217).

Ingwer schälen und in feine Streifen schneiden. Frühlingszwiebeln und Koriander waschen und trockenschütteln. Zwiebeln putzen, dicke Stiele vom Koriander entfernen, beides in 2 cm lange Stücke schneiden.

Fischfilets mit Ingwer, Zwiebeln und Koriander anrichten und mit frischem Pfeffer würzen.

**Auch beim Rinderragout** mit Koriander und Basilikum schmeckt man den Einfluss verschiedener Kulturen: Hier ist es eine Mischung aus französischem Ragout und indischem Curry.

**Rindfleischgerichte** *sind ein Dauerbrenner auf vietnamesischen Speisekarten. In Ho Chi Minh City entstanden sogar spezielle Restaurants, die bo bay mon genannt werden. Das heißt »Rindfleisch auf sieben verschiedene Arten«. Viele Vietnamesen kehren hier ein, wenn es etwas zu feiern gibt – denn in einer Kultur, in der seit jeher wenig Fleisch gegessen wird, ist ein Ort, an dem nur Fleischgerichte serviert werden, besonderen Gelegenheiten vorbehalten. Manche bo bay mon-Restaurants haben auch mehr als sieben Rindfleischgerichte auf der Karte.*

# Rinderragout mit Koriander und Basilikum

thit bo kho

Zubereitungszeit: 40 Min.
Garzeit: 1 Std.
Pro Portion ca.: 370 kcal

Zutaten für 4 Personen:
4 EL Öl
2 EL Anattosamen oder -pulver
800 g Rinderschulter
4 Knoblauchzehen, 1 Stück Ingwer (5 cm)
1–2 Chilischoten, 1 Stängel Zitronengras
10 violette Schalotten (ca. 100 g)
1 EL Zucker, 1 TL 5-Gewürze-Pulver
3–4 EL fermentierte Sojabohnenpaste
3 Anissterne, 250 g Möhren
1 Bund Koriandergrün
1 Bund asiatisches Basilikum

4 El Öl erhitzen, die Anattosamen zugeben und kurz aufschäumen lassen, vom Herd nehmen. Fleisch in 2–3 cm große Würfel schneiden.

Knoblauch und Ingwer schälen und grob zerkleinern. Chilis in Ringe schneiden. Mit Knoblauch und Ingwer im Mörser zerstoßen. Die äußeren Blätter vom Zitronengras entfernen, den Stängel mit dem Rücken eines schweren Messers klopfen. Schalotten schälen, große halbieren.

Anattoöl durch ein Sieb gießen, die Samen wegwerfen. Das Öl im Wok erhitzen, die Würzpaste zugeben und 10 Sek. rösten. Rindfleisch in den Wok geben und 4–5 Min. braten, ab und zu umrühren.

Zitronengras, Zucker, 5-Gewürze-Pulver, Schalotten, Sojabohnenpaste und Anissterne 1 Min. mitrösten, dann mit etwas Wasser ablöschen. Bei mittlerer Hitze 1 Std. kochen, bis das Fleisch weich ist. Dabei immer wieder wenig Wasser zugeben (insgesamt ca. 1/2 l), sodass eine kräftige Sauce entsteht.

Inzwischen die Möhren schälen und in Scheiben schneiden. Die Kräuter waschen und trockenschütteln, die Blätter abzupfen und grob hacken. Wenn das Fleisch fast fertig ist, Möhren und die Hälfte der Kräuter zugeben und noch 5 Min. mitkochen. Das fertige Ragout mit dem restlichen Koriander und Basilikum anrichten.

# Rinderrücken mit Zitronengras

thit bo nuong / bun bo xao

Zubereitungszeit: 30 Min.
Marinierzeit: 30 Min.
Pro Portion ca.: 245 kcal

Zutaten für 4 Personen:
2 Stängel Zitronengras
2 Knoblauchzehen, 2 violette Schalotten
1 scharfe Chilischote, Salz
2 EL vietnamesische Fischsauce
1 EL Limettensaft
1 EL Sesamöl
500 g Rinderrücken ohne Fett und Sehnen
2 EL Sesamsamen
2 EL Öl
Zum Anrichten:
250 g Reisnudeln
1 Bund gemischte vietnamesische Kräuter
4 EL Schalottenöl und knusprige Schalotten
(s. Seite 213)
Fisch-Dip (s. Seite 211) mit 100 ml Wasser

Die äußeren Blätter vom Zitronengras entfernen, den inneren hellen Teil der Länge nach vierteln und fein schneiden. Knoblauch und Schalotten schälen, grob zerkleinern. Chilischote in Ringe schneiden. Alles mit 1/2 TL Salz im Mörser zu einer Paste zerstoßen, Fischsauce, Limettensaft und Sesamöl zugeben.

Rindfleisch in dünne Scheiben, diese in 2 cm breite Streifen schneiden. Mit der Marinade mischen und 30 Min. ziehen lassen. Inzwischen die Reisnudeln nach Packungsangabe kochen, abgießen und abschrecken. Kräuter waschen und trockenschütteln, dicke Stiele abzupfen.

Eine große, beschichtete Pfanne mit 1 EL Öl erhitzen. Fleisch mit Sesam bestreuen. In zwei Portionen in der Pfanne bei starker Hitze 1 Min. braten. Wenden und einige Sek. fertig garen. Mit Reisnudeln, Kräutern, Schalotten und -öl und Fisch-Dip servieren.

## Variante:
Die Zitronengrasmarinade eignet sich auch für Hähnchenbrustfilet oder Riesengarnelen.

# Reiscrêpes mit Huhn und Riesengarnelen

banh xeo

Zubereitungszeit: 45 Min.
Garzeit: 30 Min.
Pro Portion ca.: 350 kcal

Zutaten für 4 Personen:
Für den Teig:
180 g Reismehl
1 TL Kurkumapulver
Salz, Zucker
125 ml Kokosmilch (Dose)
Öl zum Backen
Für die Füllung:
200 g Hähnchenbrustfilet
200 g rohe ungeschälte Riesengarnelen
2 EL Öl
300 g Sojasprossen
Zum Anrichten:
2 Bund gemischte vietnamesische Kräuter
(z. B. Koriander, Thai-Basilikum,
Polygonum, langblättriger Koriander)
1/2 Kopf Salat oder 1 Bund Senfkohl
4–5 Frühlingszwiebeln
1 kleine Gurke
1 unreife Sternfrucht
Fisch-Dip (s. Seite 211) mit 100 ml Wasser

Für den Teig Reismehl, Kurkuma, 1 TL Salz und 1 TL Zucker mischen, mit Kokosmilch und 200 ml Wasser zu einem glatten Teig verrühren. 30 Min. ruhen lassen.

Inzwischen für die Füllung Hähnchenfleisch in dünne Streifen schneiden. Garnelen schälen, längs halbieren, dunklen Darm entfernen, Garnelen eventuell kurz waschen. Fleisch und Garnelen mit 1 EL Öl mischen. Sprossen waschen, verlesen und abtropfen lassen.

In der Dinh Cong Trang-Straße in Saigon liegt das Mekka der banh-xeo-Fans, hier konkurrieren mehrere Restaurants um die besten Reiscrêpes.

Kräuter und Salatblätter waschen und trockenschütteln. Dicke Stiele entfernen. Zwiebeln waschen, putzen und in feine Ringe schneiden. Gurke schälen, längs halbieren, mit einem kleinen Löffel die Kerne herauskratzen, das Fruchtfleisch in möglichst dünne Scheiben schneiden. Die Sternfrucht waschen, in dünne Scheiben schneiden. Kräuter, Salat, Zwiebeln, Gurke und Fisch-Dip in kleinen Schälchen auf den Tisch stellen.

Eine große, beschichtete Pfanne mit 1 EL Öl erhitzen, Hähnchen und Garnelen bei starker Hitze 2–3 Min. anbraten (nicht gleich umrühren, sonst tritt zu viel Wasser aus und das Fleisch beginnt zu kochen). Sprossen zugeben, unter Rühren 30 Sek. braten. Die Füllung aus der Pfanne nehmen.

1 EL Öl in die Pfanne gießen. Sobald das Öl heiß ist, 1 Schöpflöffel Teig (ca. 80 ml) in der Pfanne verteilen (den Teig vorher immer gut umrühren). Bei starker Hitze 2–3 Min. backen, einige Löffel der Füllung auf eine Hälfte des Pfannkuchens geben, nach weiteren 2 Min. zusammenfalten und auf einen Teller gleiten lassen – die Crêpe soll durchgebacken und auf der äußeren Seite knusprig sein. Der Teig ergibt 4 Crêpes.

Die fertige Crêpe wird nun – während Sie die nächsten backen – in Stücke gerissen, mit Kräutern, Zwiebeln, Gurke oder Sternfrucht in Salatblätter gewickelt, in den Fisch-Dip getunkt und gegessen.

## Variante:
Gut schmecken auch Frühlingszwiebelringe im Teig.

# *Im Delta des Mekong*
## Leben mit dem Wasser

Anmutiger Anblick: Wie Skulpturen ragen diese Palmen aus dem Wasser. Die Bewohner des Mekong-Deltas verwenden sie oft zum Bau von Hausdächern. Die Kirche auf dem Bild rechts hat natürlich ein gemauertes Dach.

Ruhig gleitet unser Boot auf dem Fluss dahin. Am Ufer waschen Frauen Wäsche im Wasser, nackte Kinder baden, winken uns zu. Männer angeln von Booten aus oder von den Terrassen ihrer hölzernen Hütten, die auf Bambusstelzen direkt im Wasser stehen. Viele dieser Hütten sind zum Wasser hin offen und wirken so wie eine Bühne für ein fiktives Publikum auf dem Fluss. Auch die Reisfabrik, an der wir gerade vorbeifahren, gibt ihr Inneres preis: Eine altertümliche

Maschine siebt und schält den Reis, sie wird von einer Gruppe am Boden hockender Frauen beaufsichtigt.

Vom geschäftigen Saigon ist es nur eine Stunde Autofahrt bis zum Mekong-Delta und doch taucht man in eine völlig andere Welt ein. Hier bestimmt das Wasser den Alltag der Menschen. Auf den Armen des Mekong und seinen 1000 Kanälen leben viele als Fischer auf Hausbooten. Mit 390 000 Quadratkilometern ist das Mekong-

Hauptverkehrsmittel auf dem Mekong und seinen Seitenarmen sind Sampans. Die kleinen Boote dienen Händlern auf schwimmenden Märkten als Stand. Hier bietet eine Verkäuferin fertig geschnittene Ananas feil.

Delta das drittgrößte Mündungsgebiet der Erde und gehört zu ihren fruchtbarsten Regionen. Und zu den am dichtest besiedelten: Etwa 19 Millionen Vietnamesen leben hier – allerdings erst seit etwa 250 Jahren. Vorher gehörte die damals weitgehend brach liegende Region zum Machtbereich der Khmer, die die sumpfigen Niederungen nur spärlich besiedelten. Da das Deltagebiet im Norden nahtlos in das Tiefland Kambodschas übergeht, ist es quasi die einzige Region Vietnams, zu der Nachbarvölker ungehindert Zugang hatten. Hier siedelten die verschiedensten Volksgruppen, noch heute gibt es einen hohen Anteil ethnischer Minderheiten.

Wenn das Wasser des Mekong silbern, olivgrün und schlammgrau in sein Delta in Südvietnam strömt, hat es schon mehr als 4300 Kilometer hinter sich gebracht.

Der Mekong ist einer der größten Ströme Asiens. Er entspringt im Hochland Tibets, durchfließt China, Myanmar – das frühere Burma –, Laos, Thailand

Jackfrüchte auf Ben Tre: Die fruchtbare Insel zwischen zwei Mündungsarmen des Mekong ist eine der kleinsten Provinzen Vietnams – mit der größten Anpflanzung von Kokospalmen.

Noch bestimmt der geruhsame Lauf des Wassers das Tempo der Menschen im Mekong-Delta. Der Fluss und seine Regeln haben einiges dazu beigetragen, dass hier noch viel von einem »alten« Vietnam zu erleben ist, wie es vielleicht bald nicht mehr existieren wird.

Einer der unzähligen kleinen Seitenarme des Mekong – allein die schiffbaren messen über 5000 Kilometer, mehr als der Strom selber.

und Kambodscha, bevor er sich bei der kambodschandischen Hauptstadt Phnom Penh in zwei Arme teilt, die nach weiteren 100 Kilometern die vietnamesische Grenze erreichen. Kurz vor der Mündung ins Südchinesische Meer teilt sich der obere Mekong in sechs, der untere in zwei Arme. In Vietnam heißt der Fluss dennoch *Song Cuu Long*, »Fluss der neun Drachen« – da die Zahl acht keine glücksbringende ist, zählen die Vietnamesen kurzerhand einen künstlichen Kanal mit und kommen so auf neun Arme.

Während der Regenzeit zwischen Mai und Oktober steigt der Mekong an und setzt weite Gebiete des Deltas unter Wasser – schwere Überschwemmungen sind aber selten, denn mit dem in Kambodscha gelegenen Tonle-Sap-See besitzt der Fluss ein natürliches Rückhaltebecken: Bei Hochwasser ändert der Mekong seine Laufrichtung und fließt sozusagen »rückwärts« in den See ab.

## Der Fluss gibt und nimmt

In einem der vielen kleinen Seitenarme des Flusses beobachten wir zwei Jungen: Sie tauchen, kommen mit einem Eimer voll Lehm an die Luft und schütten ihn in ihren Kahn. Das ist die Landgewinnung der Armen. Der Fluss bringt Wasser und Nährstoffe für alle. Aber er ist auch grausam: Er nimmt dem einen sein Land und spült es dem anderen vor die Haustür. Rund eine Million Tonnen fruchtbaren Schlicks lagert der Strom jedes Jahr im Delta ab und erweitert dadurch die Küstenlinie immer mehr. Bis zu 16 Millionen Tonnen Reis ernten die Bauern hier bei bis zu drei Ernten im Jahr – nicht umsonst heißt die Region die »Reiskammer« Vietnams. 60 % von Vietnams Agrarproduktion und 90 % seiner landwirtschaftlichen Exporte gedeihen hier. In Notzeiten wird von hier nicht nur der Süden, sondern auch Zentralvietnam und der Norden mit dem wichtigen Grundnahrungsmittel versorgt. Das Delta ist auch der größte Obstgarten des Landes: Bananen, Papayas und Mangos, Guaven und Drachenfrüchte, Ananas und Kokosnüsse – mit großen Plantagen profitiert man vom nahrhaften Boden. Schon eine kleine Fläche von 2–3000 Quadratmetern kann eine Familie ernähren. Da der Salzgehalt des Wassers zum Meer hin zunimmt, weichen Reisfelder und Obstplantagen allmählich der Mangrove. Hier sind Shrimps- und Krabbenzucht die wichtigste Einnahmequelle.

Es würde Monate dauern, das Gewirr aus Tausenden von kleinen Wasseradern und -kanälen zu erkunden, über die der Mekong neben den acht großen Armen ins Meer strömt. Während des Krieges boten die unüberschaubaren Rinnsale und undurchdringlichen Luftwurzeln der Mangrovensümpfe dem Vietcong sicheren Unterschlupf. Noch heute ziehen die Bootsleute vermeintliche Uferböschungen wie Vorhänge beiseite und verschwinden mitsamt ihren Booten im dahinter liegenden Wasser.

Heimliche Hauptstadt des Deltas mit rund 300 000 Einwohnern, cafégesäumten Promenaden und Universität mit international bekanntem Reisforschungszentrum ist Can Tho. Der Ort ist auch der zentrale Umschlagplatz für Reis.

## Schwimmender Markt in Phung Hiep

Etwa 25 km südöstlich von Can Tho, beim Dorf Phung Hiep, findet jeden Morgen eines der malerischsten Ereignisse Vietnams statt: ein schwimmender Markt. Er ist nicht der einzige im Mekong-Delta, sicher aber einer der fotogensten, weil man von der nahe liegenden Brücke hervorragend fotografieren kann.

Es ist noch nicht mal sechs Uhr morgens, über dem Wasser liegt noch ein Schleier aus Morgennebel und doch versammeln sich schon Hunderte von Händlern mit ihren Booten auf dem Fluss. Wie Fahnen hissen sie an einer Stange Ananas, Wassermelonen oder Süßkartoffeln, um so auf ihre Ware aufmerksam zu machen. Allmählich kommen die Kunden – natürlich auch im Boot. Sie paddeln von einem Schiff zum anderen, vergleichen die Preise, feilschen, laden ihr Kanu voll. Auf schwimmenden Mini-Restaurants – kaum größer als eine Nussschale – wird Nudelsuppe angeboten, dampfende Maiskolben oder Kaffee. Ein bunt bemalter Kiosk kurvt zwischen all den anderen Sampas umher. Motorenlärm liegt wie eine Glocke über dem ganzen Markt, der sich auch auf das Festland erstreckt. Die Boote fahren mit umgebauten Traktormotoren. Die Schrauben sind an langen Stangen befestigt und können so je nach Wassertiefe abgesenkt werden. Am frühen Vormittag löst sich der Markt wieder auf. Es wird zu heiß, die Ware würde verderben.

Im Ort sind die Verkaufsstände bis abends geöffnet. Ein kleines Mädchen hält mir einen flachen Korb entgegen, gefüllt mit runden Gebäckstücken, die wie Krapfen aussehen. Ich kaufe ihr eines ab und beiße hinein – Karamell und

Fisch, Shrimps und Krabben werden auf den Märkten in Hülle und Fülle angeboten.

Sesamkörner verkleben den Mund, doch es schmeckt gut. Weniger Vertrauen erweckend wirkt der Inhalt einiger Flaschen, die auf der Holztheke eines Ladens aufgereiht sind: Schlangen, eingelegt in Alkohol und allerlei Zutaten wie Ginseng und Galgantwurzeln. Schlangenschnaps soll die Manneskraft steigern, wie mir unser Führer grinsend zu verstehen gibt. Doch das Elixier fördert offenbar auch die Gesundheit von Frauen. Eine fast zahnlose Alte neben uns erklärt, dass sie drei Mal täglich einen großen Schluck davon gegen Rheuma trinkt. Auch Schlangenfleisch, gebraten oder gekocht, gilt als Spezialität in dieser Gegend, deren Genuss aber inzwischen offiziell nicht mehr erlaubt ist. Seit ein Gesetz das Halten und Verkaufen von Wildtieren verbietet, ist auch der einst bekannte Schlangenmarkt von Phung Hiep auf ein paar Verkaufsstände geschrumpft, an denen nur noch mit ungiftigen Wasserschlangen gehandelt wird. Das Mekong-Delta erstaunt den Reisenden nicht mit großen architektonischen Sehenswürdigkeiten, doch Interessantes gibt es überall zu entdecken. Der wimmelnde Markt in My Tho zum Beispiel – die Stadt ist das Tor zum Mekong und zählt noch heute zu den bedeutendsten Handelsstädten des Deltas. Pro Jahr erntet man 200 Millionen Kokosnüsse. Das Städtchen Sa Dec kennen europäische Literatur- und Filmfreunde aus dem Roman oder Film »Der Liebhaber« von Marguerite Duras, die hier als Tochter der örtlichen Schulleiterin einen großen Teil ihrer Jugend verbrachte. Hier kann man einige der Kolonialbauten besichtigen, die als Drehorte dienten, aber auch die herrlichen Blumengärten, in denen Rosen und Bonsais für die Blumenmärkte der Gegend gezüchtet werden. In Soc Trang gibt es viele Khmer-Pagoden, hier leben besonders viele Khmer. Die Ma Toc-Pagode wird von Tausenden riesiger Fledermäuse bevölkert, die zuweilen als Delikatesse verspeist werden. Die Mangrovenwälder bei Ca Mau sind ein Vogelreservat, hier leben viele – auch seltene – Vögel. Die Provinz An Giang ist berühmt für den Nui Sam, den Grenzberg zu Kambodscha. Von hier sieht man über eine weite Ebene mit Reisfeldern und kleinen Grenzhäuschen. Zum Lady-Tempel im nahen Chau Doc pilgern jährlich Tausende von Einheimischen.

Zwar ist das Delta relativ gut durch Strassen erschlossen, aber ein Fortkommen ist eher mühsam, denn immer wieder müssen Wasseradern mit Fähren überquert werden. Ein schnelleres Tempo hat jedoch mit der Einweihung der ersten Brücke bei Vinh Long schon Einzug gehalten. Weitere Brücken sollen gebaut werden.

Schwimmende Märkte sind im Mekong-Delta verbreitet: Der Handel findet auf Booten im Wasser statt – für Touristen ein malerisches Fotomotiv.

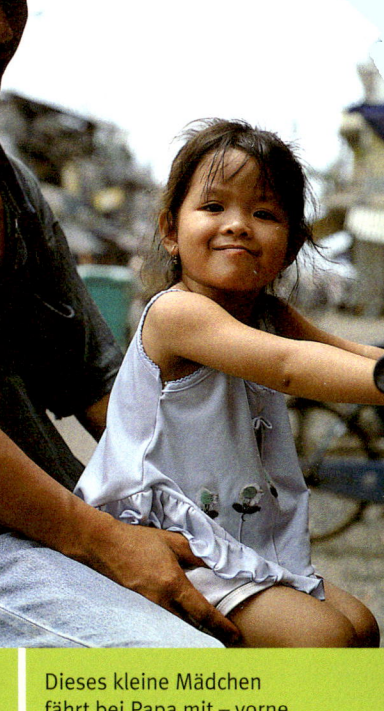

Dieses kleine Mädchen fährt bei Papa mit – vorne auf dem Moped. Manchmal sitzt eine ganze vierköpfige Familie auf einem Motorrad ...

Kokosnüsse sind äußerst vielseitig: Als Trinknüsse vertreiben sie den Durst an heißen Tagen. Fürs Öffnen braucht der Profi aber ein anständiges Werkzeug.

Kaffeewerbung auf Vietnamesisch – mit gezwirbeltem Schnurrbart à la française.

Diese Händlerin verkauft auf ihrem Boot frische Kräuter.

# Crème Caramel
# mit Zitronengras

kem caramel

Zubereitungszeit: 15 Min.
Garzeit: 45 Min.
Ruhezeit: 4 Std.
Bei 8 Personen pro Portion ca.: 245 kcal

Für 6–8 Personen:
150 g Zucker
2 Stängel Zitronengras, 1 Vanilleschote
100 ml Kokosmilch (Dose)
100 ml Milch, 300 g Sahne
4 Eier
Außerdem:
6–8 Metall- oder Keramikförmchen mit
80–100 ml Inhalt

100 g Zucker mit 2 EL Wasser in einem kleinen schweren Topf kochen, bis der Zucker karamellisiert, vom Herd nehmen und sofort in die Förmchen gießen.

Backofen auf 160° vorheizen (keine Umluft!), eine halb mit Wasser gefüllte, feuerfeste Form, in die alle Förmchen passen, hineinstellen. 2 Stängel Zitronengras grob hacken, Vanilleschote längs halbieren, das Mark herauskratzen und alles mit Kokosmilch, Milch und Sahne zum Kochen bringen, bei schwacher Hitze 10 Min. ziehen lassen.

Restlichen Zucker mit den Eiern leicht schaumig schlagen, die kochende Milch unter Rühren zugießen. Die Masse durch ein feines Sieb gießen und in die Förmchen verteilen. Im Wasserbad im Ofen ca. 45 Min. garen. Förmchen aus dem Ofen nehmen und mindestens 4 Std. abkühlen lassen. In dieser Zeit löst sich die anfangs feste Karamellschicht wieder auf. Mit einem kleinen Messer die Creme vom Rand lösen und vorsichtig auf kleine Teller stürzen.

## TIPP

Die Creme muss zwar einige Std. ruhen, am besten schmeckt sie aber, wenn sie nicht im Kühlschrank auskühlt.

# Pomelo in Chilisalz

buoi ot

Zubereitungszeit: 10 Min.
Pro Portion ca.: 10 kcal

Zutaten für 4 Personen:
1 Pomelo (oder 2 rosa Grapefruits)
1 TL Chiliflocken
2 TL Salz

Die Pomelo schälen, in Segmente teilen und von jedem Segment auch die weiße innere Haut entfernen.

Chiliflocken und Salz im Mörser zerstoßen und in kleinen Schälchen zu den Pomelofilets servieren.

## Variante:
Statt Pomelos können Sie auch süße Grapefruit-Sorten verwenden, z. B. rosa Grapefruits. Grapefruits entstanden aus einer Zufallskreuzung aus Orangen und Pampelmuse.

### Duft und Geschmack: Pomelos
Südostasiatische Pampelmusen-Sorten werden oft Pomelo genannt. Pampelmusen sind wesentlich größer als Grapefruits, es gibt Sorten, die bis zu 6 kg schwer werden!
In Vietnam werden die regional unterschiedlichen Sorten nach dem Ort ihrer Herkunft benannt. Besonders bekannt für ihren Duft und Geschmack sind die Pomelos aus Phuc Trach, einem Küstenort in Zentral-Vietnam. Sie heißen *Phuc Trach pomelo*. Ähnlich wie bei der vietnamesischen Fischsauce behaupten die Bauern vieler Regionen, die allerbesten Pomelos anzubauen.

Die Bonbons werden erst in essbares Reispapier verpackt, dann in Papier.

Das Sortiment der Bonbon-Manufaktur: Kokosnuss-bonbons natur, mit Erdnüssen, Schokolade, Bananen, Ingwer, Erdnüssen und Sesam oder mit *la dua*, Pandanus – die grüne Pflanze färbt und aromatisiert auch andere Speisen, vor allem Kuchen.

# Confiserie
## unter Kokospalmen

*Wie in vielen anderen Ländern Südostasiens bildet die Kokospalme in Vietnam eine wichtige Lebensgrundlage. Das Wasser junger Kokosnüsse nimmt man oft zum Garen und Schmoren von Gerichten.*

Das Boot legt an einer Insel im Fluss an. Auf schmalen Pfaden zwischen Obstplantagen und dschungelhaftem Gestrüpp gelangen wir zu einer Manufaktur für Kokosnussbonbons – ein Familienbetrieb unter freiem Himmel, im Schatten von Obstbäumen und Kokospalmen. Jeden Tag köchelt hier in einem großen Kessel im gemauerten Holzofen Kokosnussmilch mit karamellisiertem Zucker und Zucker, jeweils 50 Minuten lang. Die für das Kochen Zuständige – heute ist es Anh, die mittlere der drei Töchter – rührt dabei ständig um, damit die Masse nicht am Topf kleben bleibt. Während die Koskosnussmasse etwas abkühlt, bestreichen Anh und ihre Cousine lange Holzformen mit Kokosnussöl. Dann gießen sie die zähe Masse in die Formen und lassen sie erkalten. Nach einigen Minuten kommen die Zuckerstangen aus der Form und werden in bonbongroße Stücke geschnitten. Anhs Schwestern und die Mutter verpacken diese Stücke in zwei Lagen Papier. Die Mutter lächelt mich an, schiebt mir ein unverpacktes Bonbon zum Probieren zu. Klebrig, mit zarter Süße.

### Die vielseitige Kokospalme
Nicht nur Bonbons entstehen aus der Kokospalme. Kaum ein Teil der Pflanze bleibt ungenutzt. Aus den Blättern flicht man Körbe, Matten, Hüte und Dächer. Die faserige Hülle der Früchte wird zu Teppichen, Seilen und Bürsten verarbeitet und dient als Brennmaterial. Die Schalen der Kokosnüsse sind Trinkgefäße. Mit dem aus dem Fruchtfleisch gepressten Öl wird nicht nur gekocht, es ist auch Basis von Seifen, Shampoos, Kerzen und Cremes. Mit den Stämmen baut man Häuser und Brücken, das Palmherz – der Sprossscheitel des Baumes – ist als Salatzutat sehr geschätzt. Außerdem liefert die Kokospalme Zucker. Dafür wird der abgezapfte Saft gekocht, bis er kristallisiert. Palmzucker schmeckt angenehm karamellartig. Aus dem Saft stellt man auch Palmwein her, aus dem wiederum Schnaps destilliert werden kann.

Das erfrischende Kokos-Bohnen-Dessert.

Nur für Schwindelfreie: Brücke über eine Wasserader des Mekong.

# Kokos-Bohnen-Dessert

che dau do lanh

Quellzeit: 12 Std.
Garzeit: 2 1/2 Std.
Zubereitungszeit: 10 Min.
Pro Glas ca.: 105 kcal

Für 8 Longdrink-Gläser:
100 g kleine rote Bohnen
(Adzukibohnen)
50 g bunte Tapioka-Nudeln
2 Pandanusblätter
300 ml Kokosmilch (Dose)
80 g Zucker oder Palmzucker
Salz
zerstoßenes Eis

Bohnen über Nacht in kaltem Wasser einweichen, am nächsten Tag abgießen und in frischem Wasser in 2 1/2 Std. weich köcheln lassen. Tapioka-Nudeln 30 Min. in kaltem Wasser einweichen, in einem kleinen Topf 30 Min. köcheln lassen, abgießen und kalt abschrecken.

Pandanusblätter mit einem Messerrücken leicht klopfen, mit Kokosmilch, Zucker, 200 ml Wasser, den Tapiokanudeln und 1 kleinen Prise Salz aufkochen lassen, bis sich der Zucker aufgelöst hat. Im Kühlschrank abkühlen lassen.

Zum Servieren die Bohnen auf 8 Gläser verteilen, die Gläser zu zwei Dritteln mit zerstoßenem Eis füllen. Pandanusblätter aus der Kokoscreme entfernen, die Creme in die Gläser verteilen.

## Varianten:

Sie können die Tapioka-Nudeln weglassen, andere kleine Bohnen mit kurzer Garzeit wie z. B. Mung-Bohnen verwenden oder verschiedene Bohnensorten mischen. Eine gute Einlage sind auch **Longanfrüchte, gefüllt mit Lotuskernen**: Lotuskerne über Nacht in Wasser legen, danach 30 Min. weich kochen. (Es gibt auch gekochte Lotuskerne in Dosen.) Frische Longanfrüchte schälen und mit einem Kirschentkerner entkernen – eine etwas umständliche Arbeit. Dosenfrüchte abgießen. Jede Frucht mit 1 gekochten Lotuskern füllen und in das Dessert geben. Mit etwas Zuckersirup sind die gefüllten Longanfrüchte auch ein frisches kleines Dessert für sich.

# Kokos-Klebreis mit Bohnenpüree

### xoi dau xanh dua

Quellzeit: 12 Std.
Zubereitungszeit: 30 Min.
Pro Portion ca.: 510 kcal

Zutaten für 4 Personen:
200 g Klebreis
100 g geschälte, halbierte Mung-Bohnen
1 Pandanusblatt (falls vorhanden)
100 ml Kokosmilch (Dose)
7 EL Zucker
3 EL geschälte, ungesalzene Erdnüsse
2 EL Sesamsamen, Salz
50 g frische Kokosnuss (oder
25 g Kokosflocken)
Außerdem:
1 Dämpfkorb (mindestens 24 cm Ø)
1 Passiertuch

Klebreis in Wasser im Kühlschrank 12 Std. einweichen.

Die Mung-Bohnen in einem kleinen Topf mit 350 ml Wasser bei schwacher Hitze in 25–30 Min. weich kochen, eventuell zwischendurch etwas Wasser zugeben. Die Bohnen mit einer Gabel zu cremigem Brei zerdrücken.

Inzwischen den Reis abgießen und gründlich durchspülen. Einen zum Dämpfkorb passenden Wok oder Topf zur Hälfte mit Wasser füllen. Den Dämpfkorb auf den Topf setzen, mit dem Tuch auslegen. Pandanusblatt mit dem Rücken eines Messers leicht klopfen, in den Dämpfkorb legen. Klebreis in das Tuch schütten, die Ecken des Tuches über dem Reis zusammenschlagen, so dass an den Rändern des Dämpfkorbes genug Platz für den Dampf bleibt. 20–25 Min. dämpfen (s. Seite 215), bis der Reis gar, aber nicht zerfallen ist.

Kokosmilch mit 4 EL Zucker aufkochen lassen, bis sich der Zucker gelöst hat, beiseite stellen. Erdnüsse in einer Pfanne ohne Fett unter Rühren rösten, bis sie leicht gebräunt sind. Vom Herd nehmen und grob hacken. Erdnüsse mit Sesam, 1/4 TL Salz und 3 EL Zucker mischen. Kokosnuss schälen und fein reiben.

Klebreis in eine Schüssel umfüllen, das Blatt entfernen. Kokosmilch zugeben und vorsichtig mit Stäbchen oder einer Gabel mischen. Klebreis mit etwas Bohnenpüree anrichten und mit Kokosraspeln oder -flocken und Nussmischung servieren.

Varianten dieses Desserts gibt es auch in anderen südostasiatischen Ländern. Typisch vietnamesisch sind die Nussmischung und das Pandanusblatt, das das Püree mit seinem Duft zart parfümiert. Oft wird es auf Bananenblättern serviert.

# Kokoseis

### kem dua

Zubereitungszeit: 10 Min. + Gefrierzeit
Bei 8 Personen pro Portion ca.: 245 kcal

Zutaten für ca. 1 l:
400 ml Milch
400 ml Kokosmilch (Dose)
150 g Zucker, 1 EL Speisestärke
100 g frisch geriebene Kokosnuss
(oder 80 g Kokosflocken)
2 EL geröstete Erdnüsse (s. Seite 213)
250 g Früchte nach Saison

Einige Löffel Milch abnehmen, den Rest mit Kokosmilch und Zucker zum Kochen bringen. Stärke mit der kalten Milch verrühren und mit dem Schneebesen in die kochende Flüssigkeit rühren, nochmal aufkochen lassen. Vom Herd nehmen und vollständig abkühlen lassen.

Kokosnuss in die Masse rühren und gefrieren lassen – am besten in einer Eismaschine. Sie können das Eis aber auch in einer Schüssel im Tiefkühlfach gefrieren lassen, dann nach ca. 2 Std., wenn das Eis fast fest ist, mit dem Pürierstab einmal durchrühren.

Kokoseis in Schüsselchen verteilen, Erdnüsse grob hacken und auf das Eis streuen. Mit Früchten servieren.

# Zentralvietnam

## *Kulturelle Höhepunkte*

*Hinter dem Wolkenpass, zwischen Bergen und Meer,*

*am Fluss der Wohlgerüche liegt die alte Kaiserstadt Hue. Hier*

*ließen sich Kaiser Tee aus Tautropfen servieren und kunstvoll*

*dekorierte Leckerbissen in Hülle und Fülle. Weiter unten im Süden*

*weht im berühmten Badeort Nha Trang ein Hauch von*

*Côte d'Azur. Und an den Bäumen wachsen rosa Drachenfrüchte.*

# Kaiser,
## Mönche, Drachenfrucht

Thong Triet gießt grünen Tee in eierbecherkleine Tassen und deutet auf die Holzbank neben sich. Der buddhistische Mönch mit einer Wollmütze auf dem kahl geschorenen Schädel begrüßt mich mit: »Where do you come from?« Nach der Antwort entgegnet er »I'm from Germany too, in my earlier life« und lacht schallend. Seine buschig-grauen Augenbrauen vibrieren. Besucher seiner kleinen Pagode lädt Thong Triet auf einen Tee ein. Hockt sich mit ihnen an den Tisch. Erzählt von der Lehre Buddhas, fragt dabei nach englischen Wörtern, kichert, wenn er sie endlich richtig ausspricht. Strahlt übers ganze Vollmondgesicht und gießt ständig Tee nach. Wir bitten darum, ihn fotografieren zu dürfen, er zögert kurz, verschwindet dann. Als er wieder auftaucht, sind Strickjacke und schmutziges Arbeitshemd unter einer orangefarbenen Mönchskutte verschwunden. Beim Klick des Fotoapparats errötet er. »See you in the next life«, sagt er zum Abschied.

Wir sind in Hue. Die einstige Kaiserstadt ist kulturelles »Must« jeder Vietnam-Reise. Ihre ideale Lage genau in der Mitte des Landes prädestinierte sie einst zur Hauptstadt: 1802–1945 residierten hier die 13 Kaiser der Nguyen-Dynastie, die in Hue die Kaiser von China nachahmten. Und ihr Klein-Peking bauten, samt Hofstaat, Harem und verbotener Stadt. Doch Hue war in dieser Zeit nicht nur Schauplatz höfischen Lebens, sondern auch Zentrum des Buddhismus, der durch Bildung und Lehre die Stadt prägte. Noch heute gibt es fünf Universitäten. Für viele liegt Hues besonderer Reiz deshalb in ihrem intellektuellem Touch und der buddhistisch-toleranten Atmosphäre. Zudem liegt die Stadt sehr malerisch am Parfümfluss – dem »Fluss der Wohlgerüche«, wie der vietnamesische Name *Song Huong* genau übersetzt wird – eingebettet in eine wunderschöne Landschaft zwischen den Annamitischen Bergen und dem Meer.

Vor allem aber kommen die Touristen, um die ehemaligen kaiserlichen Stadtanlagen zu besuchen: Zitadelle, Kaiserstadt und Verbotene Purpurne Stadt – letztere war die eigentliche Wohnstätte der kaiserlichen Familie. Allerdings braucht man sehr viel Fantasie, um sich vorzustellen, wie hier im 19. Jh. bis zu 50 000 Mitglieder des Hofstaats in Saus und Braus lebten: Während des Vietnam-Krieges haben Bomben große Teile der Anlagen zerstört. Zudem betrachtete die kommunistische Regierung von 1975 bis 1990 alle historischen Gebäude als unerwünschte Zeichen des Feudalismus und gab sie dem Verfall preis. Mit Hilfe der UNESCO, die die Überreste 1993 auf die Liste des Weltkulturerbes gesetzt hat, rekonstruiert und restauriert man heute die Baudenkmäler. Dasselbe geschieht mit den berühmten Kaisergräbern, die sich sieben der Nguyen-Kaiser schon zu Lebzeiten in der Nähe von Hue inmitten von Hügeln, Reisfeldern und Pinienwäldern nach geomantischen Gesichtspunkten bauen ließen. Wo die Bedingungen nicht ideal waren, passte man sie an – mit künstlichen Seen und Hügeln. So sind diese Grabanlagen Orte der Schönheit und Oasen der Ruhe – wenn nicht gerade Lärm von den Restaurierungsarbeiten ins Ohr dringt. Für viele ihrer Erbauer waren die Anlagen nicht nur letzte Ruhestätte, sie dienten ihnen schon zu Lebzeiten als Sommerfrische, Jagdschloss und Rückzugsort. Kaiser Tu Duc lebte sogar 16 Jahre lang in seinem von Mauern geschützten, künstlich geschaffenen Park und verbrachte seine Zeit mit Bootfahren, Angeln, Meditieren, Dichten und Tee trinken.

## Die Kaiserküche

Kaiser Tu Duc ließ sich seinen Tee nur aus Tautropfen zubereiten, die seine Diener jeden Morgen von den Lotusblättern auf dem See der Kaiserstadt sammeln mussten. Überhaupt soll Tu Duc in Bezug auf seine Mahlzeiten äußerst exzentrisch gewesen sein. Die für ihn zubereiteten Speisen sollten sich grundlegend von denen gewöhnlicher Sterblicher unterscheiden. Da

Buddhistische Novizen in einer Unterrichtspause.

An der Uferpromenade: Ein paar Männer vertreiben sich die Zeit mit Boule, dem Kugelspiel aus Frankreich.

Durch die hügelige Landschaft bei Hue fließt ruhig der berühmte Song Huong oder »Fluss der Wohlgerüche« – so wird er genannt, weil an seinem Oberlauf Dufthölzer wachsen.

Hauptattraktion in Hue: die alte Kaiserstadt, wo die Kaiser mit ihrem Hofstaat lebten. Zu Lebzeiten der Herrscher war die Kunst des Gemüseschnitzens (links) sehr verbreitet.

Hues landwirtschaftliche Erzeugnisse nicht so vielfältig wie die des Nordens oder Südens waren, mussten die kaiserlichen Köche mit viel Fantasie und Kreativität einfache Gerichte so verfeinern, dass aus ihnen des Kaisers würdige Delikatessen wurden. Und legten so den Grundstein für die berühmte Kaiserküche von Hue, die damals auch die Küche des ganzen Landes inspirierte. Zu den kaiserlichen Spezialitäten gehören *sup ga*, eine duftende, pfeffrige Hühnersuppe mit Lotussamen, *thit nuong*, gegrilltes Schweinefleisch in Reispapier mit Erdnusssauce, *bo la lot*, scharfes Rindfleisch in wilden Betelblättern und *chao tom lui mia*, gehackte Krabben, die um Zuckerrohr gedrückt werden.

Diese Gerichte werden heute auch in anderen Gegenden Vietnams zubereitet, dabei aber meistens etwas variiert: Oft verwendet man schlichtere Zutaten. Typisch für die Kaiserküche sind aber die aufwändige Zubereitung und eine dekorative Präsentation der Speisen. So müssen für die beliebten *chao tom lui mia* winzige Krabben geschält, in *nuoc mam* mariniert, dann abgewaschen und zu einer dicken Paste zerstoßen werden, zu der Eiweiß, Zwiebeln, Knoblauch, Zucker und Pfeffer kommen. Diese Mischung wird mit etwas Schweineschmalz nochmals zerstoßen und schließlich um Zuckerrohrstangen gewickelt und gegrillt.

Man legte großen Wert auf Farben und Aussehen der Speisen und darauf, wie sie serviert wurden. Reis wickelten die Köche zum Beispiel in ein Omelette oder kochten beides in einem Lotusblatt. Aus China übernahmen sie die Kunst des

Frischegarantie: Hühner werden mit Füßen verkauft, weil man an ihren Spornen das Alter der Tiere erkennen kann.

Hier gibt es Reissorten für jede Gelegenheit.

Nicht nur für ausländische Touristen, auch für diese vietnamesischen Frauen ist der Ausflug in die Kaiserstadt in Hue ein kulturelles Highlight.

Spektakuläre Aussicht auf der Fahrt vom Wolkenpass nach Hue: die Lagune von Lang Co am Südchinesischen Meer. Hier züchten Fischer Austern, deren Perlmutt für Intarsienarbeiten verwendet wird.

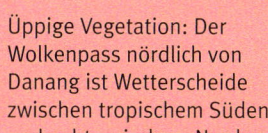

Üppige Vegetation: Der Wolkenpass nördlich von Danang ist Wetterscheide zwischen tropischem Süden und subtropischem Norden.

Die kleine Hafenstadt Hoi An wurde von der UNESCO als architektonisches Gesamtkunstwerk anerkannt.

Frühmorgens am Flussufer von Hoi An: Am Fischerhafen herrscht emsiges Treiben.

Mystischer Ort: die Ruinen von My Son. Die alte Tempelanlage der Cham war vor ihrer Zerstörung im Vietnamkrieg für viele so bedeutend wie das berühmte Angkor Wat in Kambodscha.

Gemüseschnitzens und steckten etwa *chao tom lui mia* als Schwanzfedern in einen kunstvoll geschnitzten Pfau aus Rettich. Sie experimentierten auch mit ungewöhnlichen Zutaten wie grünen Bananen, unreifen Feigen und Bananenblüten.

Angeblich servierten 50 Diener dem Kaiser bei jeder Mahlzeit 50 verschiedene Gerichte, die 50 Köche zubereitet hatten. Deshalb wurden alle Speisen immer in winzigen Portionen gekocht. So sind *banh khoai*, kleine Pfannkuchen mit Shrimps, Schweinefleisch und Bohnensprossen, einfach die kleinere Version der im Süden sehr beliebten *banh xeo*.

Ganze Heerscharen von Köchen und Küchenhilfen waren also nötig, um die aufwändigen Speisen für die Kaiser zu kochen – ein Luxus, den sich später natürlich niemand mehr leisten konnte. Im ganzen Land waren die Menschen lange Zeit froh, wenn sie überhaupt eine Schüssel Reis auf dem Tisch hatten. Die Kaiserküche geriet in Vergessenheit. Nur einige Frauen aus kaiserlichen Haushalten beherrschten und bewahrten über die Jahrzehnte der Armut und des Krieges die Geheimnisse der kaiserlichen Küche. Seit einigen Jahren nun versuchen viele Köche in und außerhalb Hues die Kaiserküche wieder zu beleben. In großen Hotels in Hue wird sie heute in Form von Buffets oder Banketts für Touristen zelebriert.

Mit gemieteten Fahrrädern geht es früh morgens am Fluss entlang, wo der Geist einer alten Frau dem Fürsten Nguyen Hoang den Bau einer Pagode befohlen haben soll. Die 1601 erbaute Thien Mu-Pagode ist Vietnams schönste geworden – mit ihrem siebenstöckigen Turm am Hochufer, ihren Pavillons mit Stelen und Steinschildkröte ist sie eines der Wahrzeichen des Landes. Hier ist auch der blaue Austin ausgestellt, mit dem der buddhistische Mönch Thich Quang Duc 1963 nach Saigon fuhr, um sich aus Protest gegen Südvietnams erzkatholischen Diktator Ngo Dinh Diem zu verbrennen. Das Foto des brennenden Mönchs ging damals um die Welt und leitete Dinh Diems Sturz ein.

## Fahrt nach Hoi An

Der Zug ächzt. Seit zwei Stunden quält er sich die 480 Höhenmeter auf den Wolkenpass hinauf. Der berühmte Pass ist nicht nur die Wetterscheide zwischen dem tropischen Süden und dem subtropischen Norden, sondern auch so eine Art Kulturscheide zwischen Nord und Süd. Wir sitzen im Thong Nhat-Express, zu deutsch Wiedervereinigungsexpress. Er verbindet die beiden wichtigsten Metropolen Vietnams, Hanoi und Ho Chi Minh City, fährt einmal der Länge nach durchs Land. Für die etwa 1700 km lange Strecke braucht der Zug bei einer Reisegeschwindigkeit von höchstens 50 Stundenkilometern mehr als eineinhalb Tage. Während unserer Fahrt nach Hoi An schauen wir aus dem Fenster und bestaunen die atemberaubende Küste am Südchinesischen Meer. Nach knapp vier Stunden sind wir am Ziel.

Ein Hauch von China weht über der alten Hafenstadt Hoi An mit ihren engen Straßen und niedrigen Häusern. Vom 17. bis ins 19. Jh. hinein war das einstige Faifo – von *Hai Pho*, Ort am Meer – einer der wichtigsten Handelshäfen Südostasiens. Schiffe aus aller Welt legten hier an, Chinesen, Japaner, Holländer und Inder ließen sich in der Stadt nieder, um Handel zu betreiben. Aus dieser Zeit stammen noch viele Bauten – prächtige Wohnhäuser, Versammlungshallen, Tempel, Brunnen oder die überdachte »Japanische Brücke«, heute ein beliebtes Fotomotiv. 1999 erkannte die UNESCO das architektonische Gesamtkunstwerk, in dem die Zeit anscheinend vor etwa 150 Jahren stehen geblieben ist, als Weltkulturerbe an. Heute ist der romantische Ort eines der populärsten Ziele für Vietnam-Reisende. Sie bewundern nicht nur historische Bauten, sondern lassen sich hier von den vielen ansässigen Schneidern Kleidung nähen oder gehen auf Shopping-Tour in den inzwischen zahllosen Souvenir- und Kunstläden. Außerdem ist Hoi An Ausgangspunkt für den obligatorischen Ausflug nach My Son, Nummer drei der von der UNESCO ausgezeichneten Weltkulturerbe-Stätten in dieser Gegend. Die ehemals größte Tempelstadt der Cham in Vietnam wird schon mal mit dem berühmten Angkor Wat in Kambodscha verglichen. Allerdings sind in My Son vor allem Ruinen zu sehen: Das abgelegene Dschungelgebiet war 1968 von der US-Luftwaffe zur »free fire zone« erklärt worden und gehört zu den meistbombardierten Zielen Zentralvietnams. Dennoch strahlt der Ort – in einem grünen, von Hügeln umgebenen Tal, das vom massiven Hon Quap, dem Katzenzahnberg, überragt wird – die Erhabenheit eines mystischen Ortes aus.

Die Mädchen flüchteten vor der Mittagshitze in den Schatten eines alten Cham-Tempels.

# Salatrollen

*ist die genaue Übersetzung von goi cuon. Wie bei vielen anderen Rezepten werden auch hier die Zutaten in Blätter und Reispapier gewickelt. Oft würzt man die Rollen noch mit geröstetem Reispulver, thinh, das gleichzeitig die überschüssige Feuchtigkeit bindet.*

## Glücksrollen mit Schwein und Garnelen

goi cuon

Zubereitungszeit: 45 Min.
Pro Portion ca.: 265 kcal

Zutaten für 8–10 Rollen
(4 Personen):
250 g Schweineschulter, Salz
100 g dünne runde Reisnudeln
(bun)
200 g gegarte Garnelen
(Sushigarnelen)
1 Kopfsalat, 100 g Sojasprossen
1/2 Bund Minze
1/2 Bund chinesischer Schnittlauch

ca. 12 dünne vietnamesische Reispapierblätter (ca. 24 cm Ø)
Bohnen-Dip (s. Seite 210) oder
Leichte vietnamesische Erdnuss-
sauce (s. Seite 210)

Schweineschulter in Salzwasser 30 Min.
kochen, abkühlen lassen und quer zur
Faser in sehr dünne Scheiben schneiden.
Nudeln 30 Min. in kaltes Wasser legen,
dann nach Packungsangabe in 1–2 Min.
bissfest kochen, abgießen, kalt abschrecken und abkühlen lassen.

Die Schwanzsegmente der Garnelen-
schalen entfernen, Garnelen längs hal-

bieren. Salat waschen und putzen. Sprossen und Kräuter waschen. Minzeblätt-
chen abzupfen, Schnittlauch in 5 cm lange Stücke schneiden.

Reispapiere vorbereiten, ausbreiten und
füllen (s. rechts). Die Seiten des Reis-
blattes nach innen schlagen und fest
zusammenrollen.

Mit Bohnen-Dip oder Erdnusssauce
anrichten. Glücksrollen hineintauchen
und verzehren.

1 Kopfsalat, 100 g Sojasprossen
1/2 Bund asiatisches Basilikum
1/2 Bund Koriandergrün
ca. 12 dünne vietnamesische Reispapierblätter (ca. 24 cm Ø)
Ingwer–Limetten-Sauce (s. Seite 211)

Die äußeren Blätter vom Zitronengras entfernen, Zitronengras längs vierteln und
sehr fein schneiden. Schalotte schälen und
klein würfeln, mit Zitronengras, Fischsauce, Sojasauce, Zucker und Öl verrühren.
Lachs 20 Min. darin marinieren.

Reisnudeln 30 Min. in kaltes Wasser legen,
dann nach Packungsangabe in 1–2 Min.
bissfest kochen, abgießen und abkühlen
lassen. Kopfsalat waschen, dicke Stiele entfernen. Sojasprossen und Kräuter waschen.
Kräuterblättchen abzupfen.

Lachs aus der Marinade nehmen und in
einer beschichteten Grillpfanne oder auf
dem Holzkohlengrill bei schwacher Hitze
je Seite 3 Min. grillen. Kurz abkühlen lassen und mit einem scharfen Messer in
8 schmale Streifen schneiden oder vorsichtig zerpflücken.

Reispapiere vorbereiten (s. Seite 90).
Das zuerst eingeweichte Reisblatt auf der
Arbeitsfläche ausbreiten. 1 Salatblatt in
die Mitte legen, darauf 2 EL Nudeln,
1 Lachsstreifen, 1 EL Sojasprossen und
einige Kräuter. Alles zu einem länglichen
(ca. 12 cm) Haufen formen. Die Seiten des
Reisblatts nach innen schlagen und fest
zusammenrollen. Mit Ingwer-Limetten-
sauce servieren.

## Glücksrollen mit Lachs

bi cuon ca

Zubereitungszeit: 45 Min.
Pro Portion ca.: 420 kcal

Zutaten für 8–10 Rollen (4 Personen):
1 Stängel Zitronengras, 1 Schalotte
1 EL vietnamesische Fischsauce
1 EL Sojasauce, 1 TL Zucker
2 EL Öl
400 g Lachsfilet ohne Haut
100 g dünne runde Reisnudeln
(bun)

### Reispapiere vorbereiten

Reispapierblätter nacheinander kurz
in eine Schüssel mit kaltem Wasser
legen, herausnehmen und zwischen
feuchten Küchentüchern weich werden lassen. Das zuerst eingeweichte
Reispapier zuerst verwenden: Auf der
Arbeitsfläche ausbreiten (Papiere,
die dabei reißen, wegwerfen).
Füllung in Rollenform darauf legen,
das Papier zusammenrollen, dabei
die Enden einschlagen. Nach Rezept
frittieren oder als Glücksrolle
unfrittiert mit den Garnituren
anrichten.

Bambus wird in der vietnamesischen Küche nicht so häufig verwendet wie in einigen anderen Ländern Südostasiens, hat aber eine hohe symbolische Bedeutung. Er steht für Eleganz, Wachstum und Zähigkeit.

## Bambusprossen-Salat

goi mang Hue

Zubereitungszeit: 20 Min.
Pro Portion ca.: 135 kcal

Zutaten für 4 Personen:
400 g vorgegarte Bambussprossen, Salz
6 EL Brühe
2 EL vietnamesische Fischsauce
2 EL Limettensaft, 1 TL Zucker
4 EL Sesamsamen
150 g Shrimps, gegart und geschält
1 Bund asiatisches Basilikum

Bambussprossen in streichholzdicke Stifte schneiden, in einem großen Topf mit Salzwasser 2 Min. kochen, abgießen und gut abtropfen lassen.

Brühe, Fischsauce, Limettensaft, 1 TL Zucker, 1/2 TL Salz und Sesamsamen im Wok aufkochen lassen. Die Bambussprossen zugeben, kurz aufkochen lassen. Vom Herd nehmen, die Shrimps zugeben.

Basilikum waschen und trockenschütteln, die Blätter abzupfen und grob hacken oder in Stückchen reißen. Salat anrichten und mit einem Basilikumhäufchen garnieren, solange er noch lauwarm ist.

### Variante: Bambussprossen-Salat mit Rindfleisch

1 EL Honig oder braunen Zucker, 2 EL Fischsauce, 1 Msp. 5-Gewürze-Pulver, 2 EL Chilisauce, je 2 gehackte Schalotten und Knoblauchzehe, Salz und Pfeffer mischen.
2 Scheiben Rinderrücken (1 cm dick) in der Sauce 30 Min. marinieren. Fleisch von beiden Seiten grillen oder anbraten, bei 100° (Umluft 80°) im Ofen 1 Std. lang trocknen und abkühlen lassen, in dünne Streifen schneiden. Statt Shrimps unter die Bambussprossen mischen. Sie können diese Rindfleischstreifen auch für den Papaya- oder den Mangosalat (s. Seite 21) verwenden.

## Vegetarische Frühlingsrollen

nem dau ho Hue

Zubereitungszeit: 1 Std.
Pro Portion ca.: 410 kcal

Zutaten für 4 Personen (20 Stück):
100 g geschälte halbierte Mung-Bohnen
3 EL Mu-Err-Pilze, 100 g Tarowurzel
100 g fester Tofu
1 Stängel Zitronengras
2 EL Kokosflocken
Salz, schwarzer Pfeffer
ca. 25 dünne vietnamesische Reispapierblätter (15 cm Ø)
Zum Anrichten:
1 Bund Senfkraut oder
1 kleiner Kopf Salat
1 Bund gemischte vietnamesische Kräuter
1/2 Gurke (200 g)
1 halbreife Sternfrucht
Limetten-Soja-Sauce (s. Seite 212)
Öl zum Frittieren

Mung-Bohnen 30 Min. in kaltem Wasser einweichen. In 20 Min. weich kochen, abgießen und mit einer Gabel etwas zerdrücken.

Gleichzeitig die Pilze in lauwarmem Wasser 15 Min. einweichen. Abgießen, Hüte in feine Streifen schneiden. Tarowurzel schälen und fein reiben, Tofu grob hacken. Zitronengras längs vierteln und fein hacken. Alles mit Kokosflocken sowie je 1/4 TL Salz und Pfeffer mischen.

Kräuter waschen und abzupfen. Gurke schälen, Sternfrucht waschen, beides in dünne Scheiben schneiden.

Reispapier vorbereiten, füllen und aufrollen. Im Wok in heißem Öl frittieren (s. Seite 91). Frühlingsrollen mit Salat, Früchten, Kräutern und Sauce servieren.

## Hackbällchen auf Zuckerrohr

Sie können auch die Hackfleischmasse von den
Gegrillten Hackbällchen (s. Seite 141) auf Zucker-
rohrstängeln grillen.

# Fingerfood auf Vietnamesisch. *Die beiden Rezepte auf dieser Seite*
*sind Klassiker der traditionellen Kaiserküche von Hue, werden aber inzwischen auch im Rest des*
*Landes heiß geliebt. Die Betelblätter der Rindfleischröllchen sind übrigens nicht die Blätter der gleich-*
*namigen Betelnuss, sondern von einer verwandten Pflanze.*

# Rindfleischröllchen in Betelblättern

bo la lot

Zubereitungszeit: 40 Min.
Pro Portion ca.: 650 kcal

Zutaten für 4 Personen:
2 Knoblauchzehen, 3 EL Öl
2 Stängel Zitronengras
1 EL 5-Gewürze-Pulver
1 EL Kurkumapulver
2 EL Zucker
2 EL vietnamesische Fischsauce
500 g Rinderhackfleisch
100 g gehackter Schweinespeck (Rücken)
Salz
24 schöne große Betelblätter
8 Holzspieße
Zum Anrichten:
3–4 Frühlingszwiebeln, 2 EL Öl
2 EL geröstete Erdnüsse (s. Seite 213)
Fisch-Dip (s. Seite 211) mit 100 ml Wasser und
mit Rettich und Möhren
Kopfsalat-Blätter

Holzspieße in Wasser legen. Knoblauch schälen und fein hacken, in 1 EL Öl kurz anbraten, in eine Schüssel geben. Die äußeren Blätter vom Zitronengras entfernen, den Rest längs vierteln und sehr fein schneiden.

Knoblauch, Zitronengras, 5-Gewürze-Pulver, Kurkuma, Zucker und Fischsauce mit Hackfleisch und Speck mischen, leicht salzen und 30 Min. kalt stellen. Dann mit den Knethaken des Handrührgeräts gründlich verkneten, damit die Masse gut bindet.

Auf jedes Betelblatt 1 EL Füllung setzen. Blätter fest zusammenwickeln, je 3 Röllchen auf 1 Spieß stecken. Mit Öl bepinseln und bei schwacher Hitze von beiden Seiten je 2–3 Min. grillen. Gleichzeitig Frühlingszwiebeln waschen, putzen und in feine Ringe schneiden, in 2 EL Öl braten.

*Bo la lot* mit Salatblättern anrichten, mit Erdnüssen und Zwiebeln bestreuen und mit Fisch-Dip servieren. Die Röllchen locker in 1 Salatblatt wickeln und in die Sauce tunken.

# Zuckerrohrgarnelen

chao tom lui mia

Zubereitungszeit: 40 Min.
Kühlzeit: 40 Min.
Pro Portion ca.: 415 kcal

Zutaten für 4 Personen:
100 g frisches Bauchfleisch vom Schwein in sehr dünnen Scheiben (3–4 mm)
500 g Riesengarnelen
1 Knoblauchzehe, 2–3 violette Schalotten
1 EL Zucker
1 EL vietnamesische Fischsauce
Salz, Pfeffer, 2 EL Öl
Bohnen-Dip (s. Seite 210) oder Fisch-Dip
(s. Seite 211)
Zum Anrichten:
200 g dünne Reisnudeln (bun)
1 Bund vietnamesische Minze
geschälte Gurkenscheiben und Salatblätter
Außerdem:
2 Stück Zuckerrohr, je 15 cm lang, geschält und in acht 1 cm dicke Stäbe gespalten (oder 16 Holzspieße)

Schweinefleisch in Wasser 4 Min. kochen, herausnehmen, abtropfen und im Eisfach abkühlen lassen.

Garnelen schälen, längs halbieren, den Darm entfernen, Garnelen eventuell kurz waschen und gründlich abtrocknen. Garnelen und Speck fein hacken, aber nicht pürieren. Knoblauch und Schalotten schälen und fein würfeln. Masse mit Knoblauch, Schalotten, Zucker und Fischsauce verkneten, mit Salz und Pfeffer würzen. 30 Min. kalt stellen. Inzwischen die Nudeln nach Packungsangabe zubereiten.

Garnelenmasse in 8 Portionen teilen und mit feuchten Händen um die Zuckerrohrstücke herum formen, dabei das Zuckerrohr ganz umschließen, damit es beim Grillen nicht verbrennt. Mit Öl bestreichen und auf dem heißen Grill in 6–8 Min. von allen Seiten knusprig und hellbraun grillen. Mit gekochten Reisnudeln, Minzblättchen, Gurke und Salat servieren. Kleine Stücke von der gegrillten Garnelenpaste mit Minze und Kräutern in Salatblätter wickeln und dippen. Zum Schluss auf das Zuckerrohr beißen, der Saft schmeckt süß und leicht rauchig.

Mithilfe eines Gerüsts, das später wieder entfernt wird, näht man die Bambusblätter an dünne Bambusringe.

Die getrockneten Bambusblätter wurden auf einer Stahlwalze geplättet und können nun weiterverarbeitet werden.

# Non
## Nicht ohne Hut

*Früher trugen Frauen und Männer den Spitzhut – vor allem bei der Arbeit auf dem Feld. Doch besonders bei jungen Männern wird der Hut mit seiner typischen Form mehr und mehr von der Baseball-Kappe verdrängt.*

Ein prominentes Wahrzeichen Vietnams ist – noch mehr als das Cyclo – die typische Kopfbedeckung der Vietnamesen: der Spitzhut *Non*. Jeder Vietnamreisende schätzt ihn als beliebtes Fotomotiv, natürlich am liebsten auf dem Haupt einer hübschen Vietnamesin. In den größeren Städten, wo sich vor allem die jungen Menschen immer mehr an westlicher Mode orientieren, wird der Anblick eines *non*-behüteten Mädchens seltener, doch auf dem Land ist der Kegelhut bei Jung und Alt nach wie vor sehr verbreitet.

### Alles Handarbeit

Dieser Hut ist ein höchst komplexes Gebilde: Er besteht aus 16 Bambusringen, an die mit feinen Stichen gepresste Palmblätter genäht werden – alles in Handarbeit. Die Palmblätter stammen von einer bestimmten Palmenart aus Zentralvietnam, sie werden drei bis vier Tage in der Sonne zum Trocknen ausgelegt. Währenddessen brennt man Schwefel ab, das macht die Blätter schön weiß. Die Qualität der Hüte hängt auch von den Palmblättern ab, die verwendet werden.

Besser geeignet sind auf jeden Fall junge Blätter, weil sie heller sind und deshalb nicht so lange geschwefelt werden müssen.

Nach dem Trocknen werden die Blätter per Hand aufgerollt und dann auf Stahlwalzen bei etwa 70° geplättet. Eine geübte Hutnäherin braucht drei Stunden, um die Blätter mithilfe eines Gerüsts, das später wieder entfernt wird, an die Bambusringe zu nähen.

### Nicht nur Hut

Der *non* ist ein Tausendsassa: Strapazierfähig und federleicht schützt er vor Sonnenstrahlen genauso wie vor Regenschauern, dient als Fächer und Einkaufskorb oder als Gefäß, um Wasser zu schöpfen. Der Hut wird mit einem breiten Band unter dem Kinn befestigt. Schon seit Jahrhunderten tragen ihn vor allem Mädchen und Frauen bei der Feldarbeit, als Schutz vor der unbarmherzigen Sonne. Zudem können sich seine Trägerinnen unter ihm vor unliebsamen Blicken verstecken – oder kokett darunter hervorblinzeln. Der Legende nach ist der Hut der Kopfbede-

Der *non* ist typisch für Vietnam – er bietet hervorragenden Schutz vor der Sonne und ist erstaunlich stabil. Die Mädchen haben als Befestigung ihre Taschentücher an die Hüte gebunden.

ckung einer Göttin nachgebildet, die vor Regen schützen soll und die Kunst des Getreideanbaus lehrt.

## Das Hutdorf Chuong

Im Laufe der Zeit sind über 50 verschiedene Formen des Non entstanden – für Reiche, für Kinder, für die Armee, für Mönche. Am bekanntesten sind die Hüte aus dem Dorf Chuong aus der Provinz Ha Tay 20 Kilometer südwestlich von Hanoi. Fast das ganze Dorf widmet sich der Produktion von Kegelhüten. Aus Hue kommen die *non bai tho* genannten Kegelhüte. Das Besondere der *non bai tho*: Wenn man sie gegen die Sonne hält, wird durch einen zwischen die Palmenblätter eingefügten Scherenschnitt ein Gedicht, eine Landschaft oder eine Figur sichtbar.

Flinke Finger: Eine Hutnäherin braucht etwa drei Stunden, um einen Spitzhut fertig zu stellen.

**Hoi-An-Crostini** werden ohne zusätzliche Kräuter serviert, viele vietnamesische Kräuter passen aber gut dazu – z. B. fein geschnittene Betel-blätter oder rote Perillakraut-Blättchen.

*Coa lau* sind eine Spezialität in Hoi An, deren Ursprung auf die Japaner zurückgeht. Weiche, flache Reisnudeln, die an Spätzle erinnern, werden mit Sojabohnensprossen, Kräutern und einigen Scheiben Schweinefleisch belegt, mit Röstzwiebeln und Reismehlcrackern garniert und mit Brühe in einer Schüssel serviert. Nur in Hoi An bekommt man original coa lau, *denn das Wasser für die Zube-reitung der Nudeln darf nur aus einem bestimmten Brunnen der Stadt stammen. Es heißt, dass dieses besonders weiche Wasser den Geschmack der Nudeln entscheidend beeinflusst.*

# Jackfruchtsalat mit Riesengarnelen

goi mit

Zubereitungszeit: 30 Min.
Pro Portion ca.: 155 kcal

Zutaten für 4 Personen:
280 g junge Jackfrüchte (Dose)
1 große, milde Chilischote
Zucker, Salz, 2 EL Limettensaft
100 g Gurke, 100 g Möhren
2–3 Frühlingszwiebeln
2–3 Stängel Polygonum oder asiatisches Basilikum
200 g rohe, geschälte Riesengarnelen
2 Knoblauchzehen
3 EL Öl, 1 EL Sesamsamen, Pfeffer

Jackfrüchte abgießen und in Scheiben schneiden. Chili zerkleinern, mit 1 EL Zucker und 1/2 TL Salz im Mörser zerreiben. Limettensaft zugeben und mit den Jackfrüchten mischen.

Gemüse und Kräuter waschen und schälen bzw. putzen. Gurke längs halbieren und in Scheiben schneiden, Möhren grob raspeln. Frühlingszwiebeln in feine Ringe schneiden, die Kräuterblätter abzupfen.

Garnelen längs halbieren, den dunklen Darm entfernen. Knoblauch ungeschält leicht quetschen. Das Öl im Wok erhitzen, Knoblauch und Garnelen darin bei starker Hitze 2–4 Min. braten. Sesam einige Sek. mitrösten.

Die Jackfrüchte in die Pfanne geben, durchschwenken und in eine Schüssel füllen. Alle Salatzutaten vorsichtig untermischen, mit Salz und Pfeffer abschmecken.

## Varianten:
Statt Sesam können Sie auch grob gehackte geröstete Erdnüsse verwenden.
Im Ana Mandara Resort wird dieser Salat oft auch mit grüner Mango statt mit Jackfrucht zubereitet. Diese wird einfach geschält und mittelfein gerieben, nicht gegart.

# Crostini aus Hoi-An

hoanh thanh

Zubereitungszeit: 20 Min.
Pro Portion ca.: 330 kcal

Zutaten für 4 Personen:
12 Wan Tan-Nudelblätter (TK, ca. 10 x 10 cm), Salz
250 g reife Tomaten
1 Bund asiatische Frühlingszwiebeln
2–3 Knoblauchzehen
150 g rohe, geschälte Garnelen oder Riesengarnelen
2 EL Öl, 1 TL Sesamöl
2 EL Sojasauce
Öl zum Frittieren (ca. 1 l)

Wan Tan-Nudelblätter antauen lassen, vorsichtig nacheinander 12 Stück abziehen und diagonal halbieren. Öl im Wok erhitzen, bis ein Nudelblatt darin sofort beginnt zu sprudeln. Nacheinander alle Nudelblätter hellbraun und knusprig frittieren, auf Küchenpapier abtropfen lassen, leicht salzen.

Tomaten waschen, vierteln und entkernen, ohne Stielansätze klein würfeln. Die Frühlingszwiebeln waschen, putzen und klein schneiden. Knoblauch schälen und hacken. Garnelen grob hacken.

Beide Öle erhitzen, Knoblauch und Garnelen darin kurz anbraten, Zwiebeln und Tomaten zugeben, mit Sojasauce ablöschen. Alles 2 Min. dünsten.

Tomaten auf die frittierten Nudelblätter verteilen und sofort servieren.

## TIPP

Im Original-Rezept werden die Wan Tan-Blätter mit einer Fleischfarce gefüllt, wir finden die einfache Variante angenehmer.

# Für vietnamesisches Sushi *können Sie alle Fische nehmen, die auch für das japanische Sushi verwendet werden. Dieses Rezept stammt aus Nha Trang und wird dort mit einer speziellen Sardinenart, ca mai, zubereitet. Diese Sardinen sind nicht bläulich, sie haben eine durchsichtige Haut mit einer schmalen, silbernen Seitenlinie.*

*Ca mai* sind nicht nur eine sehr schöne Sardinenart, ihr Fleisch hat auch eine besondere Konsistenz: Es ist etwas fester als das von normalen Sardinen. Sehr frische Sardinen sind eine gute Alternative – diese müssen allerdings filetiert werden.

## Vietnamesisches Sushi

goi ca mai

Zubereitungszeit: 30 Min.
Pro Portion ca.: 460 kcal

Zutaten für 4 Personen:
Für den Dip:
100 g geröstete Erdnüsse (s. Seite 213)
2 Knoblauchzehen
100 g Hackfleisch vom Schwein
2 EL Öl, 1 Ei
2 EL Reisessig
2 EL vietnamesische Fischsauce
Salz
Für das Sushi:
200 g Lachs- oder Tunfischfilet
(oder 300 g Sardinen)
2 milde Zwiebeln
30 g junger Ingwer
1 milde, große Chilischote
1/2 Bund Koriandergrün
1/2 Bund rotes Perillakraut
4 Stängel Minze
1/2 kleiner Kopf Salat
100 g Bittergurke (oder grüne Banane oder Gurke)
20 dünne vietnamesische Reispapierblätter (ca. 16 cm Ø) oder Reispapierviertel (ca. 14 cm Kantenlänge)

2 EL Erdnüsse hacken und beiseite stellen. Für den Dip die restlichen Nüsse im Mörser zerreiben. Knoblauch schälen und hacken.

Öl in einem kleinen Topf erhitzen, Hackfleisch und Knoblauch darin 2 Min. anbraten. Geriebene Erdnüsse zugeben und mit 400 ml Wasser aufgießen. 20 Min. bei schwacher Hitze kochen lassen.

Sauce vom Herd nehmen. Das Ei mit 2–3 EL Sauce verquirlen, in die kochend heiße Flüssigkeit gießen und dabei mit Stäbchen oder mit einer Gabel rühren, nicht mehr kochen lassen. Mit dem Reisessig, der Fischsauce und Salz abschmecken.

Fisch trockentupfen und mit einem sehr scharfen Messer in dünne Scheiben schneiden. Zwiebeln schälen, halbieren und dünn schneiden. Ingwer schälen, in feine Streifen schneiden. Chili längs halbieren, entkernen, fein schneiden. Zwiebeln, Ingwer und Chili mischen und auf Teller verteilen, den Fisch darauf anrichten und mit den gehackten Erdnüssen bestreuen.

Kräuter und Salatblätter waschen und trockenschleudern. Die Gurke schälen, halbieren, Kerne entfernen, Fruchtfleisch in dünne Scheiben schneiden. Auf Tellern oder einer kleinen Platte anrichten.

Den Fisch mit dem Kräuterteller, dem Dip, trockenen Reisblättern und einer Schüssel Wasser servieren. Jeder Gast taucht nun jeweils 1 Reisblatt kurz ins Wasser, das nasse Reisblatt wird nach kurzer Zeit formbar. Mit den vorbereiteten Zutaten füllen, zusammenrollen und dippen.

Viele Produzenten gewinnen das für das Fermentieren der Fische nötige Salz selbst: In Phan Thiet werden dazu flache Becken angelegt, in denen Meerwasser durch die Sonne allmählich verdunstet und das Salz kristallisiert. Am Ende wird das Salz zu Hügeln aufgehäuft.

Die Sardinen fermentieren in bis zu drei Meter hohen Fässern. Die werden aus speziellem Holz hergestellt, das sein Aroma zusätzlich an die Fischsauce abgibt.

# Nuoc mam
## Eine Sauce wie das Meer

*»Ohne gute Fischsauce wird des Vaters Tochter niemals strahlen.«*
*(vietnamesisches Sprichwort)*

Die Fischsauce *nuoc mam* ist für Vietnamesen, was Sojasauce für Chinesen oder Ketchup für Amerikaner ist – ohne sie läuft in der vietnamesischen Küche praktisch nichts. Die Köche benutzen sie wie Salz. Mit Limettensaft, Wasser, Knoblauch und Chilis wird aus der salzigen Fischsauce ein Dip, den auch europäische Geschmacksnerven verkraften. In kleinen Schüsseln steht dieser Dip auf jedem Tisch und die meisten Vietnamesen tunken von Gemüse bis Pommes Frites alles ein, was essbar ist und würzig schmecken soll. Dabei ist der häufige Griff zur *nuoc mam*-Flasche keineswegs eine kulinarische Unsitte, denn die Sauce steckt voller Proteine und B-Vitamine.

### Parfüm zum Essen
Fisch in Sauce zu verwandeln ist keine neue oder asiatische Erfindung: Schon die alten Römer stellten eine salzige Fischsauce aus Meerbarben, Sardellen und ähnlichen Fischen her, die man *Garum* oder *Liquamen* nannte. Im Römischen Reich war sie das bekannteste Mittel zum Wür-

zen von Speisen. In Südostasien bekommen wir die geschmacklichen Vorlieben unserer Vorfahren noch auf den Teller. In Thailand wird *nam pla* produziert, die Philippinos nennen ihre Fischsauce *patis*. Doch nirgendwo hat sie eine so zentrale Bedeutung wie in Vietnam: *Nuoc mam* ist ein wichtiger Bestandteil der vietnamesischen Kultur. Köche und Dichter bezeichneten sie als essbares Parfüm, traditionelle Gedichte und Volkslieder handeln von der salzigen Sauce.

### Traditionelle Produktion
*Nuoc mam* herzustellen ist simpel: Man lässt Fische unter Zusatz von Salz ein paar Monate in Fässern fermentieren, die entstehende Flüssigkeit schüttet man wieder auf die Fischmasse und wartet noch einmal einige Monate. Dann wird die Flüssigkeit abgezapft. Doch natürlich gibt es Feinheiten. So können nur kleine Fische verwendet werden, große Fische haben zu viel Fleisch für derlei Gärungsprozesse. Sie würden faulen. Klassischerweise verwendet man Sardinen. Auf der Insel Phu Quoc und auch im Fischerdorf

Vietnamesen lieben ihre Fischsauce und sind stolz auf deren besonders gute Qualität. Die konzentrierte Essenz enthält alle Proteine und Vitamine, die auch im Fisch stecken.

Phan Thiet an der südlichen Ostküste, wo man sich rühmt, die besten Fischsaucen weit und breit herzustellen, gibt es noch von Generation zu Generation weitergegebene Details. Auf Phu Quoc beispielsweise verwendet man nur *ca com*, eine Sardinenart mit langem Kopf, die in den Gewässern rund um die Insel gefischt wird. *Ca com* sind besonders ölhaltig und schmecken sehr intensiv – ideal für die Produktion der Sauce. Andere Fische sortiert man vorher aus.

Das benötigte Salz stellen viele *nuoc mam*-Produzenten selbst her: Sie kochen Meerwasser über Reisschalenfeuer und schöpfen das Salz von der Wasseroberfläche ab, wenn es kristallisiert.

## Fischsaison ist Produktionssaison

Während der Fischsaison von September bis November, werden Fische zum Fermentieren frisch angesetzt. Fischer beliefern die Betriebe, die sich fast immer direkt am Meer angesiedelt haben, mit Sardinen. Die werden abgespült und anschließend abwechselnd mit Salz – im Verhältnis 3:1 – in große Fässer geschichtet. Diese bis zu

drei Meter hohen Fässer werden aus speziellem Holz gefertigt, das sein Aroma an die Sauce abgeben soll. Heute verarbeitet man oft das Holz des zu den Brotfruchtbäumen zählenden *Chay*-Baums, in Phan Thiet auch Kokosnussholz.

Dann bleibt der Fisch vier Monate im Fass, die entstehende Flüssigkeit sammelt man Tropfen für Tropfen und pumpt sie wieder ins Fass – etwa acht Monate lang. Während dieser Zeit kontrollieren die Fischsaucenproduzenten regelmäßig Farbe, Geschmack und Proteingehalt ihrer Sauce. Schließlich zapfen sie den Extrakt ab, filtern ihn und lassen ihn in Flaschen füllen. Sechs Kilo Fisch ergeben 1 Liter *nuoc mam*.

Die erste Pressung – vergleichbar mit Olivenöl extra vergine – heißt *nuoc mam nhi* und ist allererste Qualität. Sie enthält 35 bis 38 % Eiweiß und ist für Dip-Schüsseln auf dem Tisch bestimmt. Bei der zweiten und dritten Pressung wird dem Fisch mehr Salzbrühe zugefügt. Diese Pressungen sind als *nuoc mam thuong* und *nuoc mam kho* im Handel. Sie haben weniger Geschmack und werden gewöhnlich zum Kochen verwendet.

**Eine Hand voll** *duftender, frischer Kräuter, Chili und Limette dürfen auf der Suppe nicht fehlen. Doch oft wird zur bun bo Hue auch Garnelenpaste oder -sauce serviert, mit der jeder seine Suppe noch zusätzlich abschmecken kann. Wie alle klassischen vietnamesischen Nudelsuppen ist auch diese etwas aufwändig zuzubereiten. Sie können aber mehr Brühe als angegeben kochen und einfrieren.*

## Nudelsuppe mit Rind

bun bo Hue

Zubereitungszeit: 1 Std.
Garzeit: 2 Std.
Pro Portion ca.: 460 kcal

Zutaten für 4 Personen:
Für die Suppe:
500 g Beinscheiben vom Rind
500 g Beinscheiben vom Schwein
1 Stück Ingwer (5 cm)
4 Knoblauchzehen
1 TL schwarze Pfefferkörner
4 Stängel Zitronengras
Salz

Für die Würzpaste:
1 Tomate, 50 g violette Schalotten
1 EL Öl, 1 TL Anattosamenpulver
1 TL Chiliflocken
1–2 TL Garnelenpaste
2–3 EL vietnamesische Fischsauce
Zum Anrichten:
200 g runde Reisnudeln (bun)
5–6 asiatische Frühlingszwiebeln
1 Bund langblättriger Koriander
1/4 Kopf Endiviensalat oder
Senfkraut
200 g Gurke
4–5 scharfe Chilischoten, z.B.
Vogelaugenchilis
1–2 Limetten

Beinscheiben in ca. 2 l Wasser langsam zum Kochen bringen. Sobald die Flüssigkeit einmal kräftig gekocht hat, die Hitze reduzieren, den Schaum abschöpfen.

Ingwer in dicke Scheiben schneiden, im Mörser mit Knoblauch und Pfeffer leicht quetschen. Zitronengras waschen, äußere Blätter und Spitzen abschälen (das Innere wird für die Würzpaste benötigt) und mit den anderen Gewürzen in die Brühe geben, leicht salzen. Die Brühe 2 Std. köcheln lassen.

Für die Würzpaste Tomate waschen und grob zerkleinern. Den hellen Teil vom Zitronengras fein hacken. Die Schalotten

Die *bun bo Hue* stammt, wie der Name schon sagt, aus der alten Kaiserstadt in Zentral-vietnam. Im Unterschied zur berühmten *pho bo* aus Hanoi, die nur mit Rindfleisch zuberei-tet wird, kommt in diese Suppe auch Schweinefleisch. Und das Zitronengras in der Brühe sorgt für ein frisches Zitronenaroma. Unser Rezept verriet uns übri-gens diese charmante Suppen-köchin, die zwar in Hue geboren ist, ihre vorzügliche Suppe aber an einem kleinen Stand im Zoo von Saigon kocht – dort, wo eher Einheimische als Touristen den Sonntag verbringen.

schälen und in Scheiben schneiden. 1 EL Öl in einem mittelgroßen Topf erhitzen, Anattopulver (für die Farbe), Chiliflocken, Garnelenpaste, Tomate, Schalotten und Zitronengras zugeben und 2 Min. unter Rühren braten, mit Fischsauce ablöschen und kurz einko-chen lassen.

Beinscheiben aus der Brühe nehmen und kalt abschrecken. Die Brühe durch ein Sieb auf die Würzpaste gießen, auf-kochen lassen, abschmecken und am Köcheln halten. Das Fleisch von den Knochen lösen und in Stücke teilen (Fett entfernen), quer zur Faser in dün-ne Scheiben schneiden.

Inzwischen die Nudeln 10 Min. in lauwar-mes Wasser legen. Frühlingszwiebeln, Kori-ander und Salat waschen. Zwiebeln putzen, fein schneiden. Korianderblätter abzupfen, Salat in Streifen schneiden. Gurke schälen, längs vierteln und entkernen, schräg in dünne Scheiben schneiden. Chilis in Ringe schneiden, Limetten achteln und mit den Chilis in kleine Schüsseln verteilen.

Reisnudeln nach Packungsangabe kochen. Abgießen und in große, am besten vorge-wärmte Suppenschalen verteilen. Fleisch auf den Nudeln verteilen und mit heißer Brühe aufgießen. Mit Kräutern und Gurke garnieren und mit Chiliringen und Limet-ten servieren.

In Nha Trang werden spezielle Bun-Nudeln hergestellt, die nicht vorgekocht sind, sondern ähnlich wie frische italienische Nudeln gegart werden, kurz bevor die Suppe serviert wird.

## Das Original-Rezept banh canh enthält auch noch Streifen von Fischküchlein. Dafür 100 g Fischfilet klein schneiden, mit 1 TL Fischsauce, 1 Knoblauchzehe und etwas Chili pürieren, mit feuchten Händen zu flachen Küchlein formen, leicht ölen und von beiden Seiten je 2–3 Min. braten oder grillen. Abkühlen lassen und in Streifen schneiden.

## Nudelsuppe mit Fisch

banh canh Nha Trang

Zubereitungszeit: 30 Min.
Garzeit: 30 Min.
Pro Portion ca.: 340 kcal

Zutaten für 4 Personen:
1/2 Ananas
2 Zwiebeln, 3 Knoblauchzehen
1–2 Chilischoten, 1 Tomate
2 EL Öl
400 g Seeteufelsteaks von 2 cm Dicke, gehäutet
Salz, 200 g runde Reisnudeln (bun)
1 Bund Frühlingszwiebeln
Zum Anrichten:
1–2 Limetten in Stücken
Chili-Essig-Sauce (s. Seite 212 oder als
Fertigprodukt)
vietnamesische Fischsauce

Die Ananas schälen, vierteln, ohne Strunk in ca. 5 mm
dicke Scheiben schneiden. Zwiebeln und Knoblauch schälen und fein schneiden. Chilis in Ringe schneiden – sehr
scharfe entkernen und in Streifen schneiden. Die Tomate
waschen und würfeln, dabei den Stielansatz entfernen.

Alles in einem mittelgroßen Topf in 2 EL Öl 2 Min. anbraten, dabei ständig rühren. Fisch waschen, trockentupfen
und zum Gemüse geben. Mit 1 1/2 l Wasser aufgießen,
kräftig salzen und langsam zum Kochen bringen. 30 Min.
köcheln lassen. Gleichzeitig die Nudeln 30 Min. in lauwarmes Wasser legen.

Frühlingszwiebeln waschen, putzen und schräg in 3 cm
lange Stücke schneiden. Die Nudeln abgießen und in
reichlich Wasser nach Packungsangabe kochen. Abgießen
und in große vorgewärmte Suppenschalen verteilen. Die
heiße Suppe darauf gießen und mit Zwiebeln bestreuen.

Limettenstücke, Chili-Essig-Sauce und Fischsauce dazu
servieren; jeder kann seine Suppe nach seiner Vorliebe
abschmecken.

## Pak-Choi-Suppe
## mit Garnelenklößchen

canh cai

Zubereitungszeit: 1 Std.
Pro Portion ca.: 190 kcal

Zutaten für 4 Personen:
20 g Glasnudeln
150 g rohe, geschälte Garnelen
12 violette Schalotten (125 g)
2 EL vietnamesische Fischsauce
Pfeffer, Salz
2 Knoblauchzehen
500 g Pak Choi oder anderer asiatischer Kohl
2 EL Öl
1,2 l Geflügelbrühe (s. Seite 213 oder Instant)

Glasnudeln 30 Min. in lauwarmem Wasser einweichen.
Inzwischen die Garnelen längs halbieren, den dunklen
Darm entfernen, Garnelen im Blitzhacker pürieren.
Schalotten schälen, halbieren und klein würfeln.

Glasnudeln nach Packungsangabe 1–5 Min. kochen,
abgießen, kalt abschrecken und gut abtropfen lassen. Die
Nudeln hacken oder fein schneiden, mit Garnelen, der
Hälfte der Schalotten und 1 EL Fischsauce gründlich verrühren. Mit Pfeffer und wenig Salz würzen.

Knoblauch schälen und hacken. Pak Choi waschen und
trockenschleudern. Die Stiele in feine, die Blätter in breite
Streifen schneiden. Öl in einem mittelgroßen Topf erhitzen, Knoblauch, die restlichen Schalotten und Pak-Choi-
Stiele kurz anbraten, mit der Brühe aufgießen und zum
Kochen bringen. 5 Min. kochen, die Blätter zugeben und
noch einmal aufkochen lassen.

Mit einem Teelöffel kleine Bällchen von der Garnelenmasse abstechen, in die Brühe streifen. Bei schwacher
Hitze 5 Min. ziehen lassen. Die Suppe mit Fischsauce
abschmecken, in Schälchen verteilen.

# Hühnersuppe mit Lotus

sup ga ngo sen

Zubereitungszeit: 20 Min.
Garzeit: 1 1/2 Std.
Pro Portion ca.: 730 kcal

Zutaten für 4 Personen:
1 Suppenhuhn
1 Zwiebel
1 Stück Ingwer (5 cm)
4 Knoblauchzehen, Salz
500 g Lotuswurzeln (frisch oder TK)
1 Bund asiatisches Basilikum
Pfeffer

Das Huhn waschen und in 1 1/2 l Wasser aufkochen lassen. Zwiebel mit Schale halbieren. Ingwer in dicke Scheiben schneiden, mit dem Knoblauch im Mörser leicht quetschen und mit der Zwiebel in die Brühe geben. 1 1/2 Std. bei schwacher Hitze kochen lassen, dabei immer wieder den aufsteigenden Schaum abschöpfen. Erst zum Schluss salzen. Die Brühe durch ein Tuch oder ein feines Sieb abgießen. Das Huhn etwas abkühlen lassen, dann das Fleisch von den Knochen lösen und klein würfeln.

Lotuswurzeln schälen (s. Seite 19) und in ca. 3 mm dicke Scheiben schneiden. Die Brühe aufkochen lassen, Lotuswurzeln zugeben und 10 Min. kochen.

Inzwischen das Basilikum waschen, die Blätter abzupfen und in kleinere Stücke reißen. Hühnerfleisch in die Suppe geben, heiß werden lassen und mit Salz und Pfeffer abschmecken. Die Suppe in Schüsseln verteilen und mit reichlich Basilikum bestreut servieren.

## TIPPS

Sie können einen Teil des Hühnerfleisches für einen vietnamesischen Krautsalat (s. Seite 21) verwenden. Als Teil eines größeren Essens werden klare Suppen meistens mit etwas Reis gegessen.

# Nudelsuppe mit Rettichsprossen

sup mien

Zubereitungszeit: 1 Std.
Pro Portion ca.: 255 kcal

Zutaten für 4 Personen:
200 g breite Reisbandnudeln (banh pho)
200 g Bananenblüte (1/2 kleine Blüte)
6 EL Essig
1,2 l kräftige Geflügelbrühe (s. Seite 213 oder Instant)
5–6 asiatische Frühlingszwiebeln
1 Bund langblättriger Koriander
100 g Rettich- oder Radieschensprossen, ersatzweise Sojasprossen
100 g Senfkohl
3 EL eingelegte Chilis (s. Seite 217; oder Ringe von 2 milden, großen Chilis in etwas Reisessig)
vietnamesische Fischsauce

Nudeln 30 Min. in kaltem Wasser einweichen.

Die äußeren, zähen Blätter der Bananenblüte entfernen. Das helle Herz der Blüte vierteln und in sehr feine Streifen schneiden oder ganz lassen und hobeln, dabei den Strunk nicht verwenden. Streifen in eine Schüssel mit 1 l Wasser und Essig geben, 30 Min. ziehen lassen.

Die Brühe erhitzen und kräftig abschmecken. Frühlingszwiebeln, Koriander, Sprossen und Senfkohl waschen, putzen oder verlesen und trockenschleudern. Gegebenenfalls Korianderwurzeln fein hacken und in die Brühe geben. Zwiebeln fein schneiden. Senfkohl in Streifen schneiden.

Sprossen, Kräuter und Kohl auf kleine Teller verteilen. Chilis in Saucenschälchen geben, Fischsauce auf den Tisch stellen.

Bananenblüten abgießen, in die Brühe geben und einmal aufkochen lassen. Reisnudeln nach Packungsangabe sehr kurz kochen, abgießen und in große Suppenschüsseln verteilen. Mit Zwiebeln bestreuen, mit heißer Brühe aufgießen und mit den anderen Zutaten sofort servieren.

**Nudelsuppe** ist für Vietnamesen das perfekte Frühstück – mit Wasserspinat ein besonders gesundes.

**Western bamboo** *– so nannten die Vietnamesen den von Frankreich ins Land gebrachten Spargel. Die Spargelsuppe stammt denn auch von der französischen »velouté d'asperges«. Früher verwendete man dafür Dosenspargel aus dem Land der Kolonialherren, heute wird Spargel auf der Hochebene von Dalat angebaut.*

# Nudelsuppe mit Wasserspinat

goi hoa chuoi

Zubereitungszeit: 30 Min.
Garzeit: 1 Std.
Pro Portion ca.: 275 kcal

Zutaten für 4 Personen:
2 Zwiebeln, 50 g Ingwer, 250 g Rettich
125 g Weißkohl, 1 Lauchstange
1/2 Knolle Knoblauch
1 Bund Koriandergrün mit Wurzeln
2 Stängel Zitronengras
1 TL schwarze Pfefferkörner
250 g Wasserspinat, 4 Frühlingszwiebeln
2 EL Öl
200 g dünne Reisnudeln
1 Bund gemischte vietnamesische Kräuter
1–2 Limetten in Stücken
vietnamesische Fischsauce
Reisessig mit frischen Chiliringen

Zwiebeln ungeschält halbieren. Ingwer leicht quetschen. Gemüse waschen, putzen und grob zerkleinern. Knoblauchknolle ungeschält quer halbieren. Zitronengras mit einem schweren Messerrücken klopfen, längs halbieren. Koriander waschen, die Wurzeln mit den andern Zutaten in einen Topf geben, kurz anbraten und mit 2 l Wasser aufgießen.

Brühe zum Kochen bringen, den Schaum abschöpfen. Pfeffer im Mörser grob zerstoßen und in die Suppe geben. Suppe 1 Std. kochen lassen, durch ein Tuch in einen zweiten Topf gießen und auf den Herd stellen.

Wasserspinat und Frühlingszwiebeln waschen und putzen. Die Blätter des Wasserspinats abzupfen, die Stiele schräg in 2 cm lange Stücke schneiden. Zwiebeln in feine Ringe schneiden. Beides in einem großen Wok im Öl 2 Min. braten, dabei ständig rühren.

Nudeln nach Packungsangabe kochen, abgießen und in Suppenschalen geben, Wasserspinat auf den Nudeln verteilen, mit heißer Brühe begießen und mit Kräutern, Limetten, Fischsauce und Reisessig servieren.

# Spargelsuppe mit Krebsfleisch

sup cua mang tay

Zubereitungszeit: 25 Min.
Pro Portion ca.: 125 kcal

Zutaten für 4 Personen:
500 g grüner Spargel (oder weißer Spargel)
1,2 l Geflügelbrühe (s. Seite 213 oder Instant)
2 TL Speisestärke
150 g Krebsfleisch oder gekochte Flusskrebsschwänze (frisch, TK oder Dose)
Salz, Pfeffer
2 Eiweiß
1/2 Bund Koriandergrün

Den Spargel waschen, die Enden abschneiden und falls nötig, das untere Drittel der Spargelstangen schälen (weißen Spargel ganz schälen). Die Spargelspitzen schräg abschneiden, Stangen schräg in dünne Scheiben schneiden.

Brühe zum Kochen bringen, den Spargel hineingeben und je nach Dicke in 4–6 Min. bissfest kochen. Den Topf vom Herd nehmen, die Stärke mit 3 EL kaltem Wasser verquirlen und mit dem Schneebesen in die Suppe rühren, zurück auf den Herd stellen und wieder aufkochen lassen.

Krebsfleisch grob hacken, in die Suppe geben, mit Salz und Pfeffer abschmecken und bei ganz schwacher Hitze kochen lassen. Das Eiweiß leicht schlagen und unter vorsichtigem Rühren in die Suppe gießen. Noch 1 Min. ziehen lassen.

Koriander waschen und trockenschütteln, die Blättchen abzupfen und grob hacken. Spargelsuppe in Schälchen verteilen und mit Koriander bestreut servieren. Der Spargel soll fast weich sein.

Sogar in den Wassergräben des alten Kaiserpalastes in Hue wuchert Wasserspinat.

Mit dem Rad fährt diese Frau den Wasserspinat zum Markt. Sie hat ihn im Morgengrauen gepflückt, damit er schön frisch ist.

# Wasserwinde
## Gemüse für Jedermann

*»Solange Himmel, Wasser und Wolken bestehen, solange wachsen noch Wasserwinden im Teich und voll sind die Krüge mit Bohnensauce.«*

*(vietnamesisches Sprichwort, übersetzt von Tien Huu)*

Viele Sprichwörter und Volkslieder handeln von der Wasserwinde, *rau muong*. Sie gilt als das Nationalgemüse Vietnams. Rau muong ist billig, denn sie wächst überall dort, wo viel Wasser ist – in Teichen, Sümpfen und auf Reisfeldern. Und davon gibt es in Vietnam reichlich.

Dass sie nicht nur nahrhaft ist, sondern wegen ihrer entgiftenden Wirkung auch als Heilpflanze verwendet wird, zeigt ein weiteres vietnamesisches Sprichwort: *»Heirate einen dünnen Mann – wenn er Wasserwinde isst, wird er runder. Heirate eine runde Frau – wenn sie Wasserwinde isst, wird sie schlanker.«*

### Locken für Salate

Die Wasserwinde wird auch Sumpfkohl genannt oder Wasserspinat. Die Pflanze wächst im Wasser, es gibt aber auch Sorten, die auf dem Land gedeihen. Die Blätter der grünen Pflanze erinnern an Pfeilspitzen. Ihre Stiele sind knackig und hohl. Verwendet werden die Blätter und auch ein Teil der Stiele. Aus den rohen Stielen machen Vietnamesen gerne »Locken« für Salate und Suppen. Sehr oft wird Wasserspinat einfach mit Knoblauch in der Pfanne geschwenkt und als Gemüsebeilage gereicht. Vietnamesen lieben besonders den Kontrast zwischen den knackigen Stielen und den zarten Blättern.

Einfach, aber trotzdem raffiniert ist auch die Brühe mit Wasserspinat: 100 g rohe Garnelen hacken, 250 g Wasserspinat hacken, 1 Stück Ingwer und 6 violette Schalotten in sehr dünne Scheiben schneiden. Alles mit 1 l Wasser 5 Minuten kochen lassen, mit Fischsauce abschmecken. Mit Reis servieren.

*»Fern von meiner Heimat, vermisse ich die Wasserwinden-Suppen und die eingelegten runden Auberginen in Bohnensauce. Ich gedenke liebevoll meiner Geliebten, die unter brennender Sonne und eiskaltem Nebel arbeiten und die in jenen schönen Tagen das Wasser ins Reisfeld schöpfen.«*
(vietnamesisches Volkslied, übersetzt von Tien Huu)

Wasserspinat ist das Gemüse der armen Leute, denn er ist billig und wächst überall. Doch auch in Restaurants von Luxushotels, wie hier im berühmten Continental in Saigon, wird er gerne als Beilage zubereitet.

## Gedünsteter Wasserspinat – rau muong xao

200 g Tofu, 4 EL. Öl, 500 g Wasserspinat, 2 Knoblauchzehen, 1 Bund Frühlingszwiebeln,
3 El Sojasauce, Pfeffer, Salz, 1 Zitrone

Tofu in 2 cm dicke Scheiben schneiden. 2 EL Öl in einer beschichteten Pfanne erhitzen, Tofu darin bei mittlerer Hitze von beiden Seiten in 5 Min. goldbraun braten. Herausnehmen, etwas abkühlen lassen und in Würfel schneiden. Wasserspinat waschen, trockenschleudern und putzen. Stiele und Blätter in 5 cm lange Stücke schneiden. Knoblauch schälen und im Mörser zerstampfen. Frühlingszwiebeln waschen, putzen und in 5 cm lange Stücke schneiden. 2 EL Öl im Wok erhitzen, Zwiebeln goldbraun anbraten. Knoblauch und Sojasauce zugeben. Wasserwinde zufügen und unter Rühren 3 Min. garen. Tofu im Gemüse heiß werden lassen, mit Salz und Pfeffer abschmecken und mit Zitronenstücken servieren.

## Salat von Wasserspinat – xa-lat rau muong

500 g Wasserspinat, 1 Bund Koriandergrün, 1 Bund Minze, Salz, 2 EL Zitronensaft,
4 EL vietnamesische Fischsauce, 1 EL Zucker, 1/2 TL grobe Chilipaste

Wasserwinde und Kräuter waschen, trockenschleudern und putzen. Stiele und Blätter vom Wasserspinat in 4–5 cm lange Stücke schneiden, Stielstücke von oben und unten kreuzweise einschneiden. Wasserspinat mit 1 EL Salz in einer Schüssel mit kaltem Wasser 1 Std. einweichen. Kräuterblättchen abzupfen. Zitronensaft, Fischsauce, Zucker und Chilipaste mit 3 EL Wasser verrühren. Wasserwinde mit Kräutern anrichten, die Sauce in einer separaten Schüssel dazu servieren. Der Salat passt zu gekochtem Reis und, wie eine milde Gemüsebeilage, zu allen Hauptgerichten.

# Gegrillte Auberginen

ca tim nuong

Zubereitungszeit: 30 Min.
Pro Portion ca.: 140 kcal

Zutaten für 4 Personen:
600 g junge, dünne Auberginen
2 Knoblauchzehen, 1 rote Peperoni
4 EL Öl, 1/2 TL Zucker
100 ml Brühe oder Wasser
1/2 Bund chinesischer Schnittlauch,
ersatzweise Frühlingszwiebeln
1–2 EL vietnamesische Fischsauce

Backofen auf 250° vorheizen. Auberginen waschen und im Ofen 10 Min. grillen, bis die Haut schwarz wird und beginnt Blasen zu werfen. Auberginen aus dem Ofen nehmen, kurz abkühlen lassen und schälen. Kleine Auberginen ganz lassen, größere längs halbieren.

Knoblauch schälen, mit Peperoni hacken. 4 EL Öl in einer großen beschichteten Pfanne oder im Wok erhitzen, Peperoni und Knoblauch darin bei sehr schwacher Hitze 1 Min. rösten. Auberginen und Zucker zugeben, mit Brühe aufgießen und zugedeckt 15 Min. schmoren, bis die Flüssigkeit fast ganz verdunstet ist.

Schnittlauch waschen, trockenschütteln und fein schneiden. Die Auberginen mit Fischsauce abschmecken, den Schnittlauch zugeben und Auberginen vom Herd nehmen. Als Beilage oder mit etwas Reis als vegetarischen Hauptgang servieren.

## Varianten:
Oft werden mit dem Knoblauch 100–150 g Hackfleisch angebraten. Manchmal kommen gegen Ende der Garzeit eine Hand voll Blätter vom Wasserspinat dazu.

Gegrillte Auberginen kennen wir als italienische Vorspeise. Die vietnamesische Version wird mit Fischsauce und chinesischem Schnittlauch zubereitet und als Gemüsebeilage serviert.

# Reis-Bohnen-Kuchen

banh nam

Zubereitungszeit: 1 Std.
Pro Portion ca.: 265 kcal

Zutaten für 8 Stück:
100 g geschälte und halbierte Mung-Bohnen
2 Frühlingszwiebeln
1 milde, große Chilischote, 4 EL Öl
50 g kleine Shrimps, roh oder gegart
85 g Reismehl, 1 EL Tapiokastärke, Salz
1 Packung Bananenblätter
Fisch-Dip (s. Seite 211) mit 100 ml Wasser
Außerdem:
1 Dämpfkorb

Die Mung-Bohnen in einem kleinen Topf mit 450 ml Wasser und 1 Prise Salz bei schwacher Hitze in 30 Min. weich kochen. Eventuell zwischendurch etwas Wasser zugeben. Die Bohnen mit einer Gabel zu einem cremigen Brei zerdrücken.

Frühlingszwiebeln waschen, putzen und fein schneiden. Chili hacken.

4 EL Öl im Wok erhitzen, die Shrimps darin knusprig braten, abgießen und hacken.

325 ml Wasser in einen Topf geben. 4 EL Wasser abnehmen und mit Reismehl, Tapiokastärke und 1/2 TL Salz mischen (verkrümeln). Restliches Wasser aufkochen lassen und unter ständigem Rühren mit dem Rührgerät in die Mehlmischung geben.

Bananenblätter waschen, in 30 cm lange Stücke schneiden, 2 El Reisteig und 1 EL Bohnenpüree in die Mitte von je 1 Blatt geben, mit Frühlingszwiebeln, Chili und Shrimps bestreuen, zu einem 5 x 12 cm großen Paket aufrollen, die langen Enden nach unten umklappen. Bananenpäckchen in einen Dämpfkorb setzen und 10 Min. dämpfen (s. Seite 217). Auf einer Platte anrichten und mit dem Dip servieren. Den Dip mit einem kleinen Löffel auf den Kuchen geben.

# Eingelegte Sojasprossen

**dua gia** (im Bild unten)

Zubereitungszeit: 10 Min.
Marinierzeit: 1 Std.
Haltbarkeit im Kühlschrank: 1 Woche
Pro Portion ca.: 120 kcal

Zutaten für 4 Personen (ca. 1 1/2 l):
3 EL Salz, 150 ml Reisessig
200 g Sojasprossen
1 Bund asiatischer Schnittlauch (ersatzweise Frühlingszwiebeln)

Salz und Reisessig verrühren. Sojasprossen und Schnittlauch waschen, verlesen und gut abtropfen lassen. Schnittlauch in 3 cm lange Stücke schneiden.

Alles in ein Glas mit 1 1/2 l Fassungsvermögen oder in eine Schüssel geben, mit 3/4 l kaltem Wasser auffüllen und mindestens 1 Std. ziehen lassen. Zum Servieren die Sprossen aus der Marinade nehmen und abtropfen lassen.

Eingelegte Sojasprossen eignen sich gut als Teil einer Salat- oder Kräuterbeilage oder in Füllungen für Glücksrollen.

# Eingelegter Weißkohl

**bap cai muoi xoi** (im Bild Mitte)

Zubereitungszeit: 45 Min.
Marinierzeit: 1 Woche
Haltbarkeit im Kühlschrank: 2–3 Wochen
Pro Portion ca.: 400 kcal

Zutaten für 4 Personen:
1 kg Weißkohl
1 Stück Ingwer (5 cm), Salz
1/2 Bund Polygonum
1/2 l Reisessig
2 EL Zucker

Weißkohl vierteln, die äußeren Blätter und den Strunk entfernen. Kohl in 2–3 cm große Würfel schneiden. Ingwer schälen und fein reiben. Kohl in einer Schüssel mit 1 EL Salz und Ingwer mischen und 30 Min. ziehen lassen.

Kohl mit einem Küchentuch fest ausdrücken und in ein Glas geben. Polygonum waschen, trockenschütteln, abzupfen und fein hacken. Essig, Zucker und Kräuter mischen und über den Kohl gießen. Mit einem sauberen Gewicht, z. B. einem flachen Stein, beschweren.

Das Einmachglas mit einem lose aufliegenden Deckel verschließen und bei Zimmertemperatur 1 Woche an einen dunklen Ort stellen. Danach den Kohl verbrauchen oder kühl stellen.

# Eingelegte Chilis und Knoblauch

**ot ngam giam** (im Bild oben)

Zubereitungszeit: 10 Min.
Zeit zum Durchziehen: 24 Std.
Haltbarkeit im Kühlschrank: 2–3 Wochen
Insgesamt ca.: 215 kcal

Zutaten für 1 kleines Einmachglas (ca. 300 ml):
100 ml Reisessig
40 g Zucker, Salz
10 milde große Chilischoten (oder rote Peperoni)
5–10 junge Knoblauchzehen

Reisessig, Zucker und 1 TL Salz in einem Einmachglas mit Deckel schütteln, bis sich Zucker und Salz weitgehend aufgelöst haben.

Einen kleinen Topf mit Salzwasser zum Kochen bringen. Chilis waschen und in 5 mm breite Ringe schneiden, dabei die Stiele entfernen. Knoblauch schälen, große Zehen in dickere Scheiben schneiden. Chilis und Knoblauch ins kochende Wasser geben, nach 5 Sek. (!) abgießen, kurz abschrecken und gründlich abtropfen lassen.

Chiliringe und Knoblauch in das Einmachglas schichten und etwas zusammendrücken, sodass sie vollständig von der Flüssigkeit bedeckt sind. Mindestens 1 Tag durchziehen lassen. Passen zu Suppen und Reisgerichten.

# Eingelegte Möhren und Rettich

dau chua/cu cai, ca rot (im Bild links)

Zubereitungszeit: 10 Min.
Ruhezeiten: 1 1/2 Std.
Haltbarkeit im Kühlschrank: 2–3 Wochen
Insgesamt ca.: 420 kcal

Zutaten für 1 Glas (1 l):
1/4 l Reisessig
80 g Zucker
400 g junger Rettich oder Eiszapfen-Rettiche
100 g Möhren, Salz

Reisessig und Zucker aufkochen lassen, bis sich der Zucker aufgelöst hat. Vom Herd nehmen und abkühlen lassen.

Rettich und Möhren schälen, Rettiche längs vierteln, die Stücke in 5 mm dicke Scheiben schneiden. Möhren in 5 cm lange Stücke, diese längs in 2 mm dicke Scheiben und diese in 2 mm breite Stifte schneiden.

Das Gemüse mit 1 TL Salz in einer Schüssel einige Male durchschwenken, 30 Min. stehen lassen. Mit einem Küchentuch die überschüssige Flüssigkeit herauspressen, Gemüse in ein Einmachglas schichten und mit der Essigmarinade begießen. Mindestens 1 Std. durchziehen lassen.

# Vietnam-Pickles

dua cha/xoai (im Bild rechts)

Zubereitungszeit: 30 Min.
Marinierzeit: 12 Std.
Haltbarkeit im Kühlschrank: 2–3 Wochen
Pro Portion ca.: 305 kcal

Zutaten für 4 Personen:
200 g grüne Mango oder Papaya
200 g Rettich
2 Möhren
1 Bund Frühlingszwiebeln
2–3 milde rote Chilischoten
2–3 Knoblauchzehen
1 Stück Ingwer (5 cm)
100 g Palmzucker oder brauner Zucker
1/4 l Reisessig
1/4 l vietnamesische Fischsauce

Mango, Rettich und Möhren schälen und in dünne Scheiben schneiden. Frühlingszwiebeln waschen, putzen und in große Stücke schneiden. Gemüse in ein heiß ausgespültes Einmachglas schichten.

Chilis in Ringe schneiden, Knoblauch und Ingwer schälen und fein hacken. Die Gewürze mit Zucker, Reisessig und Fischsauce aufkochen lassen. Über das Gemüse gießen, abkühlen und im Kühlschrank über Nacht durchziehen lassen.

Servieren Sie das Gemüse mit etwas Marinadeflüssigkeit zu Fleisch-, vor allem zu Grillgerichten.

# Eingelegte Frühlingszwiebeln

cu kieu (im Bild unten)

Zubereitungszeit: 10 Min. + Trockenzeit
Marinierzeit: 3 Tage
Haltbarkeit im Kühlschrank: 2–3 Wochen
Insgesamt ca.: 620 kcal

Zutaten für 1 Glas (1 l):
500 g asiatische Frühlingszwiebeln
1/2 l Reisessig
125 g Palmzucker oder brauner Zucker
2 EL Salz

Frühlingszwiebeln waschen und putzen. Die Zwiebeln entweder 6 Std. in der Sonne oder 45 Min. bei 80° im Backofen trocknen lassen.

Reisessig, Zucker und Salz kochen lassen, bis sich Zucker und Salz aufgelöst haben. Vom Herd nehmen und abkühlen lassen. Frühlingszwiebeln in das Glas geben und mit der Marinade begießen. Zugedeckt 3 Tage im Kühlschrank ziehen lassen.

**Bananenblüten** schmecken ähnlich wie Artischocken und wirken wie diese wegen ihrer Bitterstoffe leicht entgiftend.

# Reis mit Lotuskernen *ist ein Rezept aus der kaiserlichen Küche in Hue. Obwohl das Gericht schon sehr reichhaltig ist, wird es meist als Beilage zu geschmortem Fleisch gereicht, besonders an religiösen Feiertagen. Wenn Sie den Reis als eigenständiges Gericht servieren, reichen Sie Limetten-Soja-Sauce oder Chili-Essig-Sauce (s. Seite 212) dazu. Die Reispakete kann man gut vorbereiten, im Kühlschrank aufbewahren und bei Bedarf ca. 30 Min. dämpfen (s. Seite 217).*

# Reis mit Lotuskernen

com sen Hue/com hat sen

Zubereitungszeit: 50 Min.
Pro Portion ca.: 480 kcal

Zutaten für 4 Personen:
400 g Duftreis, Salz
100 g gekochte Lotuskerne (Dose)
150 g geschälte Shrimps, roh oder gegart
1 Bund asiatische Frühlingszwiebeln
1 TL Sesamöl, 3 EL Öl
3 EL Sojasauce, Pfeffer
1 großes Lotusblatt (oder 2 ca. 35 x 35 cm große
Stücke Bananenblatt)
1 Dämpfkorb

Reis in einem Sieb gründlich abspülen, mit 1 TL Salz und
700 ml Wasser zum Kochen bringen, zugedeckt bei mittlerer Hitze kochen lassen. Ab und zu umrühren. Nach
5 Min. ist die meiste Flüssigkeit verdampft, jetzt den Reis
kurz vom Herd nehmen, dann bei ganz schwacher Hitze
12 Min. garen.

Inzwischen die Lotuskerne abgießen und gut abtropfen
lassen. Shrimps grob hacken. Zwiebeln waschen, putzen
und klein schneiden.

Beide Öle im Wok erhitzen, Lotuskerne, Shrimps und
Zwiebeln darin 2 Min. anbraten, vom Herd nehmen und
mit Sojasauce und Pfeffer würzen. Den Reis mit Stäbchen
vorsichtig auflockern und unterheben.

Lotusblatt kurz anfeuchten, mit den Rippen nach unten
legen, den Reis darauf häufen, etwas flach drücken und zu
einem Quadrat mit ca. 20 cm Kantenlänge formen. Die
überstehenden Blattränder über den Reis schlagen, sodass
ein quadratisches Paket entsteht. Vorsichtig mit Küchengarn wie ein Paket verschnüren, mit der Nahtseite nach
unten in einen Dämpfkorb legen. Im Wok 10 Min. dämpfen (s. Seite 217).

Zum Servieren das Lotus-Reis-Paket auf einen Teller legen
und eine Öffnung in das Blatt schneiden, aus der man den
Reis herauslöffeln kann.

# Gebackene Bananen-blüten mit Erdnuss-Soja-Sauce

hoa chuoi chien

Zubereitungszeit: 15 Min.
Ruhezeit: 30 Min.
Pro Portion ca.: 235 kcal

Zutaten für 4 Personen:
1 Bananenblüte (ca. 600 g)
6 EL Essig
100 g Reismehl, Salz
1 TL Zucker
1/2 l Öl zum Ausbacken
Limetten-Soja-Sauce mit Erdnüssen (s. Seite 212)

Die äußeren, zähen Blätter der Bananenblüte entfernen.
Das helle Herz der Blüte in die einzelnen Blätter teilen,
die Babybananen dazwischen entfernen. Die Blätter längs
in 3–4 mm breite Streifen schneiden. In eine Schüssel mit
1 l Wasser und Essig geben, 30 Min. ziehen lassen.

Reismehl, 1 Prise Salz und Zucker mischen, mit 150 ml
warmem Wasser zu einem glatten Teig verrühren. 30 Min.
ruhen lassen.

Das Öl in einem Wok oder einem hohen Topf erhitzen.
Bananenblütenstücke abtropfen lassen, in den Backteig
geben. Mit Stäbchen oder einem Sieblöffel herausfischen
und bei mittlerer Hitze im heißen Öl 2–3 Min. ausbacken.

Abtropfen lassen und mit Limetten-Soja-Sauce servieren.

Gläubige Buddhisten ernähren sich auch in Vietnam ausschließlich vegetarisch.

Frauen der buddhistischen Gemeinde kochen täglich für die Mönche. Einmal im Monat gibt es außerdem ein großes Fest – natürlich nur mit fleischlosen Gerichten.

# *Tofu statt Fleisch*
## Die vegetarische Küche

*»Ein Essen ohne Gemüse ist wie eine Krankheit ohne Arznei.«*

*(vietnamesisches Sprichwort)*

Gemüse ist in Vietnam nach Reis die wichtigste Nahrungsmittelgruppe. Wegen des tropischen Klimas und der fruchtbaren Böden lässt es sich im Überfluss und großer Vielfalt kultivieren. Fleisch dagegen war immer rar – z. B. können Tiere wie Rinder und Wasserbüffel nicht geschlachtet werden, da man sie für den Ackerbau braucht. Da kaum teure Zutaten benötigt werden, ist die vegetarische Küche sehr preiswert.

Viele Vietnamesen sind außerdem Buddhisten, die aus religiösen Gründen kein Fleisch essen. Auch das trug dazu bei, dass die vegetarische Küche – *an chay* – in Vietnam eine lange Tradition hat und fester Bestandteil der Esskultur des Landes ist. Im Allgemeinen bereitet man vegetarische Gerichte nach traditionellen Rezepten ohne Meeresfrüchte oder Ei zu. Auch Zwiebeln und Knoblauch sind tabu. Essen Mönche davon, darf auch keine Fischsauce als Würze dazukommen. Stattdessen verwendet man Tofu, Pilze und Gemüse. Letzteres in allen erdenklichen Variatio-

nen: roh, getrocknet, gekocht, eingelegt oder vergoren. Eine Besonderheit der vegetarischen Küche Vietnams ist sicher, dass im Laufe der Jahrhunderte eine große Kunstfertigkeit darin entwickelt wurde, Fleischgerichte mit Gemüse, Mehlgerichten und Bohnenquark nachzuahmen: Tofu, der so verarbeitet und gewürzt wird, dass er wie Fisch oder Hühnerfleisch aussieht und vor allem so schmeckt. Frühlingsrollen, die man mit Kokosnussraspeln, Tarowurzeln und Tofu füllt, statt des üblichen Krabben- oder Schweinefleisches. Es ist auch nicht ungewöhnlich, dass es vietnamesische Gerichte auf zwei Arten gibt: mit Fleisch (*man*) und ohne Fleisch (*lat*).

Bei Vollmond oder ganz kurz vor Neumond – am Anfang und in der Mitte des Mondmonats – verzichten viele Vietnamesen auf Fleisch, Huhn, Meeresfrüchte, Eier und sogar auf *nuoc mam*. Fleischlose Ernährung gilt in Vietnam allgemein als tugendhaft. An diesen Tagen bieten Essensstände und auch große Restaurants vegetarische Gerichte an.

Nach der Zeremonie für die Mönche, während der sie Essen und kleine Alltags-Gegenstände geschenkt bekommen haben, isst auch die buddhistische Gemeinde – an Tischen außerhalb des Tempels.

# Gedünstete Bohnen mit Senfkohl

dau dua xao

Zubereitungszeit: 20 Min.
Pro Portion ca.: 120 kcal

Zutaten für 4 Personen:
500 g lange, asiatische Bohnen oder europäische grüne Bohnen
je 1 Bund langblättriger Koriander und Senfkohl
2 Knoblauchzehen
2 EL Öl, 1 TL Zucker
2 EL Sojasauce
1 Ei
Salz, Pfeffer

Bohnen und Kräuter waschen. Bohnen putzen und in 6–8 cm lange Stücke schneiden, 5 Min. in kochendem Wasser blanchieren. Abgießen und kalt abschrecken. Korianderblätter abzupfen. Die Blätter des Senfkohls in finger-breite Streifen schneiden. Knoblauch schälen und hacken.

Öl im Wok erhitzen, Knoblauch einige Sek. anbraten, Zucker, Sojasauce und 100 ml Wasser zugeben. Das Ei verquirlen und hineinlaufen lassen. Bohnen zugeben und bei schwacher Hitze 5 Min. garen. Senfkohl 1 Min. mitgaren. Das Gemüse mit Salz und Pfeffer abschmecken und mit Koriander bestreut servieren.

## Variante
Statt langblättrigem Koriander oder Senfkraut können Sie auch Frühlings-zwiebeln verwenden und die fertigen Bohnen mit gerösteten und gehackten Erdnüssen (s. Seite 213) bestreuen.

**Es ist schwer,** *nach Hue zu kommen, ohne irgendwann banh beo serviert zu bekommen. Deshalb werden die kleinen Reismehlpuddings mit Shrimps auch banh Hue genannt.*

## Reismehlpudding mit Shrimps

banh beo

Zubereitungszeit: 50 Min.
Pro Portion ca.: 360 kcal

Zutaten für 4 Personen:
Zum Anrichten:
10 g gegrillte Schweineschwarte (Fertigprodukt, Asienladen)
5 violette Schalotten, 100 ml Öl, Salz
200 g rohe Shrimps oder geschälte
Riesengarnelen
1/4 l Brühe oder Wasser
1–2 scharfe kleine Chilischoten
4 EL vietnamesische Fischsauce
4 EL Zucker, 1 EL Reisessig
einige Zweige Koriander
Für den Pudding:
85 g Reismehl
1 EL Tapiokastärke, Salz
Außerdem:
12 kleine feuerfeste Schälchen
1 Dämpfkorb

Schweineschwarte in kaltes Wasser legen.
Schalotten schälen, in 3 mm dicke Scheiben
schneiden, 30 Min. auf einem Teller trocknen
lassen. Schalotten in einem flachen Topf in
100 ml Öl bei schwacher Hitze in 15 Min.
goldbraun und knusprig garen. Abgießen und
gut abtropfen lassen, das Öl dabei auffangen.

Schweineschwarte aus dem Wasser nehmen,
ausdrücken und in Streifen schneiden. In 3 EL
Schalottenöl bei schwacher Hitze knusprig
braten, abgießen und hacken, leicht salzen.

Die Shrimps hacken und mit 2 EL Schalottenöl 1–2 Min. anschwitzen, mit Brühe aufgießen, zum Kochen bringen und 5 Min. bei
schwacher Hitze ziehen lassen. Chilis in
Ringe schneiden. Shrimp-Brühe vom Herd
nehmen, etwas abkühlen lassen und Fischsauce, Zucker, Reisessig und Chilis unterrühren. Kräuter waschen, trockenschleudern
und die Blättchen abzupfen.

325 ml Wasser in einen Topf geben. 4 EL
Wasser abnehmen und mit Reismehl, Tapiokastärke und 1/2 TL Salz mischen (verkrümeln). Restliches Wasser aufkochen lassen
und unter ständigem Rühren mit dem Rührgerät in die Mehlmischung geben.

Schälchen in einen Dämpfkorb setzen.
1 EL Reismehl-Teig in jedes Schälchen löffeln.
2 Min. dämpfen (s. Seite 217). Die Puddings
mit je 1 TL Shrimp-Dip beträufeln, Schalotten
und Schweineschwarte darüber streuen. Mit
Kräuterblättchen dekorieren und sofort mit
kleinen (langstieligen) Löffeln servieren.

Die leeren Schüsselchen ausspülen und von
Neuem füllen und dämpfen, bis alle Zutaten
verbraucht sind.

Für frisches, halbfeuchtes
Reismehl wird der Reis
1–2 Tage eingeweicht. Dann
wird er in speziellen Mühlen
gemahlen, das Wasser läuft
dabei ab. Das Mehl wird
zu großen Zylinderblöcken
gepresst.

Chefkoch Jim vom Ana Mandara Resort in Nha Trang kredenzte uns eines Tages dieses köstliche Gericht. Entscheidend für die Zubereitung: Tintenfisch und Nudeln sollten möglichst genau gleichzeitig fertig sein, damit die Nudeln nicht weich und die Tintenfische nicht hart werden.

# Reisnudeln mit Pfeffer-Tintenfisch

## muc chien mi

Zubereitungszeit: 30 Min.
Pro Portion ca.: 530 kcal

Zutaten für 4 Personen:
400 g runde Reisnudeln (bun)
400 g mittelgroße Tintenfischtuben
200 g Rettich oder Radieschen
6–8 dünne, asiatische Frühlingszwiebeln
1 Bund Koriandergrün
1 El Pfefferkörner, Salz
4 EL Öl
1–2 El vietnamesische Fischsauce
4 EL Brühe (s. Seite 213) oder Wasser

Nudeln 10 Min. in lauwarmes Wasser legen. Tintenfische waschen. Tuben aufschneiden, trockentupfen und flach ausbreiten, mit einem scharfen Messer ein enges Rautenmuster (ca. 5 mm) einritzen. In 2 cm breite Streifen schneiden.

Rettich schälen, längs in dünne Scheiben, diese mit der Faser in streichholzdünne Streifen schneiden. Frühlingszwiebeln und Koriander waschen und trockenschütteln. Zwiebeln putzen, in 5 cm lange Stücke schneiden. Korianderblätter abzupfen. Pfefferkörner im Mörser zerstoßen, mit 1/2 TL Salz mischen.

Nudeln in reichlich Wasser 4 Min. kochen. Gleichzeitig Tintenfisch in einer Schüssel mit Salz und Pfeffer einreiben. Öl in einem großen Wok stark erhitzen. Den Tintenfisch bei starker Hitze 1 Min. braten, Rettich und Zwiebeln 20 Sek. mitbraten. Fischsauce und Brühe zugeben. Die Nudeln abgießen, kurz abtropfen lassen und zum Tintenfisch geben. Heiß werden lassen, abschmecken, anrichten und mit reichlich Koriander bestreuen.

# Bun-Nudeln mit Makrele

## ca bo kho

Zubereitungszeit: 30 Min.
Pro Portion ca.: 560 kcal

Zutaten für 4 Personen:
400 g dicke, runde Reisnudeln (bun)
400 g Makrele in ca. 2 cm dicke Koteletts geschnitten (oder Bonito, Tunfisch oder Schwertfisch)
200 g frische Ananas, 2 reife Tomaten
1–2 scharfe, kleine Chilischoten
2–3 El vietnamesische Fischsauce
1 TL Zucker
Zum Anrichten:
1/4 Kopf grüner Salat
1/2 Bund Minze
1/2 Bund asiatisches Basilikum
Fisch-Dip (s. Seite 211) ohne Limettensaft und Wasser

Nudeln 10 Min. in lauwarmes Wasser legen. Fisch kurz waschen und in einen mittelgroßen Topf legen.

Ananas schälen, vierteln und dabei den Strunk entfernen, das Fruchtfleisch in dünne Scheiben schneiden. Tomaten waschen und ohne Stielansätze würfeln. Chilis fein schneiden. Ananas, Tomaten, Chilis, Fischsauce und Zucker über die Fischstücke geben, mit 100 ml Wasser zum Kochen bringen und bei schwacher Hitze 15 Min. garen, nach Belieben mit Fischsauce abschmecken.

Salat und Kräuter waschen und trockenschleudern, Salat in Streifen schneiden, die Kräuterblätter abzupfen. Zusammen auf einen Teller häufen.

Reisnudeln in reichlich Wasser 4 Min. kochen. Abgießen und auf 4 Teller oder Schalen verteilen, das Fischgemüse darüber geben und servieren. Jeder Gast fügt Kräuter und Salatstreifen nach Belieben hinzu und kann mit Fisch-Dip nachwürzen.

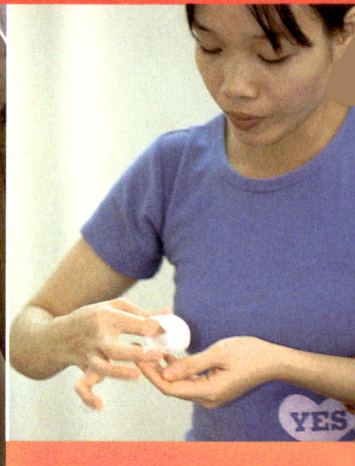

Zuerst werden die Teighüllen geformt und danach gefüllt. Wir haben es in Vietnam mit dem Originalteig probiert – es geht, wenn Sie gute Grundkenntnisse im Töpfern haben. Einfacher ist die im Rezept beschriebene Methode.

# »Weiße Rosen«
## im Akkord

*Aus Hoi An stammt auch coa lau – ein kulinarisches Erbe der Japaner: weiche, flache Reisnudeln mit Sojabohnensprossen, Kräutern, Schweinefleisch und Röstzwiebeln, serviert mit etwas Brühe. Die Nudeln bereitet man nur mit dem besonders weichen, klaren Wasser aus einem bestimmten Brunnen der Stadt zu.*

Schon seit vier Generationen in der Hand einer Familie ist die Herstellung einer Spezialität aus Hoi An: *banh bao* und *banh vac*, wegen ihrer Form auch »White Rose« genannt, sind ravioliartige Teigtaschen, die mit Krabben gefüllt sind und mit einem Fisch-Dip und Röstzwiebeln gereicht werden.

Acht Mädchen – Schwestern und Cousinen – sitzen an einem überdimensionalen, niedrigen Tisch und formen schnell ein Teigtäschchen nach dem anderen. Ein kastaniengroßes Stück Teig drehen sie dafür zwischen den Fingern zu einer Minischüssel, in die sie einen Klecks Krabbenmasse füllen. Dann wird das Ganze oben zugedreht, wodurch die *banh bao* die Form von Blüten bekommen. Die Arbeitsplatte steht im hinteren Teil eines Restaurants, dessen Spezialität – selbstverständlich – *banh bao* sind. An der Wand hängt ein Bild vom Ur-Urgroßvater aus China, der aus seiner Heimat wohl die Idee für die kleinen Teigtaschen mitgebracht hatte – nicht zufällig erinnern die Teigtaschen an chinesische Wan Tan.

Es ist 10 Uhr morgens, doch einige der jungen Frauen sind schon seit halb vier Uhr früh auf den Beinen und haben den Teig und die Füllungen aus Shrimps, Frühlingszwiebeln, Sojabohnen und Pilzen für die *banh bao* zubereitet. Sie beginnen zu dieser nachtschlafenden Zeit, damit niemand sieht, wie sie den Teig machen – das nämlich ist Betriebsgeheimnis. Ab 5 Uhr morgens schließlich werden die Teigtaschen gerollt. Die Mädchen arbeiten bis acht Uhr abends, Tag für Tag. Nur während des Tet-Festes gibt es eine Produktionspause. Wenn das Restaurant abends voll ist, können die Gäste beim Rollen der *banh bao* zuschauen, bevor sie sie serviert bekommen. Viele Touristen kommen hierher, vor allem in japanischen Reiseführern scheint das Restaurant als Geheimtipp an erster Stelle zu stehen. Die Einheimischen kommen nur um die fertigen »White Roses« zu kaufen. Sie nehmen Sie mit und essen sie lieber zu Hause.

Das Rezept für die Ravioli ist ein geheimes Familienrezept. Wir haben versucht, uns dem Original anzunähern, das Rezept finden Sie rechts.

# Weiße Rosen

banh bao

Zubereitungszeit: 1 Std.
Pro Portion ca.: 435 kcal

Zutaten für 4 Personen:
Für die Füllung:
200 g rohe, geschälte Garnelen
Pfeffer, Salz
2 EL vietnamesische Fischsauce
2 EL Schweineschmalz
Für den Teig:
250 g Reismehl
1/2 TL Salz
50 g Tapiokastärke
3 EL Öl
Zum Anrichten:
Knusprige Schalotten (s. Seite 213)
Fisch-Dip (s. Seite 211) oder Limetten-Soja-Sauce (s. Seite 212)
Außerdem:
1 Dämpfkorb

Für die Füllung die Garnelen längs halbieren, die dunklen Därme entfernen, das Fleisch grob hacken, mit Pfeffer, Salz und Fischsauce würzen und 30 Min. ins Gefrierfach stellen. Das Schweineschmalz ebenfalls kalt stellen. Dann die Garnelen im Blitzhacker fein pürieren, nach und nach das Schmalz zugeben.

Inzwischen für den Teig 2 gehäufte EL Reismehl mit 1/8 l Wasser verrühren. 1/4 l Wasser in einem kleinen Topf zum Kochen bringen. Kurz vom Herd nehmen, das angerührte Reismehl mit einem Schneebesen einrühren. Unter ständigem Rühren wieder aufkochen lassen. Das restliche Reismehl mit dem Handrührgerät einarbeiten, bis der Teig glatt ist. In eine Schüssel umfüllen, Salz, Tapiokastärke und Öl zugeben, gründlich verkneten und 15 Min. zugedeckt ruhen lassen.

Haselnussgroße Teigstücke zu 6 cm großen, dünnen Kreisen drücken und ziehen. Jeweils in die Mitte 1 TL Füllung setzen, den Teig um die Füllung herum andrücken, sodass das die Nudel aussieht wie eine Blume – eine »weiße Rose«. Fertige Nudeln auf geölte Teller setzen, mit Frischhaltefolie zudecken und kühl stellen, bis alle fertig sind.

Weiße Rosen 4–5 Min. dämpfen (s. Seite 217), auf Tellern anrichten, mit knusprigen Schalotten bestreuen und mit Fisch-Dip oder Limetten-Soja-Sauce servieren. Nach Belieben mit Korianderblättern bestreuen.

# Gegrillter Fisch im Bananenblatt

ca nuong la chuoi

Einweichzeit: 30 Min.
Zubereitungszeit: 30 Min.
Pro Portion ca.: 395 kcal

Zutaten für 4 Personen:
600 g Meeresfischfilet ohne Haut, z. B. Tunfisch
oder Wolfsbarsch
1 Möhre
2 Frühlingszwiebeln
4 cm frische Kurkumawurzel (oder Ingwer)
Salz
1/2 TL Pfefferkörner
2 EL vietnamesische Fischsauce
1 EL Öl
1 Bananenblatt
Für den Dip:
3 EL vietnamesische Fischsauce
1 EL Zucker
4 cm frische Kurkumawurzel (oder Ingwer)
Außerdem:
Holzspießchen zum Verschließen

Fisch in 4 Portionsstücke schneiden. Möhre schälen und
sehr fein würfeln oder reiben. Frühlingszwiebeln waschen,
putzen und in Ringe schneiden. Kurkuma schälen, grob
zerkleinern und mit 1/4 TL Salz und Pfeffer im Mörser
zerreiben. Die Gewürze mit Fischsauce, Öl, Zwiebeln und
Möhre mischen, den Fisch darin 15 Min. marinieren.

Den Backofen auf 200° (Umluft) vorheizen. Die Blattrippe
am Rand des Bananenblattes entfernen, das Blatt in 8 je
40 cm lange Stücke schneiden. Die Blätter waschen, je
2 Blätter kreuzweise übereinander legen und eine Portion
Fisch darauf legen. Zu einem Päckchen einschlagen, die
offenen Enden einmal falten und mit Holzspießchen
(oder Büroklammern) verschließen. Die Bananenpäckchen auf einem Blech im Ofen (Mitte) 8 Min. garen.

Für den Dip Fischsauce mit 3 EL Wasser und Zucker verrühren, Kurkuma schälen und fein reiben. Fischsauce und
Kurkuma in Saucenschälchen verteilen. Fischpäckchen
mit dem Dip servieren. Dazu passt am besten Reis.

# Heilbutt mit Tomatensauce

ca sot ca chua

Zubereitungszeit: 25 Min.
Pro Portion ca.: 490 kcal

Zutaten für 4 Personen:
600 g Heilbuttfilets oder -steaks, ca. 2 cm dick
250 g reife Tomaten
1 rote Peperoni
2 Knoblauchzehen
6–8 Kaffir-Limettenblätter
1 EL brauner Zucker
2 EL Öl, 2 EL Fischsauce
1/2 Bund Dill oder asiatisches Basilikum
Salz, Pfeffer
200 ml Öl zum Braten

Fisch kurz waschen und trockentupfen.

Tomaten waschen und klein würfeln, dabei die Stielansätze entfernen. Peperoni fein schneiden. Knoblauch schälen
und in Scheiben schneiden. Limettenblätter waschen, in
möglichst feine Streifen schneiden. Alles mit Zucker und
Öl andünsten, nach 2 Min. 3–4 EL Wasser und Fischsauce
zugeben und bei schwacher Hitze 15 Min. kochen lassen.

Den Dill waschen, trockenschütteln, die Spitzen abzupfen
und grob hacken.

Heilbuttfilets mit Salz und Pfeffer würzen. 200 ml Öl in
einer beschichteten Pfanne stark erhitzen, Fisch darin von
beiden Seiten in je 3–4 Min. goldbraun braten. Aus der
Pfanne heben und auf Küchenpapier abtropfen lassen.

Fisch mit Tomaten anrichten und mit Kräutern bestreut
servieren. Dazu passen Reis und ein Salat aus Möhren,
Gurken, Zwiebel und gerösteten Erdnüssen, mariniert mit
Fisch-Dip (s. Seite 211).

**Am besten** schmeckten uns die Jakobsmuscheln bei Jim im Ana Mandara Resort in
Nha Trang: Er servierte das Muschel-Ragout als Zwischengericht. Auch in unserem Rezept sind die
Mengen für einen Fisch- oder Hauptgang in einem Menü gedacht. Wenn Sie nur dieses Gericht
kochen, sollten Sie die Mengen verdoppeln.

Eine der besten Adressen für Seafood im Badeort Nha Trang ist das Nha Trang Seafood Restaurant, das zu einem staatlich geführten Fischhandelskollektiv gehört. Hier aßen wir ein exquisites Mahl – allem voran die frittierten Babyfische. Die Köche verwenden Baby-*ca-com*, die Sardinenart, die auch Grundlage der berühmten Fischsauce ist.

## Frittierte Babyfische

goi ca xoai

Zubereitungszeit: 20 Min.
Pro Portion ca.: 300 kcal

Zutaten für 4 Personen:
400 g Aquadelle (Baby-Sardinen, meistens aus Italien)
200 g grüne Mango (oder grüne Papaya)
2–3 kleine scharfe Chilischoten
1 EL vietnamesische Fischsauce
4 Stängel rotes Perillakraut (oder langblättriger Koriander oder Minze)
1 Stück Ingwer (5 cm)
1/2 Öl zum Frittieren

Die Fische waschen und trockentupfen.

Die Mango schälen und in feine Streifen schneiden oder reiben. Chilis waschen, längs halbieren und entkernen, fein hacken. Chilis, Mango, Fischsauce und 1 EL Wasser mischen.

Perillakraut waschen und trockenschütteln, die Blättchen abzupfen, große Blätter in kleinere Stücke reißen. Ingwer schälen und in hauchdünne Streifen schneiden.

In einem Wok ca. 4 cm Öl erhitzen, bis ein Mangostückchen darin sofort beginnt zu sprudeln. Die Fische in 3–4 Portionen bei starker Hitze in je 4–5 Min. knusprig frittieren. Mit einem Schaumlöffel herausnehmen und auf Küchenpapier abtropfen lassen. Zuletzt die Ingwerstreifen ins Öl geben, in etwa 10 Sek. (!) knusprig frittieren, herausnehmen und abtropfen lassen.

Die Fische mit der Mangomarinade und den Kräutern mischen, mit den Ingwerstreifen bestreuen und sofort servieren. Die Fische werden mit Kopf und Gräten verzehrt.

## Jakobsmuscheln mit Mi-Nudeln

so xao mi

Zubereitungszeit: 25 Min.
Pro Portion ca.: 350 kcal

Zutaten für 4 Personen:
250 g ausgelöste kleine Jakobsmuscheln
2 kleine Zwiebeln
1 rote Peperoni
1 Bund asiatische Frühlingszwiebeln
1 Bund Koriandergrün
Salz, 200 g Mi-Nudeln
3 EL Öl, 1/2 TL 5-Gewürze-Pulver
2 EL Sesamsamen, 1 TL Sesamöl
1–2 EL Sojasauce

Muscheln trockentupfen. Zwiebeln schälen, halbieren und fein schneiden. Peperoni in Ringe schneiden. Frühlingszwiebeln und Koriander waschen und trockenschleudern. Zwiebeln putzen und in 3 cm lange Stücke schneiden. Die Korianderblättchen abzupfen.

Einen mittelgroßen Topf mit Salzwasser zum Kochen bringen, die Nudeln darin nach Packungsangabe garen, abgießen und kurz abtropfen lassen.

Einen großen Wok erhitzen, Öl hineingeben, die Muscheln in zwei Portionen bei starker Hitze 1–2 Min. braten. Herausnehmen und auf einem Teller kurz ruhen lassen.

Zwiebeln, Peperoni, Frühlingswiebeln, 5-Gewürze-Pulver und Sesam in den Wok geben, salzen und unter ständigem Rühren 1 Min. braten. Sesamöl, Nudeln, Jakobsmuscheln und Koriander zugeben und heiß werden lassen. Das Ragout mit Salz und Sojasauce abschmecken.

# Nha Trang
## Nizza des Ostens

Magischer Ort: Die Winterresidenz des letzten vietnamesischen Kaisers, Bao Dai, thront auf drei Hügeln in Nha Trang, die ins Südchinesische Meer ragen. Heute sind die fünf Villen im französischen Kolonialstil eine Hotelanlage.

Fische zucken zwischen Eisstücken, Langustenpanzer glänzen grünblau daneben. Jemand hält mir einen tropfenden Tunfisch entgegen. Markt von Nha Trang. Der Küstenort ist bekannt für sein Seafood. Abalonen, Garnelen, Tintenfische, Makrelen – die Auswahl ist riesig. Vorbei an Körben mit getrockneten Krabben schlendern wir zur Gemüsegasse: Tomaten, Zwiebeln, Bananenblüten, Zuckerrohr. An anderen Ständen liegen bündelweise Kräuter. Diese da mit den violetten

Blättern duften nach Zimt und Zitrone, wie Weihnachtsplätzchen. Plötzlich stehen wir vor einem Stand mit pinkfarbenen Früchten. Die Frau hinter dem Holztisch grinst. »Thanh long. Dragon Fruit. Very good. You want to taste it?« Sie schneidet die fremde Frucht auf, weißes Fruchtfleisch durchsetzt mit kleinen schwarzen Kernen kommt zum Vorschein. Die Frau fragt nach unserer Reiseroute. Was, auch nach Hanoi? Da sollten wir aber aufpassen. »People from the

north are not good.« Im Norden würden Touristen oft beklaut, sagt Tam. Offenbar ist nach der formellen Wiedervereinigung Nord- und Südvietnams im Jahr 1976 in den Köpfen der Menschen auch noch nicht ganz zusammengewachsen, was zusammengehört.

Ein fast sechs Kilometer langer Sandstrand, eine geschützte Bucht mit vorgelagerten Inselchen, kristallklares Wasser, ein breiter Fluss, der ins Meer mündet, das ganze Jahr über angenehmes Klima: Die

Hafenstadt Nha Trang an der südlichen Küste Zentralvietnams ist von der Natur dazu prädestiniert, Vietnams erster und berühmtester Badeort zu werden. Bereits die Franzosen erkannten die Schönheit dieser Stadt: Sie bauten eine mit Palmen gesäumte Uferpromenade mit Cafés, Restaurants und noblem Grand Hotel und schufen so ein zweites Nizza. Alles, was Rang und Namen im kolonialen Vietnam hatte, mietete sich im mondänen Seebad ein. Bao Dai, der letzte vietnamesische Kaiser, ließ sich hier in den

20er Jahren seine Winterresidenz erbauen – an einem magischen Ort: Fünf Villen im französischen Kolonialstil thronen auf drei Hügeln, die ins Meer ragen. Einheimische sehen in den Bergen des Hinterlands einen Drachen, in den Hügeln dessen Kopf.

In den 60er Jahren lag bei Cam Ranh in der Nähe Nha Trangs der größte Marinestützpunkt der Amerikaner in Vietnam. Die US-Soldaten kamen nach Nha Trang, um sich am schönsten Stadtstrand des Landes zu erholen – es entstanden Nachtklubs, Diskotheken und Supermärkte. Nach dem Krieg war es fast zwei Jahrzehnte ziemlich ruhig in der Stadt, bis sie in den 90er Jahren zu einem international beliebten Badeort avancierte. Man renovierte und baute Hotels, wie direkt am Strand das erste echte Luxus-Resort des Landes: das Ana Mandara, was »Schönes Zuhause für den Gast« bedeutet.

Auch der Name Nha Trang stammt übrigens aus der Sprache der Cham und bedeutet »Fluss der Schilfe«. Die Cham gründeten einst die Stadt als Hafen und Stützpunkt an der Stelle, wo der Fluss Cai ins Südchinesische Meer fließt. Zeugnis dieser frühen Besiedelung sind die mächtigen Türme des Po Nagar auf einem Hügel im Norden der Stadt – ehemals eine Tempelanlage der Cham, heute eine buddhistische Kultstätte und beliebtes Ausflugsziel. Von hier hat man einen herrlichen Blick auf die Flussmündung mit einem malerischen Fischerhafen. Hier ankern Hunderte blau-weiß bemalte Kutter, an deren Bug rot umrandete Augen aufgemalt sind, die – so hat man uns erklärt – nahende Gefahr sehen und bannen sollen. Dazwischen sehen wir kuriose, schwimmende Körbe: In den *thung chai* rudern die Fischer stehend von Boot zu Boot und von Ufer zu Ufer. Die mit Pech abgedichteten runden Bambus-Körbe haben einen Durchmesser bis zu 2 Meter. Nachdem wir auch einmal in so einem Boot standen, wissen wir: Es gehört Übung dazu, darin aufrecht stehen zu bleiben. Ganz frühmorgens, lange vor Sonnenaufgang, tuckern die Fischer mit ihren Booten nach der nächtlichen Arbeit in den Hafen zurück, die Kutter voll beladen mit allem, was hier im Meer lebt und essbar ist. Am Ufer entschuppen Fischhändlerinnen an langen Tischen die Fische und nehmen sie aus, eine Frau hockt am Boden und flickt Netze, an Essensständen wird der frische Fisch gekocht, gedämpft, frittiert oder gegrillt. Eine der Köchinnen serviert gekochten Fisch mit Reisnu-

deln und Kräutern ein paar Frauen, die schon stundenlang Fische aus voll beladenen Booten gehievt und weiter verarbeitet haben und jetzt hungrig sind. Wenn die Sonne aufgeht, ist der wichtigste Teil der Arbeit am Fischmarkt schon vorbei.

## Mobile Garküchen

Auch Pham kauft hier jeden Morgen einen Eimer voller Krebse. Sie ist eine der Frauen, die am Strand mit einem in Vietnam weit verbreiteten Joch auf und ab gehen, um vietnamesische Ausflügler oder ausländische Urlauber mit Meeresfrüchten zu verköstigen, die sie vor den Augen der Kunden frisch zubereiten. In einem Korb des Jochs transportieren diese Frauen lebende Krebse, Austern oder Garnelen, die auf Wunsch im anderen Korb des Jochs gedämpft oder gegrillt werden. Denn darin befindet sich eine mobile Garküche en miniature – ein kleines Feuer mit Dampftopf oder Grillgestell. Pham bereitet uns außerdem einen köstlichen Dip zu aus Fischsauce, Zitronen und Chili, in die wir das frische Krebsfleisch eintunken.

Ob gegrillte Krebse, frischer Kokosnusssaft oder eisgekühltes Bier – fliegende Händler bringen dem geneigten Urlauber alles direkt vor den Liegestuhl. Selbst Massagen oder Pediküre sind im Angebot. Wem das auf Dauer zu langweilig ist, kann sich mit einem Boot zu einer der Karstinseln in der Bucht bringen lassen, deren Korallenriffe ein Paradies für Taucher und Schnorchler sind. Wir schippern zur etwas weiter entfernten Hon Hai Yen-Insel, zu deutsch Seeschwalben-Insel. Hier nisten Seeschwalben, auch Salangane genannt, die ihre Nester mit ihrem seidenartigen Speichel bauen. Diese Nester sind sehr begehrt: Die berühmte Vogelnestersuppe gilt in ganz Asien als Delikatesse und außerdem als potenzsteigernd. Wagemutige Sammler klauben die Nester zweimal im Jahr von den steilen Felswänden und verkaufen sie zu stolzen Preisen vor allem nach Hongkong und Taiwan.

Wir fahren mit dem Boot an der Nachbarinsel vorbei und sehen in einer geschützten Bucht einen Haufen schwimmender Wellblechhütten. »Lobsterfarm«, erklärt uns unser Führer auf Englisch. In den Hütten wohnen Hummerzüchter, in abgezäunten Arealen unter Wasser halten sie die kostbaren Meerestiere. Die Züchter kaufen den Fischern Hummerbabys ab, setzen sie in ihren Unterwasserkäfig und füttern sie täglich

Tropisches Grün: Das milde Klima an der Küste lässt Pflanzen wuchern.

Tunfisch frisch aus dem Netz:
Die Händler verkaufen ihn schon in
Scheiben geschnitten.

Krebse, Fische, Muscheln, Garnelen: Direkt am Ufer wird der Fang
der Fischer verkauft. Früh am Morgen wimmelt es am Hafen von
Leuten – fast nur Frauen.

Hunderte blau-weiß bemalte Kutter:
Der Fischerhafen nördlich von Nha
Trangs Zentrum, wo der Fluss Cai ins
Meer mündet, gilt als der schönste
Vietnams.

Wunschlos glücklich: Im Ana Mandara Resorts in Nha Trang mit seinen schönen Bungalows im vietnamesisch-französischen Kolonialstil kann man sich direkt am Strand entspannen.

Die große Buddha-Statue wurde 1963 als Symbol für den Kampf der Buddhisten gegen das repressive Diem-Regime gebaut.

Tai Chi an der Promenade: Wie überall in Vietnam beginnen die Bewohner von Nha Trang den Tag mit Morgengymnastik.

mit Austern, Reis und Huhn. Nach einem Jahr wiegt ein Hummer ungefähr ein Kilogramm, verkauft werden kann er aber schon, wenn er halb so viel wiegt.

Die Sonne ist gerade untergegangen, es dämmert. Nach nachmittäglicher Ruhe belebt sich die Strandpromenade wieder. In kleinen Gruppen oder paarweise schwärmen westliche Urlauber frisch geduscht aus ihren Hotels auf der Suche nach dem abendlichen kulinarischen Höhepunkt in einem der zahlreichen Restaurants. Vietnamesische Jungs sitzen auf der niedrigen Mauer an der Promenade und rufen vorbeilaufenden Mädchen hinterher. Viele der Karaoke-Bars hier sind schon gut besucht – fast ausschließlich von Vietnamesen, die ihrer aus Japan importierten, vom Staat zuweilen noch misstrauisch beäugten Leidenschaft frönen wollen,

Lieder mit Musik vom Band nachzusingen. Aus den Lautsprecherboxen schallt es bis nach draußen. Wir setzen uns auf die Promenadenmauer. Inzwischen ist es dunkel. Ein junger Bursche, vielleicht 22, 23, setzt sich neben uns, lächelt uns schüchtern an, schaut eine Weile stumm geradeaus. Dann dreht er sich wieder zu uns und fragt in mäßig verständlichem Englisch, woher wir kommen. Als wir antworten, strahlt er: »How long you stay in Vietnam?« Jetzt taut er auf, erklärt, dass er sein Englisch verbessern möchte. Sein Wunsch sei es nämlich, in einem Touristen-Resort zu arbeiten. Seit ein paar Monaten ist er arbeitslos, weil die staatliche Fischerei, bei der er gearbeitet hatte, geschlossen wurde. Wir begreifen, dass sich mit Nha Trang auch seine Bewohner wandeln – aus Fischern werden Hotelangestellte.

Auch am Strand ist für das leibliche Wohl gesorgt: An dem fahrbaren Stand gibt es Zuckerrohrsaft, getrockneten Tintenfisch und Ananas.

Im Vergnügungspark direkt an der Promenade riskieren einheimische Familien gerne mal eine Fahrt im blinkenden Riesenrad.

Butter und Weißwein in der Marinade für die Entenbrust zeugen wieder einmal vom Einfluss der Franzosen auf die vietnamesische Küche.

# Streetfood-Klassiker

— *Geflügelleber-Dip, die traditionelle Dip-Sauce für gegrillte Hackbällchen: 100 g Geflügelleber in Salzwasser in ca. 10 Min. rosa garen. 3 Schalotten und 3 Knoblauchzehen schälen und mit 1–2 Chilischoten hacken. Alles mit 1 EL Öl und 1 TL Zucker anschwitzen, je 2 EL gemörserte Erdnüsse und Sesam zugeben, mit 100 ml heller Sojasauce ablöschen. Die Leber fein hacken und in die Sauce geben.*

# Gegrillte Hackbällchen

nem lui

Zubereitungszeit: 45 Min.
Pro Portion ca.: 450 kcal

Zutaten für 4 Personen:
400 g Schweinehackfleisch
Salz, Pfeffer
4–5 violette Schalotten
2 Knoblauchzehen
1 EL geröstetes Reispulver (s. Seite 220)
1 TL Zucker, 2 El Öl
Schaschlikspieße
Zum Anrichten:
1 halbreife Sternfrucht, 2 frische Feigen
1/2 kleiner Kopf Salat
1 Bund gemischte vietnamesische Kräuter
50 g Sojasprossen, 200 g Gurke
50 g geröstete Erdnüsse (s. Seite 213)
40 dünne vietnamesische Reisblätter (16 cm Ø)
oder Reispapierviertel mit 14 cm Länge
Leichte vietnamesische Erdnuss-Sauce
(s. Seite 210) oder Bohnen-Dip (s. Seite 210)

Hackfleisch mit Salz und Pfeffer würzen. Schalotten und Knoblauch schälen und fein würfeln, mit Reispulver und Zucker in die Masse geben und gründlich verkneten. Ca. 40 walnussgroße Bällchen formen und auf Schaschlikspieße stecken.

Obst, Salat, Kräuter und Sprossen waschen, Gurke schälen. Alles in dünne Scheiben schneiden bzw. verlesen oder abzupfen. Erdnüsse grob hacken. Alles auf einer Platte oder mehreren kleinen Tellern anrichten. Sauce oder Dip dazustellen.

Die Fleischbällchen leicht mit Öl bepinseln und in der Grillpfanne oder auf einem Holzkohlengrill ringsum bei mittlerer Hitze je 6–8 Min. grillen.

Die Fleischbällchen mit allen Zutaten und einer Schüssel Wasser servieren. Je 1 Reisblatt ins Wasser tauchen (es wird nach kurzer Zeit formbar), mit je 1 Hackbällchen und wenig von den anderen Zutaten füllen, zusammenrollen und dippen.

# Gegrillte Entenbrust mit Ingwer

uc vit nuong

Zubereitungszeit: 30 Min.
Marinierzeit: 30 Min.
Pro Portion ca.: 520 kcal

Zutaten für 4 Personen:
2 Entenbrustfilets à 250–300 g
1 EL geschroteter Pfeffer
3 EL Weißwein, 3 EL Austernsauce
3 EL helle Sojasauce, 1 Stück Ingwer (6 cm)
50 g violette Schalotten
1/2 Bund asiatisches Basilikum
4 EL Öl, 2 EL Butter

Die Haut der Entenbrüste im Abstand von 5 mm quer einschneiden. Pfeffer mit Weißwein, Austern- und Sojasauce mischen, Fleisch 30 Min. einlegen.

Backofen auf 180° (Umluftgrill, 200° ohne Umluft) vorheizen. Ingwer schälen und in hauchdünne Streifen schneiden. Schalotten schälen und in dünne Scheiben schneiden. Basilikum waschen und trockenschütteln, die Blättchen abzupfen.

Fleisch aus der Marinade nehmen und in einem kleinen Bräter mit der Haut nach oben in den Ofen schieben. 15–20 Min. grillen (15 Min. entspricht rosa, 20 Min. knapp durch), dabei öfters mit Marinade bestreichen.

Inzwischen Öl erhitzen, Ingwer darin in 10 Sek. knusprig braten, auf ein Sieb gießen, dabei das Öl auffangen. Ingwer beiseite stellen. Schalotten im Ingweröl 5 Min. knusprig braten, abgießen und abtropfen lassen. Marinade in einem kleinen Topf aufkochen lassen, Butterstückchen unterschwenken.

Fleisch aus dem Ofen nehmen, in dünne Scheiben schneiden und mit Sauce, Ingwer, Schalotten und Basilikum anrichten. Dazu passen Reisnudeln und gewokte Gemüse am besten.

# Essig-Feuertopf

bo nhung dam

Zubereitungszeit: 40 Min.
Ruhezeit: 1 Std.
Pro Portion ca.: 445 kcal

Zutaten für 4 Personen:
600 g Rinderfilet oder Rinderrücken
(ohne Fett und Sehnen)
1/4 l Reisessig
1/2 l Brühe (s. Seite 213 oder Instant)
2 Knoblauchzehen
1 EL Zucker, Salz, Pfeffer
Zum Anrichten:
1/2 Bund Minze
1/2 Bund Koriandergrün
1 kleiner Kopf Salat
100 g Sojasprossen
1 halbreife Sternfrucht
1 grüne Banane oder 200 g grüne Papaya
(geschält und entkernt)
50 g violette Schalotten
4–5 scharfe Chilischoten, z. B. Vogelaugenchilis
2 Stängel Zitronengras
3 EL geröstete Erdnüsse (s. Seite 213)
Ananas-Fisch-Dip (s. Seite 212) oder
Limetten-Soja-Sauce (s. Seite 212)
30 dünne vietnamesische Reispapierblätter (ca. 16 cm Ø) oder -viertel (ca.
14 cm Länge)
Außerdem:
1 asiatischer Feuertopf oder 1 Fondue-
topf mit Rechaud

Rinderfilet ca. 1 Std. ins Tiefkühlfach legen,
dann in dünne Scheiben schneiden und auf
einer Platte anrichten.

Das Garen im Feuertopf ist mehr Zeremonie als Rezept. Je nach Region wird der Feuertopf leicht abgewandelt zelebriert. Besonders lecker fanden wir eine säuerliche Brühe aus Nha Trang.

Essig und Brühe aufkochen lassen. Knoblauch
schälen, in Scheiben schneiden und in die
Brühe geben. Mit Zucker, Salz und Pfeffer
abschmecken und in den Feuertopf umfüllen.

Kräuter, Salat und Sojasprossen waschen, verlesen und trockenschleudern. Die Kräuterblättchen abzupfen, Salat in mundgerechte
Stücke reißen. Sternfrucht und Banane
waschen, in hauchdünne Scheiben schneiden.
Schalotten schälen, in dünne Scheiben schneiden. Chilis in Ringe schneiden. Spitzen und
äußere Blätter vom Zitronengras entfernen,
den hellen inneren Teil fein hacken. Erdnüsse
grob hacken. Alles, ebenso Dip und Sauce, auf
Teller und Schüsselchen verteilen, auf den
Tisch stellen.

Feuertopf mit der kochenden Brühe auf den
Tisch stellen. Für jeden Gast ein Schälchen
mit dem Dip und einen kleinen Teller bereit
stellen. Die Reisblätter und eine Schüssel mit
Wasser ebenfalls auf den Tisch stellen.

Jeder Gast taucht nun 1 Reisblatt kurz ins
Wasser und legt es auf seinen Teller. 1 Scheibe
Fleisch mit Stäbchen in die kochende Brühe
legen und je nach Geschmack einige Sek. bis
1 Min. garen. 1 Salatblatt auf das weiche Reisblatt legen, Fleisch darauf legen, mit den vorbereiteten Zutaten füllen, zusammenrollen
und dipen.

## Varianten:
Sehr oft werden zum Essig-Feuertopf eingelegte Gemüse serviert (s. Seite 117 und 118)
und mit in das Reisblatt gewickelt. Manchmal
wird ein Teil der Brühe durch Kokoswasser
oder Kokosmilch ersetzt.

# Rinderspießchen mit Zitronengras

bo lui nuong xau

Zubereitungszeit: 40 Min.
Pro Portion ca.: 310 kcal

Zutaten für 4 Personen:
300 g Rinderrücken ohne Fett und Sehnen
(vom Metzger in 3 mm dicke Scheiben
schneiden lassen)
2 EL Austernsauce
1 TL Zucker, 2 EL Öl
12 dünne Stängel Zitronengras
Zum Anrichten:
200 g dünne Reisnudeln
1/2 Bund asiatisches Basilikum
1/2 Bund rotes Perillakraut
1 kleiner Kopfsalat
Fisch-Dip (s. Seite 211) mit 100 ml Wasser

Das Fleisch in einer flachen Schüssel mit Austernsauce, Zucker und Öl marinieren. Reisnudeln ca. 30 Min. in kaltes Wasser legen.

Die Kräuter waschen, trockenschütteln. Nudeln nach Packungsangabe bissfest kochen, abgießen, kalt abschrecken und abtropfen lassen. Salat waschen und putzen. Kräuter, Nudeln und Salat auf einer Platte oder auf kleineren Tellern anrichten. Den Dip dazustellen.

Das Zitronengras waschen, abtrocknen, die äußeren Blätter entfernen. Die Stängel mit der Breitseite eines großen Messers ganz sanft klopfen. Je 1 Scheibe Fleisch fest um 1 Zitronengrasstängel wickeln und in der Grillpfanne oder auf dem Holzkohlengrill von allen Seiten 3–4 Min. bei mittlerer Hitze grillen (das Fleisch sollte noch leicht rosa sein).

Fleischspießchen servieren. Jeder Gast nimmt nun 1 Salatblatt, legt ein paar Nudeln und Kräuter hinein, greift damit 1 Fleischspieß und zieht den Zitronengrasstängel mit der anderen Hand heraus. Einrollen und dippen.

# Rinderfilet mit Wasserspinat

bo xao rau muong

Zubereitungszeit: 20 Min.
Pro Portion ca.: 275 kcal

Zutaten für 4 Personen:
Salz, 500 g Wasserspinat
500 g Rinderfilet
3 Knoblauchzehen
4 EL Öl, 2 EL Austernsauce
2 EL helle Sojasauce
1 TL Speisestärke, Pfeffer

In einem großen Topf Salzwasser zum Kochen bringen. Wasserspinat waschen und trockenschleudern. Die zähen Stielenden abschneiden, Stiele und Blätter in 5 cm lange Stücke schneiden. Wasserspinat im kochenden Wasser 2 Min. blanchieren. Den Spinat abgießen und kalt abschrecken.

Rinderfilet in 1 cm dicke Scheiben, diese in breite Streifen schneiden. Knoblauch schälen und in Scheiben schneiden.

2 EL Öl in einem großen Wok erhitzen, die Hälfte des Knoblauchs in das Öl geben, den Wasserspinat zugeben und 2 Min. anbraten. Den Spinat aus dem Wok nehmen. Restliches Öl und restlichen Knoblauch zugeben, Fleisch bei starker Hitze 2 Min. braten, dabei mehrfach umrühren. Mit Austernsauce und Sojasauce ablöschen. Vom Herd nehmen.

Stärke mit 3 El Wasser verquirlen, in den Wok rühren und aufkochen lassen. Den Wasserspinat zurück in den Wok geben und heiß werden lassen, mit Salz und Pfeffer abschmecken.

Wenn Sie einmal keinen Wasserspinat bekommen können, schmeckt *bo xao rau muong* auch mit gewöhnlichem Spinat, am besten Wurzelspinat – dessen bis zu 10 cm lange, dickere Blätter kommen von ihrer Konsistenz dem Wasserspinat am nächsten.

## TIPP

Normalerweise wird das Gericht mit Reis serviert – völlig unvietnamesisch, aber ebenfalls gut dazu ist Kartoffelpüree!

Der Drache als Symbol taucht im wahrsten Sinne des Wortes an jeder Ecke auf.

Die Drachenfrucht, auch Pitahaya, wächst an den langen, dreikantigen Trieben eines bis zu 2 m hohen Strauchkaktus.

# *Thanh long*
## Die Drachenfrucht

*Einst herrschte im Südlichen Land König Kirh Duong, der die Gabe hatte, über Wasser gehen zu können. Eines Tages spazierte er über den See und begegnete der schönen Prinzessin Long Nu, der Tochter des Wasserdrachen. Die beiden verliebten sich und heirateten. Bald darauf wurde ihnen ein Sohn geboren, Lac Long Quan.*

Der Drache als mythisches Tier taucht in vietnamesischen Legenden immer wieder auf: So soll der Gründungsvater des vietnamesischen Volkes, Lac Long Quan, Sohn eines Drachen gewesen sein, die Felsen in der berühmten Bucht von Ha Long – vietnamesisch für »herabsteigender Drache« – im Norden des Landes entstanden der Sage nach, als ein Drache in die Bucht hinabstieg und im Meer versank. Der Drache ist ein Schlüsselsymbol für die Vietnamesen und ihr Land.

### Rosa Frucht auf grünem Kaktus

Welche Frucht also könnte Vietnam besser symbolisieren als die grüne Drachenfrucht? Sie stammt wahrscheinlich aus der Gegend bei Phan Thiet an der Südostküste, wo ein sehr trockenes Klima herrscht. Bei uns wird sie auch Pitahaya, in Vietnam *thanh long* genannt. Form und Größe der Drachenfrucht erinnern an eine kleine Ananas, sie hat aber eine weiche, pinkfarbene Schale. Das weiße Fruchtfleisch ist mit schwarzen Kernen durchsetzt, es duftet und schmeckt nach Honig, Papaya und Kiwi. Die Frucht wächst auf einer Art kriechendem Kaktus, der für Vietnamesen wie ein grüner Drache aussieht. Botanisch gesehen gehört sie auch zu den Kakteengewächsen. Mit zerstoßener *thanh long*, Eis, Zucker und Dosenmilch mixt man in Vietnam ein erfrischendes Getränk.

### Dekorativ und exotisch

Heute wird die Drachenfrucht auch kultiviert und exportiert. 80 % der Produktion stammt aus Phan Thiet, ein kleiner Teil kommt aus dem populären Badeort Nha Trang. Auch in China, Israel und Nicaragua wird die Pflanze angebaut. Das Aroma der kultivierten Früchte ist längst nicht so intensiv wie das der natürlich gewachsenen. Heute dient die hübsche Frucht in Vietnam deshalb vor allem zur Dekoration. Für den deutschen Markt wurde die Frucht mit dem exotischen Aussehen und dem schönen Namen gerade erst entdeckt – inzwischen gibt es auch Mixgetränke mit der Drachenfrucht, sogar Bier wird mit der exotischen Frucht aromatisiert.

Die rosafarbene Frucht ist nicht nur von außen sehr dekorativ; auch ihr mit schwarzen Kernen durchsetztes weißes Fruchtfleisch ist hübsch anzusehen – und äußerst erfrischend.

## Drachenfrucht-Shake – nuoc sinh to thanh long

1 reife Drachenfrucht, 2 Mandarinen, 1 Limette, 2 EL Zucker oder brauner Zucker,
350 ml Mineralwasser, Eiswürfel oder Crushed Ice

Einige Scheiben von der Drachenfrucht abschneiden und für die Dekoration aufbewahren. Das restliche Fruchtfleisch auslöffeln. Mandarinen und Limette auspressen, den Saft mit Drachenfrucht, Zucker und etwas Mineralwasser pürieren. Das Fruchtpüree in 4 Longdrink-Gläser verteilen, mit dem restlichen Mineralwasser aufgießen und mit Eis auffüllen. Mit Drachenfruchtstücken dekorieren und mit Strohhalm servieren.

## Drachenfruchtsalat – xa lat thanh long

1 Drachenfrucht, 1 EL Limettensaft, 1 EL brauner Zucker, 2 cl Klebreisschnaps oder
weißer Rum (nach Belieben), 2 EL geschälte Erdnusskerne (nicht geröstet), 2 EL Sesamsamen,
1 Msp. Chilipulver

Die Drachenfrucht waschen und längs vierteln. Das Fruchtfleisch in der Schale in 1 cm dicke Scheiben schneiden, die Schalen nach außen umstülpen, sodass sich eine Art Fächer bildet, auf 4 kleine Teller legen. Limettensaft, Zucker und Schnaps verrühren und über die Früchte verteilen. Die Erdnüsse grob hacken und mit dem Sesam in einer Pfanne ohne Fett rösten, bis sie duften. Chilipulver zugeben, umrühren und die Nüsse aus der Pfanne nehmen. Über die Drachenfrüchte streuen und servieren. Die einzelnen Fruchtstücke lassen sich ganz leicht mit einer Gabel oder einem kleinen Löffel aus der dekorativen Schale lösen.

# Lychee-Smoothie

kem trai vai

Zubereitungszeit: 10 Min.
Kühlzeit: 4 Std.
Pro Portion ca.: 35 kcal

Zutaten für 4 Personen:
2 Dosen Lychees oder Longanfrüchte
(567 g Dose, Abtropfgewicht 260 g)
5 Limetten

Lychees abgießen, den Sirup aufbewahren.
Limetten waschen, die Schale von 2 Limetten
abreiben, den Saft auspressen.

Lychees, Limettensaft und 400 ml Lycheesirup im Mixer sehr fein mixen. Limetten-
schale unterrühren und in einem flachen
Gefäß im Gefrierfach mindestens 4 Std. fest
werden lassen.

Zum Servieren die übrigen Limetten heiß
abwaschen und in Scheiben schneiden. Das
Lychee-Eis in den Mixer füllen, 200 ml
Lycheesirup zugeben und auf höchster Stufe
mixen, bis ein cremiger, halbflüssiger Smoo-
thie entstanden ist. Mit Limettenscheiben und
Strohhalm servieren.

## TIPP

Sie können das Lychee-Eis auch mit
6 cl Mekong-Whisky und derselben
Menge Sirup aufschlagen.

# Gebackene Süßkartoffeln

khoai chien

Zubereitungszeit: 30 Min.
Pro Portion ca.: 500 kcal

Zutaten für 4 Personen:
125 g Mehl
2 EL Puderzucker
2 Eier
125 ml Milch oder Wasser
1 kleine Kokosnuss
1 Banane
200 g Süßkartoffeln
Butterschmalz oder Öl zum Ausbacken
Puderzucker zum Bestreuen

Für den Teig Mehl und Zucker mischen, mit
den Eiern zu einem zähen Teig verrühren.
Nach und nach Milch oder Wasser unterrühren, so dass ein glatter Teig entsteht, der ungefähr die Konsistenz von Pfannkuchenteig hat.
Mit Milch bleibt der Teig beim Ausbacken
weich, wenn man Wasser verwendet, wird er
ein bisschen knusprig.

Die Kokosnuss mit einem Holzbohrer an den
»Augen« anbohren, das Kokoswasser herausgießen und beiseite stellen. Die Nuss öffnen
(s. Seite 219), das Fruchtfleisch herauslösen
und schälen. 1 Hälfte der Kokosnuss beiseite
legen und anderweitig verwenden, die andere
Hälfte mit einem Kartoffelschäler in lange
dünne Späne schneiden. Banane und Süßkartoffeln schälen, die Banane schräg in Scheiben
schneiden, die Süßkartoffeln längs halbieren
und in hauchdünne Scheiben schneiden oder
hobeln. Kokosnuss, Banane und Süßkartoffeln
mischen und in den Teig geben.

Je 4 EL Butterschmalz oder Öl in einer großen
Pfanne erhitzen, mit einem Sieblöffel kleine
Portionen der mit Teig überzogenen Früchte
in die Pfanne geben und bei schwacher Hitze
von beiden Seiten in je 3–4 Min. goldbraun
backen. Mit Puderzucker bestreuen.

In Vietnam werden diese
gebackenen Früchte an
Straßenständen verkauft, oft
in der Nähe von Schulen oder
Universitäten. Ausgebacken
werden die Früchte in einem
großen mit Frittieröl gefüllten
Wok, für den Hausgebrauch
geht es am besten in einer
Pfanne mit Butterschmalz.

# Nordvietnam

## *Wiege der Nation*

*Einst soll ein Drache ins Meer hinabgestiegen sein und die bizarren Felsinseln geformt haben – die berühmte Ha Long-Bucht im Norden ist geographisches Wahrzeichen des Landes. Hier im Norden grenzt Vietnam an China, was sich in der Mentalität der Menschen und auf der Speisekarte zeigt.*

# Nudelsuppe,
## Wasserpuppen und Onkel Ho

Goldrote Tempelfahnen flattern an den Eingängen der Geschäfte, Grabbeigaben glitzern, Hausaltäre, lachende Buddhas zieren die Gehwege – ein Laden neben dem anderen in dieser Gasse bietet das gleiche farbenfrohe Sortiment an. Wir sind in der Hang Quat, der Straße für religiöse Gegenstände, in Hanois altem Handwerkerviertel »*Die Seele der Stadt hat sich in die Altstadt, die Straßen der Bürger und Handwerker, zurückgezogen*«, schrieb schon im 19. Jh. die Dichterin Ba Huyen Thanh Quan. Und auch heute glaubt man hier im engen Gassenlabyrinth das »wahre Hanoi« zu finden. Die Altstadt war einst unterteilt nach 36 Zünften, die sich im 11. Jh. im Schatten des Kaiserpalastes ansiedelten. Damals hatte Kaiser Ly Thai To seine Hauptstadt hierher verlegt. Bauern, Fischer und Handwerker gründeten mit der Zeit Handwerksinnungen und Kaufmannsgilden und versorgten den Hof. Vor 500 Jahren wurden die Straßen in jenem Stadtviertel nach diesen Zünften benannt. Noch heute sind die Geschäftsstraßen spezialisiert auf die Produkte ihrer einstigen Zunft oder ähnliche Waren. So gibt es in der Hang Chieu wie früher Matten und Seile, in der Hang Bo – wo man Bambuskörbe kaufen konnte – Kurzwaren und Schmuck, in der Hang Dao, der alten Seidengasse, mittlerweile Textilien aus China.

## Hanoi – Wiege der Nation

In Vietnams Hauptstadt geht es trotz regen Handels in der Altstadt beschaulicher zu als im quirligen Saigon – die Straßen sind breiter und sauberer, der Verkehr ruhiger. Alleen mit großen alten Eisenholz- und Tamarindenbäumen sorgen für frische Luft und frisches Grün. Über hundert Jahre alte ockerfarbene Kolonialgebäude prägen das Bild dieser 2000 Jahre alten Stadt, die bis ins 19. Jh. Thang long hieß, »aufsteigender Drache«. Der Drache als Symbol kaiserlicher Macht sollte jedoch Hue vorbehalten bleiben, weshalb man Thang long schließlich umbenannte in *Ha noi*, »Stadt zwischen den Flüssen«.

Nebel liegt noch über dem Wasser, wenn sich Morgen für Morgen Männer und Frauen zum Tai Chi am Hoan Kiem-See treffen. Der kleine Stadtsee ist das Herz der Stadt. Auf einem Inselchen im See erinnert der Schildkrötenturm an die Legende vom unschlagbaren Schwert, die jedes vietnamesische Schulkind kennt: Als der Nationalheld Le Loi im 15. Jh. gegen die chinesischen Besatzer kämpfte, erhob sich aus dem See eine goldene Schildkröte und überreichte ihm ein Schwert, mit dessen Hilfe er die Chinesen nach über zehnjährigem Kampf besiegen konnte. Noch bevor Le Loi dem Wassergeist danken konnte, flog das Schwert zurück in das Maul der Schildkröte, die es den Göttern zurückbrachte. Aus Dankbarkeit ließ Le Loi den Schildkrötenturm errichten, der noch heute das Wahrzeichen von Hanoi ist. Hier am Ufer des Sees, wo Liebespärchen auf Bänken sitzen, Müßiggänger und Touristen spazieren und alte Männer Schach spielen, strahlt Hanoi jenen bezaubernden Charme aus, der die Stadt für viele zu einer der schönsten Städte Asiens macht.

Hier, in der Nähe des Sees, ist auch der Sitz eines urvietnamesischen, weltweit einzigartigen Theaters: das Wasserpuppentheater. Wasser bestimmt Kultur und Überleben der Vietnamesen seit Jahrtausenden. Es prägt das Leben der Reisbauern, die die Monsunfluten herbeisehnen, genauso wie das der Städter, die seit je im Delta des Roten Flusses im Norden wie am Mekong im Süden von Hochwasser bedroht sind. So entstand vermutlich aus der Not im 11. Jh. bei Pagodenfesten dieses Marionettenspiel im Dorfteich, als traditionelle Puppenspieler trotz Hochwasserflut weiter auftreten wollten: Die Figuren agieren über dem Wasserspiegel, hinter einem Vorhang stehen die Spieler bis zum Bauch im Wasser und bewegen die Puppen mittels Bambusstangen. Erzählt werden damals wie heute Geschichten des täglichen Lebens, von Reisbauern, Kaufleuten und Entenjägern oder alte Legenden wie die vom zurückgegebenen Schwert.

Yoga bei Sonnenaufgang am Hoan Kiem-See im Herzen Hanois.

Harte Auftrittsbedingungen: Die lackierten Holzpuppen des vietnamesischen Wasserpuppentheaters müssen oft restauriert werden.

In der Hauptstadt Hanoi im Norden des Landes geht es beschaulicher zu als im quirligen Saigon. Die Menschen hier sind noch mehr ihren alten Traditionen verpflichtet.

Romantische Abendlichter am Hoan Kiem-See: Auf einem Inselchen in dem Stadtsee steht der Schildkrötenturm – das Wahrzeichen Hanois.

Früher fanden die Aufführungen in Dörfern statt, das bekannteste speziell erbaute Wasserpuppentheater ist heute eben jenes Thang Long-Theater am Hoan Kiem-See. Seine Spielertruppe gibt Gastspiele in der ganzen Welt.

## Kultur und Drill

Hanoi und seine Umgebung gilt als die Wiege der vietnamesischen Kultur. Im Bewusstsein der westlichen Welt spielt zwar Saigon die Hauptrolle in der Kolonial- und Kriegsgeschichte des 19. und 20. Jh., doch Hanoi bleibt in der 4000-jährigen Geschichtsschreibung die wichtigere Stadt. In diesem Sinne bedeutend ist auch die Van-Mieu-Pagode: Der von Kaiser Ly Thanh Tong um 1070 gegründete so genannte Literaturtempel ist Vietnams erste Univerität. Hier wurden die Söhne von Mandarinen ausgebildet. Die großzügige, sehr gut erhaltene Anlage ist das konfuzianische Hauptheiligtum des Landes. Wir betreten den Tempel durch ein Tor mit geschwungenem dop-peltem Ziegeldach. Der Alltagslärm bleibt hinter den hohen Mauern und Bäumen zurück, die die weitläufigen Höfe und Tempel abschirmen. In Teichen schwimmen rosa glänzende Lotusblüten, die Grenzen von Zeit und Raum, von Poesie und Politik scheinen hier zu verschwimmen. Militärischen Drill und den Atem der jüngsten Geschichte des Landes dagegen kann man in der kommunistischen Hochburg Hanoi im Armeemuseum, Luftwaffenmuseum oder im Revolutionsmuseum spüren. Oder im sachlich-kühlen Regierungsviertel. Dort lässt das monumentale Ho-Chi-Minh-Mausoleum den Kult um den Staatsgründer erahnen: Bis heute pilgern Vietnamesen aus dem ganzen Land zum Ba Dinh-Platz, an dem »Onkel Ho« 1945 die Unabhängigkeit Vietnams ausgerufen hatte und an dem er heute in einem gläsernen Sarg seine letzte Ruhestätte hat. Das Mausoleum ist fünf Tage in der Woche geöffnet, vor allem sonntags warten Veteranen, Touristen, Schulklassen und Kindergartenkinder

Gewusst wie: Pilgerinnen auf dem Weg zu einer Pagode schützen sich vor der sengenden Sonne mit Regenschirmen.

Der Literaturtempel in Hanoi ist ein schönes Beispiel traditioneller vietnamesischer Architektur.

Seele der Stadt: Das alte Handwerkerviertel Hanois war früher unterteilt nach 36 Zünften. Noch heute sind viele Geschäftsstraßen auf die jeweiligen Produkte der einstigen Zünfte spezialisiert.

In Bat Trang am Roten Fluss leben fast alle Einwohner von der Herstellung blau-weißer Keramik – seit über 500 Jahren.

Märchenhafte Landschaft: Sonntagsausflügler lassen sich mit dem Ruderboot durch die Kanäle der »Trockenen Ha Long-Bucht« bei Ninh Binh fahren.

Von der UNESCO wurde die berühmte Bucht von Ha Long zum Welt-Naturerbe erklärt. Die typischen hölzernen Dschunken mit den gerippten Segeln dienen heute nur noch als Fotomotiv.

Pilgerstätte für alle Vietnamesen: das pompöse Mausoleum Ho Chi Minhs in Hanoi. Sonntags warten Tausende Besucher in langer Schlange auf Einlass.

zu Tausenden in endlos langen Warteschlangen vor dem Eingang geduldig darauf, einen Blick auf den toten Nationalhelden werfen zu dürfen. Ihm selbst wäre sein pompöses Grab wohl nicht recht gewesen – in einem erst zwei Jahrzehnte nach seinem Tod veröffentlichten Testament hatte sich Ho Chi Minh ein Staatsbegräbnis ausdrücklich verbeten und eine einfache Einäscherung gewünscht. Zeugnis seiner Bescheidenheit gibt auch »Onkel Hos Haus«, ein schlichtes Holzhaus, in dem er zehn Jahre lang bis zu seinem Tod über die Geschicke seines Landes waltete, anstatt es in dem ihm zustehenden Präsidentenpalast nebenan zu tun.

Die Cyclofahrer tragen bunte Regencapes. Es nieselt. Frauen in Müllarbeiterwesten kehren den Asphalt – noch vor der morgendlichen Rushhour. Die Ampel wird grün. Ein Schwarm Hondafahrer rauscht vorbei. Einige von ihnen haben die in Hanoi sehr verbreiteten *mu coi* auf dem Kopf. Heute sind die ehemaligen Soldatenhelme eine beliebte Kopfbedeckung auch bei Zivilisten. Mit einem Mietwagen lassen wir uns in knapp drei Stunden zu einem der größten Highlights jeder Vietnamreise fahren: die Bucht von Ha Long. Die herrliche Bucht mit ihren 3000 Inseln, die aus dem klaren, smaragdgrünen Wasser des Golfs von Tonking herausragen, gehört zu den größten Naturschönheiten Südostasiens. Die bizarr geformten Inseln und Felsen tragen Namen wie Kröten-, Schildkröten- oder Hahnenkampfinsel und sind übersät von üppiger Vegetation, kleinen Stränden und Grotten, die von Wind und Wasser geformt wurden. Zur mystischen Wirkung trägt sicher bei, dass die ganze Gegend meistens im Nebel liegt.

Seit 1994 ist dieses einzigartige, geologisch besondere Insellabyrinth, das sich über eine Fläche von 1500 Quadratkilometern erstreckt, von der UNESCO als Naturerbe der Menschheit anerkannt. *Ha Long* bedeutet so viel wie »absteigender Drache«. Der Legende nach kam vor Urzeiten ein riesiger Drache vom Gebirge ins Tal hinab, um den Vietnamesen im Kampf gegen ihre Feinde beizustehen. Wütend schlug er mit dem Schwanz um sich, spaltete so die Berge und schnitt Kerben und Täler in die Landschaft. Als er schließlich im Meer untertauchte, verdrängte er so viel Wasser, das das Land überflutet wurde und nur noch die Gipfel herausragten.

Beliebter Hut im Norden: der *mu coi*, den ursprünglich die Soldaten der nordvietnamesischen Armee trugen.

## Der Vater der Nation

Sein Bild hängt in jeder Schule, eine Statue von ihm steht in jeder Stadt und in jeder Sonntagsrede berufen sich Politiker auf ihn: Ho Chi Minh ist in Vietnam auch über 30 Jahre nach seinem Tod allgegenwärtig. Er ist und bleibt für die Vietnamesen Kopf, Seele und Symbol ihres Befreiungskampfes.

Er kam als Nguyen Sinh Cung am 19. Mai 1890 in einem kleinen Dorf in der Nähe der Stadt Vinh in Zentralvietnam zur Welt. Sein Vater, ein niederer Beamter, legte viel Wert auf Bildung und schickte ihn auf das französische Gymnasium in Hue, obwohl er die französischen Kolonialherren ablehnte – eine Haltung, die der Sohn direkt übernahm. 1911 reiste Ho als Schiffsjunge nach Amerika und Europa, wo er u.a. in den Docks von Brooklyn und als Konditor beim großen Koch Escoffier im Londoner Carlton-Hotel arbeitete. 1917 kam er nach Paris, damals die Metropole der intellektuellen Linken, und verdiente sein Geld als Fotograf und Journalist. Unter dem Namen Nguyen Ai Quoc (Nguyen, der Patriot) wurde er zu einem führenden Vertreter der asiatischen Unabhängigkeitsbewegung. Er gründete mit Gleichgesinnten die Kommunistische Partei Frankreichs. Die folgenden Stationen seines Lebens sind geprägt von Partei-Funktionen in der kommunistischen Welt. 1941 kehrt er nach Vietnam zurück, gründet eine Unabhängigkeitspartei und nennt sich nun Ho Chi Minh (der nach Erleuchtung Strebende). 1942 Verhaftung in China. Während der 14-monatigen Haft entstand das berühmte »Gefängnistagebuch«. Gründung der Vietnamesischen Befreiungsarmee, die im Juni 1945 alle Provinzen nördlich von Hanoi unter ihre Kontrolle brachte. Am 2. 11. 1945 rief Ho Chi Minh in Hanoi die Unabhängigkeit aus. 1946 Wahl zum Präsidenten des unabhängigen Vietnam, 1947–54 Exilregierung im Dschungel von Cao Bang, Guerillakrieg. 1954 Kapitulation der Franzosen, Rückkehr Ho Chi Minhs nach Hanoi, Teilung Vietnams. 1964 Beginn des Vietnamkriegs. Ho Chi Minhs Kampf gegen die Republik Südvietnam machte ihn zur Symbolfigur einer gegen das amerikanische Engagement in Vietnam gerichteten Protestbewegung in Europa und Amerika (»Ho Ho Ho Chi Minh ...«). Allerdings konnte er das vereinte Vietnam nicht mehr erleben. Er starb am 2. September 1969.

# Die banh cuon, *übersetzt »gerollte Kuchen« gehören zu den wichtigsten Rezepten Hanois. Ihre Zubereitung ist etwas aufwändig, doch die Mühe lohnt sich: Sie schmecken göttlich. Deshalb wurden sie früher auch den fürstlichen Mandarinen serviert.*

## Mandarinrollen

banh cuon

Einweichzeit: 30 Min.
Zubereitungszeit: 30 Min.
Pro Portion ca.: 210 kcal

Zutaten für 4 Personen (12–16 Röllchen):
3 EL Mu-Err-Pilze (ca. 20 g)
3 Schalotten
250 g weißes Fischfilet
2 EL vietnamesische Fischsauce
1 Prise Zucker
schwarzer Pfeffer
2 El Öl, Salz
ca. 20 Reispapierblätter (24 cm Ø)
Zum Anrichten:
2 Bund Koriandergrün
1 Salatherz
knusprige Schalotten (s. Seite 213)
Fisch-Dip mit Reisessig (s. Seite 211)

Pilze 30 Min. in warmem Wasser einweichen, dann die Stielansätze abschneiden, die Pilze fein hacken. Schalotten schälen und fein würfeln, Fisch fein hacken. Alles mit Fischsauce, 1 Prise Zucker und Pfeffer mischen.

Öl in einer großen beschichteten Pfanne erhitzen, Zutaten für die Füllung darin kurz krümelig braten, eventuell mit wenig Salz abschmecken, zur Seite stellen. Koriander und Salat waschen, abzupfen und trockenschleudern.

Reisblätter vorbereiten (s. Seite 91). Jedes Reisblatt sofort mit 1 EL Füllung belegen und vorsichtig zusammenfalten – selbst gemachte Blätter (s. Kasten) sind sehr zart und die Päckchen müssen nicht alle gleich aussehen. Fertige banh cuon auf Teller setzen und zum Servieren nacheinander kurz über heißem Dampf erhitzen.

Banh cuon mit Koriander, Salatblättern, Schalotten und Fisch-Dip servieren.

### Varianten mit Fleisch

Uns schmecken die *banh cuon* am besten mit Fisch, häufiger werden sie mit Schweinefleisch oder Huhn gefüllt. Dazu 1 großes Hähnchenbrustfilet oder 250 g nicht zu mageres Schweinefleisch fein hacken oder durch einen Fleischwolf lassen. 1–2 Knoblauchzehen und 2–3 kleine Schalotten schälen und hacken. 1 Chilischote waschen, längs halbieren, entkernen, hacken. Alles mit 1 Prise Salz im Mörser zu einer Paste reiben.

Das Fleisch in einer großen beschichteten Pfanne mit 2 EL Öl krümelig braten, die Gewürzpaste zugeben und nach 30 Sek. mit je 2 El Fischsauce und Wasser oder Brühe ablöschen. Die Füllung vom Herd nehmen und mit Salz und Pfeffer abschmecken.

Mandarinrollen wie im Rezept fertig stellen und mit Fisch-Dip und Salatblättern servieren. Dazu passen auch Sojasprossen, asiatisches Basilikum oder vietnamesische Minze.

## TIPP

Am allerbesten schmecken Mandarinrollen mit frischen Reismehlblättern (s. Seite 215) – das erfordert etwas Übung und Geschick, dafür nähern Sie sich so dem Olymp der vietnamesischen Küche.

# Tunfisch im Betelblatt

ca tun nuong la lot

Zubereitungszeit: 30 Min.
Pro Portion ca.: 395 kcal

Zutaten für 4 Personen:
300 g Tunfischfilet
1 Limette, 2 violette Schalotten
1 Bund langblättriger Koriander
1 EL vietnamesische Fischsauce
Pfeffer
20–24 wilde Betelblätter
200 g runde Reisnudeln (bun)
2 EL Öl
Chili-Essig-Sauce (s. Seite 212)

Tunfisch in ca. 7 mm kleine Würfel schneiden. Limette
schälen, dabei auch die innere weiße Haut entfernen.
Limettenfilets zwischen den Häuten herausschneiden,
Kerne entfernen, Fruchtfleisch klein hacken. Schalotten
schälen und fein schneiden. Koriander waschen, trockenschütteln, eine Hälfte sehr grob hacken, die andere Hälfte
aufbewahren. Tunfisch, Limette und Koriander mit
1 EL Fischsauce mischen und mit frisch gemahlenem
Pfeffer kräftig würzen.

Betelblätter waschen, die Stiele entfernen. Je 1 EL Tun-
fisch-Tatar auf 1 Blatt setzen, fest zusammenrollen.

Reisnudeln 10 Min. in lauwarmes Wasser legen. Dann in
einem großen Topf Wasser zum Kochen bringen, Nudeln
darin 4 Min. (oder nach Packungsangabe) kochen. Sie
sollen weiß und noch etwas bissfest sein. Abgießen, kalt
abschrecken und abtropfen lassen.

Eine große, beschichtete Pfanne mit dem Öl erhitzen, die
Röllchen mit der Nahtseite nach unten hineinlegen und
10 Sek. braten, bis das Betelblatt sich zusammenzieht.
Wenden und noch einmal 10 Sek. braten. Mit Nudeln,
restlichem Koriander und Chili-Essig-Sauce servieren.

## TIPP

Tunfisch schmeckt am besten, wenn
er noch fast roh ist. Sie können die
Röllchen sogar ganz roh essen.

# Weitere Rezepte für Rollen

### Salatrollen mit Huhn - goi cuon thit ga

250 g Hähnchenbrustfilet längs halbieren, sodass
2 Schnitzel entstehen. In einer schweren Pfanne in 2 EL Öl
bei starker Hitze pro Seite 2–3 Min. braten. Mit Salz und
Pfeffer würzen, abkühlen lassen und in dünne Streifen
schneiden.
100 g runde Reisnudeln (bun) 10 Min. in lauwarmes
Wasser legen, dann in reichlich Wasser 4 Min. (oder nach
Packungsangabe) kochen, bis sie weiß und noch etwas
bissfest sind. Abschrecken und abtropfen lassen.
1/2 Sternfrucht in Streifen schneiden. Die Blättchen von
je 1 Bund Minze und Koriander abzupfen. Die Blätter von
1 kleinen Kopfsalat ablösen, große Blätter halbieren und
die Mittelrippen entfernen.
Auf jedes Blatt 1 Häufchen Nudeln legen, darauf Huhn,
Sternfrucht und Kräuter. Fest einrollen und mit Fisch-Dip
mit Reisessig (s. Seite 211) servieren.

### Frühlingsrollen Hanoi-Style – nem ran

3 EL Mu-Err-Pilze und 100 g Glasnudeln separat in lauwarmem Wasser 15 Min. einweichen. Abgießen, Pilze
ohne Stielansätze fein hacken. Glasnudeln mit einer Schere in 1-2 cm lange Stücke schneiden. Nudeln und Pilze
mit 300 g Schweinehackfleisch und 2 Eiern mischen und
mit je 1/2 TL Salz und Pfeffer würzen. Die Füllung ist
relativ feucht. 20–25 Reisblätter vorbereiten (s. Seite 91)
und einzeln ausbreiten. 1 EL Füllung an den Rand setzen
und eng zusammenrollen, sodass die Rolle 5–7 cm lang
und 2 cm dick ist. Im Wok in reichlich heißem Öl in 5–6
Min. frittieren. Mit Fisch-Dip mit Reisessig (s. Seite 211)
servieren.

Das Auge isst mit: Eine besondere Spezialität ist dieses Fisch-Fondue, das mit vielen verschiedenen Blüten wie Chrysanthemenknospen und Schnittlauchblüten serviert wird.

# Bunte Blüten
## Gesund und lecker

*Blumen spielen nicht nur in der traditionellen Medizin Vietnams eine große Rolle: Vietnamesische Köche lieben sie auch als geschmackvolle Zutat.*

Blumen verschönern in allen Ländern Haus und Garten, Tisch und Tafel. Aber nicht nur ihr Anblick ist ein Genuss: Erstaunlich viele Blüten haben verborgene Talente – sie sind essbar. Bei uns verwendet man sie eigentlich nur noch für medizinische Zwecke als Tees oder Auszüge. Anders in Vietnam: Dort werden Blüten häufig zum Kochen benutzt. Die Blüten von Pampelmusen oder Orangen zum Beispiel, deren süßer Duft im Frühjahr die Nächte parfümiert, werden in einer Essenz destilliert, die vielen Desserts oder süßen Getränken eine feine Nuance verleiht. Mit Lilienblüten aromatisiert man Fischgerichte und kann dabei von der leicht schmerzstillenden Wirkung dieser Blüten profitieren. Chrysanthemen kommen frisch oder getrocknet in die Suppe oder den vietnamesischen *Hot Pot*, eine Art Fondue. Man kann sie auch ähnlich wie Spinat zubereiten. Junge Blütenköpfchen werden manchmal in Fett ausgebacken. Roter Jasmin, der oft in Tempelgärten wächst, wird als Mittel gegen hohen Blutdruck geschätzt und als Tee getrunken. Lotussamen sollen beruhigend wirken. Man

kandiert sie, kocht sie in Sirup oder verwendet sie als Füllung für Huhn. Jasmin dient schon lange als aromatisierende Zutat für Tee und Bonbons. Weiße Rosen mit Zucker gedämpft ergeben einen Hustensaft, den auch Kinder gerne nehmen.

Sehr wichtig sind Bananenblüten: In dünne Streifen geschnitten kann man sie zu Salaten verarbeiten oder als Suppeneinlage verwenden. In Reisteig werden sie auch ausgebacken. Die leicht bitteren Blüten sind entschlackend und gut für die Leber. Auf dem Land essen die Bauern gerne frittierte Blüten von Netzgurken und Kürbissen. Bei Reisbauern sehr beliebt ist eine Suppe, die aus den Blüten einer streng riechenden Heilpflanze namens Cynanchum gekocht wird und Gicht mildern soll.

In Vietnam, Japan und China, wo man seit jeher Chrysanthemen verspeist, gibt es besonders schmackhafte Sorten, von denen die Blüten verwendet werden. Im heimischen Saatguthandel gibt es die Speise-Chrysantheme unter dem Sortennamen »Chop Suey«.

Sogar Lotusblüten ( Bild oben) sind Speisezutat. Doch am häufigsten kommen in der vietnamesischen Küche Bananenblüten zum Einsatz: Für diesen Salat werden sie in dünne Streifen geschnitten.

# Bananenblütensalat mit Aal

*goi luon bap chuoi*

Zubereitungszeit: 45 Min.
Marinierzeit: 30 Min.
Pro Portion ca.: 735 kcal

Zutaten für 4 Personen:
1–2 Bananenblüten (ca. 800 g)
6 EL Essig
2 Mandarinen (ca. 75 g)
1/2 Limette, 1 milde Chilischote
40 g Zucker
4 EL geröstete Erdnüsse
(s. Seite 213)
1 Bund Koriandergrün
200 g Aalfilet
Salz, Pfeffer
1 EL Speisestärke
200 ml Öl von knusprigen Schalotten
(s. Seite 213)
knusprige Schalotten von 10 Schalotten (s. Seite 213)
Zum Anrichten:
Fisch-Dip (s. Seite 211) mit 3 EL Wasser

Die äußeren, zähen Blätter der Blüten entfernen. Das helle Blütenherz vierteln und in sehr feine Streifen schneiden. In einer Schüssel mit 1 l Wasser und dem Essig 30 Min. ziehen lassen.

Mandarinen und Limette auspressen. Chili fein schneiden, mit Saft und Zucker mischen. Erdnüsse grob hacken. Koriander waschen, trockenschütteln und abzupfen.

Aalfilet mit Salz und Pfeffer würzen, in der Stärke wenden und im Schalottenöl bei schwacher Hitze in 10 Min. kross braten. Kurz abkühlen lassen und in dünne Scheiben schneiden. Bananenblüten abgießen, abspülen und gut abtropfen lassen. Blüten mit Sauce mischen und mit Aal, Schalotten, Erdnüssen und Koriander anrichten. Mit Fisch-Dip servieren.

## Varianten
Statt Fisch wird für den Salat oft auch Hähnchen- oder Entenbrustfilet verwendet; auch dünne Streifen getrockneter Rinderrücken (s. Seite 92, Variante) passen sehr gut dazu.

## Algensalat

nam rau cau

Zubereitungszeit: 40 Min.
Pro Portion ca.: 240 kcal

Zutaten für 4 Personen:
1 Päckchen getrocknete weiße Algen
2 Eier, 2 EL Reiswein
Salz, Pfeffer, 1 EL Öl
1 Hähnchenbrustfilet (ca. 200 g)
1 Stück Ingwer (5 cm)
1 Peperoni
3 El vietnamesische Fischsauce
2 TL Zucker, 3 EL Zitronensaft
1/2 Bund Koriandergrün
1/2 Bund milde vietnamesische Minze
2 EL geschälte Erdnüsse
2 EL Sesamsamen
Außerdem:
1 Bambusdämpfkorb

Der Algensalat ist ein altes Familienrezept aus Hanoi. Oft wird er mit schmalen Streifen vietnamesischer Mortadella (s. Seite 25) zubereitet. Sie können auch andere Algenarten verwenden, z. B. die japanischen Wakame-Algen.

Algen in kaltem Wasser 30 Min. einweichen. Eier mit Reiswein, 1 Prise Salz und Pfeffer verquirlen. In einer beschichteten Pfanne in heißem Öl 2 dünne Omelettes backen. Auf einem Teller abkühlen lassen, zusammenrollen und in Streifen schneiden. Hähnchenbrust 15 Min. dämpfen (s. Seite 217) oder in Salzwasser kochen.

Ingwer in dicke Scheiben schneiden, im Mörser leicht quetschen und mit 1 l Wasser zum Kochen bringen. Die Algen darin 20 Sek. kochen, abgießen und kurz kalt abschrecken, Ingwer entfernen.

Fleisch in dünne Scheiben schneiden und mit Algen und Omelettestreifen mischen. Peperoni längs halbieren, entkernen und fein schneiden. Mit Fischsauce, Zucker und Zitronensaft verquirlen und über den Salat geben.

Die Kräuter waschen, trockenschütteln, die Blättchen abzupfen. Erdnüsse und Sesam in einer Pfanne ohne Fett rösten, bis sie duften und grob hacken. Mit den Kräutern über den Salat streuen.

## Tafelspitz in Zitrussauce

bo xao

Zubereitungszeit: 15 Min.
Garzeit: 45 Min.
Pro Portion ca.: 245 kcal

Zutaten für 4 Personen:
1 Zwiebel, 2 Knoblauchzehen
1 Stück Ingwer (5 cm)
1 schwarze Kardamomkapsel
1 Anisstern, Salz
600 g Tafelspitz vom Jungrind oder Kalb
Für die Sauce:
2 Limetten
4 Kaffir-Limettenblätter
2 Stängel Zitronengras, 1 rote Peperoni
1 El Zucker, Salz
2 EL Sesamsamen, 2 EL Öl

Zwiebel und Knoblauch ungeschält halbieren, Ingwer in dicke Scheiben schneiden. Kardamom im Mörser quetschen, die Schale entfernen. Mit Anis und 1 TL Salz in 1 l Wasser zum Kochen bringen. Den Tafelspitz darin 40–45 Min. köcheln lassen. Das Fleisch soll am Ende noch leicht rosa sein. Herausnehmen und kurz ruhen lassen. Die Brühe anderweitig verwenden.

Für die Sauce Limetten waschen, 1 Limette auspressen. Limettenblätter waschen, in feine Streifen schneiden, am besten mit einer scharfen Schere. Zitronengras schälen, längs vierteln und fein schneiden. Peperoni in Ringe schneiden. Alles im Mörser mit Zucker und 1/2 TL Salz zu einer Paste zerkleinern. Die zweite Limette in dünne Scheiben schneiden. Sesam in einer Pfanne im Öl rösten, bis die Körner duften. Heiß in die Sauce geben.

Rindfleisch in möglichst dünne Scheiben schneiden, große Scheiben halbieren oder dritteln. Mit den Limettenscheiben auf Teller verteilen, mit der Sauce begießen.

# Gefüllte Shiitake-Pilze

oc nhoi thit

Zubereitungszeit: 30 Min.
Pro Portion ca.: 105 kcal

Zutaten für 4 Personen:
100 g vietnamesische Schnecken (gegart und ausgelöst, TK im Asienladen)
2 Stängel Zitronengras
4 violette Schalotten
150 g Hackfleisch vom Schwein
1 Eigelb, Salz, Pfeffer
20 große frische Shiitake-Pilze
100 g frischer Blattspinat
Ingwer-Limetten-Sauce (s. Seite 211)
Außerdem:
1 Bambusdämpfkorb von mindestens 24 cm Ø

Schnecken auftauen und abtropfen lassen, fein hacken. Zitronengras schälen, längs vierteln und sehr fein schneiden. Schalotten schälen und hacken. Alles mit Hackfleisch und Eigelb mischen, die Masse mit Salz und Pfeffer würzen.

Die Stiele der Shiitake-Pilze abschneiden. Spinat waschen, dicke Stiele entfernen. In einem zum Dämpfkorb passenden Topf etwas Wasser zum Kochen bringen. Den Dämpfkorb mit Spinatblättern auslegen. Pilzkappen mit der Schneckenmasse füllen und in den Korb setzen. 7–8 Min. dämpfen (s. Seite 217) und mit Ingwer-Limetten-Sauce servieren.

## Varianten

Die Masse wird manchmal auch krümelig gebraten und mit eingelegten Sojasprossen (s. Seite 117) und fein geschnittenen Scheiben von grüner Sternfrucht angerichtet.
Auch die scharfe Zitronengras-Soja-Sauce (s. Seite 212) passt dazu.

# Tofu-Bohnen-Salat

dau hu chien voi trung

Zubereitungszeit: 20 Min.
Pro Portion ca.: 245 kcal

Zutaten für 4 Personen:
200 g Tofu, 2–3 EL Öl
400 g grüne Bohnen, Salz
4 Eier
Für die Sauce:
1 Knoblauchzehe, 1 TL Zucker
1 Peperoni
1 kleine Zwiebel
3 Frühlingszwiebeln
2 EL Reisessig
2 EL vietnamesische Fischsauce
schwarzer Pfeffer
4 Stängel Reiskraut oder Koriandergrün

Besonders gut schmeckt der Tofu-Bohnen-Salat, wenn Sie eingelegte Chilis (s. Seite 117) statt der Peperoni verwenden.

Tofu quer in 2 große Scheiben schneiden. In einer beschichteten Pfanne das Öl erhitzen und den Tofu von beiden Seiten je 2–3 Min. goldbraun braten. Auf Küchenpapier abtropfen lassen, in dünne Scheiben schneiden.

Die Bohnen putzen, schräg halbieren und in Salzwasser 5–7 Min. bissfest kochen, abgießen und kurz kalt abschrecken. Die Eier hart kochen, abschrecken, schälen und halbieren oder vierteln.

Für die Sauce Knoblauch schälen und mit Zucker im Mörser zerstoßen. Peperoni in feine Ringe schneiden. Zwiebel schälen, halbieren und in feine Streifen schneiden. Frühlingszwiebeln waschen, putzen und in Ringe schneiden.

Knoblauch mit Essig und Fischsauce mischen, vorbereitete Zutaten zugeben und mit etwas Pfeffer abschmecken. Bohnen und Tofu mit der Sauce mischen. Die Eier auf dem Salat verteilen und mit Reiskraut dekorieren.

Folgen Sie diesem Schild: Wer als Reisender in Vietnam Hunger hat, sollte sich zuerst das Wort *pho* merken – es heißt Reisnudelsuppe und ist an den Tausenden Suppenküchen im Land zu lesen.

# Nudelsuppe *pho bo*
## Ganz Vietnam in einer Schüssel

*»Einen Tag und eine Nacht verbringst du, um eine kleine Schale dieser Hanoi-Suppe vorzubereiten. Einen Tag und eine Nacht bist du aber vom Treiben der Welt abgesondert, und der würzige Duft, den du atmest, erzählt dir das Geheimnis der Natur. In aller Stille klingt durch diesen Tag und diese Nacht die Fülle deiner Zeit.«*

*(Tien Huu)*

Ob Schüler, Angestellte oder Marktfrauen – alle Vietnamesen essen ständig *pho bo*, meistens in den Garküchen auf den Straßen. Diese Nudelsuppe ist Vietnams Nationalgericht.

Eine gute *pho bo* verlangt bei der Zubereitung viel Zeit und viele Zutaten. Sehr wichtig: Vor dem Anrichten müssen die Nudeln heiß und die Brühe kochend sein, da manche Zutaten wie das Rinderfilet erst durch die Hitze der Suppe gegart wird. Eine kühle oder kalte *pho*-Suppe gilt als verdorben. Man nennt die Suppe auf Vietnamesisch auch *pho tai*, das bedeutet »halbgekochte Suppe« oder »24-Stunden-Suppe«, denn die Brühe sollte ursprünglich einen Tag und eine Nacht lang kochen. Das Geheimnis jeder *pho* ist außerdem die Würzmischung, die jeder Suppenkoch anders zusammenstellt.

Bevor die Franzosen das Land kolonialisierten, wurde in Vietnam nur Schweinefleisch, Huhn und Meeresfrüchte gegessen, kein Rindfleisch. Von den Franzosen schließlich übernahmen immer mehr Vietnamesen – anfangs vor allem aus der höheren Schicht – die Vorliebe für

»bœuf«. Rotes Fleisch wurde Teil des vietnamesischen Speiseplans. Wie genau die Einführung von Rindfleisch zur *pho bo* führte, ist unklar. Zuerst kam sie auf jeden Fall in Hanoi auf den Tisch, weshalb sie manchmal auch Hanoi-Suppe genannt wird. Für einige Gelehrte steht diese Suppe stellvertretend für die Geschichte Vietnams, in der ebenfalls chinesische und französische Einflüsse miteinander verschmolzen. Das Rindfleisch und die Idee, seine Knochen für die Brühe zu verwenden, sei den Franzosen zuzuschreiben, so die Wissenschaftler, chinesisch seien dagegen Nudeln und Ingwer.

### Spuren der Geschichte

Ungeachtet der Frage nach dem Ursprung fügten die Vietnamesen dem Gericht sehr schnell ihre eigenen Ideen zu. Und das war natürlich zuallererst einmal die Fischsauce *nuoc mam* – d i e vietnamesische Zutat. Die Liebe für *pho bo* breitete sich schließlich von Nordvietnam in den Süden aus, als das Land 1954 zweigeteilt wurde: Viele Menschen aus dem Norden flüchteten vor den

Nicht ohne meine Suppe: Es vergeht wohl selten ein Tag, an dem ein Vietnamese nicht wenigstens zu einer Mahlzeit *pho* isst – am liebsten außer Haus, denn in allen Suppenrestaurants ist das Nationalgericht gut und preiswert.

Kommunisten in den Süden und nahmen ihr Nudelsuppenrezept dorthin mit. Wieder wurde die Suppe modifiziert. In Südvietnam serviert man *pho bo* mit mehr Fleisch und mehr Nudeln. Und die Südvietnamesen begannen schnell, die Suppe gemäß ihrer geschmacklichen Vorlieben mit Sojasprossen, Kräutern wie *rau ngo* und Basilikum, Limettenschnitzen, frischen Chilis und Chilissauce zu ergänzen.

In Vietnam isst man *pho bo* vor allem außer Haus. Natürlich kann sie auch zu Hause zubereitet werden, aber die meisten Menschen lieben das Ritual, in eine lärmende Suppenküche zu gehen. Hier können sie ihre Suppe schlürfen, während sie mit ihren Tischnachbarn plaudern.

## Die Kunst, pho bo zu essen

Essen Sie Ihre *pho* kochend heiß. Wenn die Suppe abkühlt, weichen die Nudeln auf und das Essen schmeckt fad. Manch echter *pho*-Gourmet hebt sich die Tischgespräche deshalb auch bis nach dem Essen auf! Fügen Sie zuerst Sojasprossen, Chilis oder Chilissauce und etwas Limetten-saft hinzu. Erst während des Essens werden nach und nach die Kräuter über die Suppe gestreut – immer nur so viel, wie Sie gerade essen. Nicht alle Kräuter auf einmal in die Suppe werfen, sonst kühlt die Brühe zu schnell ab und die Kräuter verlieren ihren frischen Geschmack. Nun alles vorsichtig unter die Nudeln rühren und mit dem Löffel in der einen Hand und Stäbchen in der anderen abwechselnd die Nudeln essen und die Brühe schlürfen.

Meistens wird reichlich Brühe serviert, damit die Nudeln schön heiß bleiben. Sie müssen die Brühe nicht ganz aufessen. Wenn Sie natürlich Lust dazu haben, sieht man es auch nicht als unhöflich an, wenn Sie die Brühe bis zum letzten Tropfen aus der Suppenschale trinken.

**24 Stunden** *muss die pho bo nicht mehr kochen – wie bei jeder Brühe erreicht der Geschmack seinen Gipfel, wenn das Suppenfleisch vollständig weich gegart ist, danach nimmt das Aroma wieder ab. Bei Rinderbrühe beträgt die optimale Garzeit etwa 3 Stunden und kann je nach Fleischqualität um 1 Stunde variieren.*

# Reisnudelsuppe mit Rindfleisch

pho bo

Zubereitungszeit: 1 Std.
Garzeit: 3 Std.
Bei 8 Personen pro Portion ca.: 295 kcal

Zutaten für 6–8 Personen:
Für die Brühe:
1 Zwiebel
100 g Ingwer
1 kg Rinderknochen, 500 g Rinderbrust
5 Anissterne, 5 Gewürznelken
1/2 Zimtstange
5 EL vietnamesische Fischsauce, Salz
Für die Einlage:
250 g schmale Reisbandnudeln (banh pho)
150 g Rinderrücken oder -filet ohne Fett und Sehnen
Zum Anrichten:
3 Frühlingszwiebeln
100 g Sojasprossen
1 Bund langblättriger Koriander
1 Bund Koriandergrün
1 Bund asiatisches Basilikum
2–3 Chilischoten
1 Limette
schwarze Pfefferkörner

Für die Brühe Zwiebel ungeschält halbieren und in einem großen Topf mit der Schnittfläche nach unten 10 Min. rösten, bis die Zwiebelunterseite schwarz ist. Ingwer mit einem Fleischklopfer leicht quetschen, in den Topf geben. Knochen und Rindfleisch zugeben, mit 3 l Wasser aufgießen und zum Kochen bringen. Sobald die Brühe einmal kräftig gekocht hat, die Hitze reduzieren und 2 Std. köcheln lassen. Immer wieder den aufsteigenden Schaum abschöpfen.

Rindfleisch herausnehmen und zugedeckt abkühlen lassen. Anis, Nelken, Zimt, Fischsauce und Salz in die Brühe geben, noch 1 Std. garen. Dann vorsichtig durch ein Tuch in einen zweiten Topf gießen und zurück auf den Herd stellen. Gegartes Rindfleisch mit einem scharfen Messer oder einer Aufschnittmaschine in hauchdünne Scheiben, diese in breite Streifen schneiden.

Gleichzeitig für die Einlage Nudeln 30 Min. in kaltem Wasser einweichen. Rinderrücken quer zur Faser in sehr dünne Scheiben schneiden, das geht am besten, wenn Sie das Fleisch im Tiefkühlfach leicht anfrieren.

Für die Garnitur Zwiebeln, Sprossen und Kräuter waschen und putzen. Zwiebeln in dünne Ringe schneiden. Die Kräuterblätter abzupfen. Chilis in dünne Ringe schneiden, Limette achteln, etwas Pfeffer mahlen. Alle Zutaten in einzelnen Schüsselchen anrichten.

Nudeln nach Packungsangabe kochen und abgießen. (Sie können die Nudeln auch vorkochen und bei Bedarf nur noch einmal kurz mit einem großen Sieblöffel in heißes Wasser halten.) Nudeln mit je einigen Scheiben gekochtem und rohem Rindfleisch in große – am besten vorgewärmte – Suppenschalen (1/2 l Fassungsvermögen, damit die Suppe nicht zu schnell auskühlt) geben, mit heißer Brühe begießen und servieren.

Jeder Gast gibt nun nach Belieben Zwiebeln, Kräuter, Limettensaft, Chilis oder Sojasprossen auf die Suppe. Fleisch, Nudeln und Garnitur werden mit Stäbchen gegessen, die Brühe gelöffelt oder am Ende sogar geschlürft.

## TIPP

Heute gibt es in manchen Asienläden fertige Gewürzmischungen für die *Pho*-Brühe.

**Die Reisblumensuppe** hat ihren poetischen Namen von der Form der Reiskörner, wenn sie sich öffnen. Diese preiswerte Suppe ist kräftigend und wärmend.

**Wan Tan-Suppe,** *eine feine Alternative: Das Fleisch von 200 g Riesengarnelen mit den Blättchen von 1 Bund Koriandergrün hacken, alles mit 1 EL Fischsauce vermengen. Auf 12 aufgetaute Wan Tan-Nudelblätter je 1 TL Garnelenmasse setzen, die Ränder der Blätter darüber zusammendrücken. Wan Tans in einem leicht geölten Dämpfkorb über kochender Brühe 10 Min. dämpfen (s. Seite 217). Mit anderen Einlagen, z. B. hart gekochten Eiern und Schnittlauch in Suppenschalen verteilen, mit Brühe aufgießen und mit Chili-Essig-Sauce servieren.*

# Nudelsuppe mit Muscheln

sup bun so

Zubereitungszeit: 40 Min.
Pro Portion ca.: 255 kcal

Zutaten für 4 Personen:
200 g runde Reisnudeln (bun)
500 g küchenfertige Miesmuscheln
3 Tomaten, 1 Bund Frühlingszwiebeln
1 Bund Rotes Perillakraut oder Koriandergrün
1/2 Sternfrucht
2 EL Öl, Salz, Pfeffer
1 TL Chilisauce, 1–2 TL Krabbensauce
Zum Anrichten:
1 kleiner Kopfsalat
50 g Sojasprossen, 200 g Gurke
1 Bund gemischte vietnamesische Kräuter

Nudeln 10 Min. in lauwarmes Wasser legen. 1 1/2 l Wasser zum Kochen bringen. Muscheln verlesen, geöffnete wegwerfen. Die Muscheln ca. 5 Min. kochen, bis sie sich geöffnet haben. Die Brühe durch ein feines Sieb in einen zweiten Topf gießen. Geschlossene Muscheln wegwerfen, restliche aus den Schalen lösen, beiseite stellen.

Nudeln in reichlich kochendem Wasser 8–10 Min. (oder nach Packungsangabe) kochen. Sie sollen weiß und noch etwas bissfest sein. Abgießen, kalt abschrecken und abtropfen lassen.

Tomaten, Zwiebeln, Perillakraut und Sternfrucht waschen. Tomaten würfeln. Zwiebeln putzen und in Ringe schneiden. Perillakraut fein schneiden. Tomaten im Öl 4–5 Min. bei schwacher Hitze dünsten. In die Brühe geben, aufkochen lassen und mit Salz, Pfeffer, Chili- und Krabbensauce abschmecken. Sternfrucht in dünne Scheiben, diese in Streifen schneiden, in die Suppe geben.

Zutaten zum Anrichten waschen und putzen, gut abtropfen lassen. Gurke in Scheiben schneiden, alles anrichten.

Nudeln, Muscheln, Zwiebeln und Perillakraut in Suppenschalen verteilen, mit der kochenden Suppe aufgießen.

# Reisblumensuppe mit Huhn

chao ga

Zubereitungszeit: 15 Min.
Garzeit: 50 Min.
Pro Portion ca.: 405 kcal

Zutaten für 4 Personen:
750 g Hähnchenkeulen (oder Entenkeulen)
Salz, 2 Knoblauchzehen
100 g Jasminreis (Duftreis)
2 EL Öl
1 Stück Ingwer (5 cm)
1/2 Bund chinesischer Schnittlauch oder Frühlingszwiebeln
1 Bund Dill oder Koriandergrün
1–2 EL vietnamesische Fischsauce
Pfeffer

Hähnchenkeulen (Entenkeulen häuten) mit 1/2 TL Salz und 2 l Wasser in einem mittelgroßen Topf zum Kochen bringen. Den aufsteigenden Schaum immer wieder abschöpfen.

Knoblauch schälen und in Scheiben schneiden. Den Reis unter Rühren in einem kleinen Topf 3–4 Min. rösten, bis er glasig wird und duftet, Öl und Knoblauch kurz mitrösten. Reis in die Brühe geben und bei schwacher Hitze 30 Min. garen.

Inzwischen Ingwer schälen und fein reiben oder hacken. Schnittlauch und Dill waschen, Schnittlauch schräg in Stücke schneiden. Den Dill sehr grob hacken.

Hähnchenkeulen (Entenkeulen bis zum Schluss drinlassen) aus der Brühe nehmen und etwas abkühlen lassen. Den Reis noch 20 Min. weiter köcheln lassen, bis sich die Körner zu »Reisblumen« geöffnet haben. In den letzten 5 Min. den Ingwer zugeben.

Die Haut von den Hähnchenkeulen abziehen, das Fleisch vom Knochen lösen und klein schneiden.

Reisblumensuppe mit Fischsauce und Pfeffer abschmecken, in Schälchen verteilen und mit Fleisch und Kräutern garnieren.

# Diese Hühnersuppe *hatte in Hanoi früher eine besondere Bedeutung: Zukünftige Schwiegermütter ließen junge Bräute die Suppe zubereiten. So wollten sie feststellen, ob die Auserwählten der Söhne auch gut genug kochten, um Ehefrau sein zu können.*

## Hanoier Hochzeitssuppe

bun thang

Zubereitungszeit: 1 Std.
Pro Portion ca.: 325 kcal

Zutaten für 4 Personen:
2 Hähnchenbrustfilets (je ca. 200 g)
1 Zwiebel
1 EL getrocknete Garnelen
2 EL vietnamesische Fischsauce
Salz, Pfeffer
4 Frühlingszwiebeln
1 Stück junger Ingwer (5 cm)
1 Ei
1 EL Reiswein, Salz, 2 EL Öl
100 g runde Reisnudeln (bun)
100 g geschälte Riesengarnelen
1/2 Bund Koriandergrün

Zum Anrichten:
1/2 Bund Polygonum
1 EL Garnelenpaste oder -sauce
1 EL Chili-Essig-Sauce (s. Seite 212)

Hähnchenfleisch in 1 1/2 l Wasser zum Kochen bringen. Die Zwiebel ungeschält halbieren und mit den getrockneten Garnelen in die Brühe geben, 30 Min. kochen lassen. Fleisch herausnehmen, abkühlen lassen und in dünne Scheiben schneiden. Brühe durch ein feines Sieb gießen und mit Fischsauce, Salz und Pfeffer abschmecken.

Frühlingszwiebeln waschen, putzen und fein schneiden. Ingwer schälen und fein hacken.

Ei mit Reiswein und 1 Prise Salz verquirlen. In einer beschichteten Pfanne daraus in 1 EL Öl 1 dünnes Omelette backen. Auf einem Teller abkühlen lassen, zusammenrollen und in Streifen schneiden.

Nudeln 10 Min. in lauwarmes Wasser legen. Reichlich Wasser zum Kochen bringen, Nudeln hineingeben, darin 4 Min. (oder nach Packungsangabe) kochen. Die Nudeln sollen weiß und noch etwas bissfest sein. Abgießen, kalt abschrecken und abtropfen lassen.

Garnelen längs halbieren, den Darm entfernen, Garnelenschwänze grob hacken. Koriander waschen, trockenschütteln, die Blättchen hacken, mit den Garnelen mischen. 1 EL Öl erhitzen, Garnelenhack darin unter Rühren 1 Min. braten.

Polygonum waschen, trockenschütteln, die Blättchen abzupfen. Nudeln in die Suppenschalen verteilen. In je ein Viertel der Schale eine Zutat häufen: Omelett, Hähnchenfleisch, Frühlingszwiebeln gemischt mit Ingwer und zuletzt die Koriander-Garnelen. Mit einigen Tropfen Garnelenpaste und Chili-Essig-Sauce beträufeln und mit heißer Brühe auffüllen. Mit Polygonum bestreut servieren.

### Variante: Gesalzene Eier als Einlage

Die vier Hauptzutaten für die »4 Himmelsrichtungen-Suppe« können variieren, besonders beliebt sind gesalzene Enteneier.
Kleine Hühnereier können Sie selber einlegen: 10 Eier mit 200 g Salz und 1 1/2 l Wasser zum Kochen bringen, 2 Min. kochen und mit dem Sud in 2 große Einmachgläser füllen. Eventuell mit einem flachen Stein vorsichtig beschweren, damit die Eier vollständig von der Flüssigkeit bedeckt sind. Gläser und Stein vorher heiß waschen. In einen dunklen Raum stellen und je nach Größe der Eier ca. 1 Monat stehen lassen. Zum Gebrauch Eier in klarem Wasser in 6–8 Min. hart kochen, schälen und für die Suppe vierteln.

Wenn von den Sojasprossen etwas
übrig bleibt: Mit Fisch-Dip (s. Seite 211) können Sie
sie auch als Salat servieren.

**Gemüse und Reis** sind Hauptnahrungsmittel der Vietnamesen. Seit der
französischen Kolonialzeit werden die meisten europäischen Gemüsesorten auch in Vietnam
angebaut. In den milden Hochebenen um Dalat gedeihen viele der hitzeempfindlichen
Sorten, sogar Erdbeeren und Spargel wachsen hier.

# Sojasprossen aus dem Wok

gia xao

Zubereitungszeit: 15 Min.
Pro Portion ca.: 115 kcal

Zutaten für 4 Personen:
400 g Sojasprossen
1 Bund chinesischer Schnittlauch oder Frühlingszwiebeln
5 violette Schalotten
2 EL Öl
2 EL vietnamesische Fischsauce
Salz, Pfeffer

Sojasprossen waschen und verlesen, auf ein Sieb gießen. Schnittlauch waschen und in 2–3 cm lange Stücke schneiden. Schalotten schälen und in feine Scheiben schneiden.

Öl im Wok erhitzen, Sprossen, Schnittlauch und Schalotten zugeben und unter ständigem Rühren 3–4 Min. garen.

Mit Fischsauce, Salz und Pfeffer abschmecken und servieren.

## Variante
Schwenken Sie 200 g gebratenen und in Streifen geschnittenen Tofu unter die Sojasprossen – mit Reis und Fisch-Dip (s. Seite 211) oder Ihrem Lieblings-Dip serviert, ist das ein sehr schnelles und gesundes vegetarisches Gericht.

# Gebratenes Gemüse

rau xao chay

Zubereitungszeit: 15 Min.
Pro Portion ca.: 115 kcal

Zutaten für 4 Personen:
100 g Möhren, 100 g Babymais
250 g kleiner Pak Choi oder Chinakohl
2 Zwiebeln
1 Tomate, 2 EL Öl, 1 EL Reisessig
2–3 EL vietnamesische Fischsauce
Salz, schwarzer Pfeffer
1 Bund Koriandergrün

Möhren schälen und mit einem scharfen Messer in dünne Scheiben schneiden – authentisch werden die Scheiben, wenn Sie die Möhren in einer Hand halten und sie mit dem Messer in der anderen Hand vom Körper weg schneiden, als ob Sie einen Bleistift spitzen würden.

Mais längs halbieren. Pak Choi waschen, putzen und je nach Größe halbieren oder vierteln. Oder Chinakohl waschen und in breite Streifen schneiden. Zwiebeln schälen, längs halbieren und in Spalten schneiden. Tomate waschen und ohne den Stielansatz grob würfeln.

Öl im Wok erhitzen, das Gemüse darin unter Rühren 4–5 Min. garen. Mit Essig ablöschen und mit Fischsauce, Salz und Pfeffer abschmecken. Koriander waschen und grob hacken, auf das Gemüse geben.

## Varianten:
Sie können fast alle Gemüsesorten auf diese Weise zubereiten. Gemüse mit längerer Garzeit müssen Sie vor dem Braten entweder sehr fein schneiden oder in Salzwasser halbgar kochen. Mit Reis und Ihrem Lieblings-Dip wird es zu einem Hauptgericht.
An buddhistischen Feiertagen wird die Fischsauce oft durch Sojasauce ersetzt, damit das Gericht streng vegetarisch bleibt.

# Geschwenkte Zucchiniblüten

rau bi xao toi

Zubereitungszeit: 10 Min.
Pro Portion ca.: 85 kcal

Zutaten für 4 Personen
(als kleine Beilage):
16 kleine Zucchini mit Blüten
4 Knoblauchzehen
2 EL Öl
2 EL Limettensaft
1 El vietnamesische Fischsauce
Salz, Pfeffer

Zucchiniblüten von den Früchten trennen, die Blütenstempel entfernen, Blüten in breite Streifen schneiden. Zucchini schräg in möglichst lange dünne Scheiben schneiden. Knoblauch mit der Schale leicht quetschen, am besten geht das mit der Breitseite eines großen Messers oder eines Küchenbeils.

Öl im Wok erhitzen, Zucchinistreifen und Knoblauch darin unter Rühren 1 Min. braten. Zucchiniblüten zugeben, 1 Min. braten, mit Limettensaft und Fischsauce ablöschen, mit Salz und Pfeffer würzen. Vom Herd nehmen.

## TIPP

In Hanoi werden vor allem junge Kürbisranken mit den ersten Blättern und Blüten verwendet. Die dickeren Stiele schälen, schräg in 5 cm lange Stücke schneiden. Falls Sie Zucchini oder Kürbisse im Garten haben, sollten Sie das einmal ausprobieren.

# Nudeln mit Kürbisblüten

mi yao Hai Phong

Zubereitungszeit: 30 Min.
Pro Portion ca.: 425 kcal

Zutaten für 4 Personen:
400 g breite Reisbandnudeln (banh pho)
200 g rohe geschälte Riesengarnelen
(6–8 Stück)
2 EL vietnamesische Fischsauce
1 EL Limettensaft
12 Kürbis- oder Zucchiniblüten
1 Knoblauchzehe
1 Ei, Salz, Pfeffer
knusprige Schalotten und -öl
(s. Seite 213)
1/2 Bund asiatisches Basilikum

Nudeln in einem großen Topf mit Salzwasser nach Packungsangabe garen, abgießen und kalt abschrecken.

Garnelen längs halbieren, die dunklen Därme entfernen. Garnelen mit Fischsauce und Limettensaft marinieren. Die Stempel der Kürbisblüten entfernen, die Blüten längs vierteln. Knoblauch schälen und fein schneiden.

Das Ei aufschlagen, mit Salz, Pfeffer und 1 EL Wasser verquirlen. Schalottenöl in einer großen beschichteten Pfanne erhitzen, Garnelen, Kürbisblüten und Knoblauch darin 2 Min. braten, die Nudeln zugeben und 1 Min. weiterbraten, dabei immer wieder schwenken oder vorsichtig umrühren.

Die Pfanne vom Herd nehmen, das Ei unter die heißen Nudeln rühren, abschmecken und auf Teller verteilen, mit Basilikum und den knusprigen Schalotten garnieren.

Für das Rezept Nudeln mit Kürbisblüten bedanken wir uns bei Didier Corlou, dem Chefkoch des berühmten Sofitel Metropole Hotel in Hanoi. Er bereitet es mit roten Reisnudeln zu.

# Gebratene Nudeln mit Huhn

pho xao ga

Zubereitungszeit: 50 Min.
Pro Portion ca.: 625 kcal

Zutaten für 4 Personen:
400 g breite Reisbandnudeln (banh pho)
200 g Hähnchenbrustfilet
1 TL Speisestärke
2 EL vietnamesische Fischsauce
4 EL Cashewkerne
500 g Brokkoli, 100 g Staudensellerie
1/2 Bund chinesischer Schnittlauch oder
Frühlingszwiebeln
1/2 Bund Koriandergrün
3 Zwiebeln, 2 Knoblauchzehen
3 EL Öl, 2 EL Sesamöl
4 EL schwarze fermentierte Bohnen
125 ml Brühe
Süßer Soja-Dip mit Ingwer (s. Seite 212)

Nudeln 30 Min. in kaltem Wasser einweichen. Hähnchen in dünne Scheiben schneiden, mit Stärke und Fischsauce mischen. Cashews in einer trockenen Pfanne leicht rösten.

Brokkoli, Sellerie und Kräuter waschen. Brokkoli-Röschen eventuell halbieren, Stiele schälen. Sellerie putzen und schräg in dünne Scheiben schneiden. Kräuter in 2 cm lange Stücke schneiden. Zwiebeln und Knoblauch schälen und in Streifen schneiden, bzw. hacken. Nüsse grob hacken.

Nudeln in kochendem Wasser (nach Angabe) sehr kurz kochen, mit einem Schaumlöffel herausnehmen, abschrecken. Brokkoli im Nudelwasser 2 Min. kochen.

2 EL Öl und 1 EL Sesamöl in einer großen beschichteten Pfanne erhitzen, Nudeln darin 3–4 Min. braten, warm stellen. Pfanne mit Küchenpapier auswischen.

Restliches Öl erhitzen. Zwiebeln 2 Min. anbraten, Sellerie, Hähnchenbrust und Bohnen unter Rühren 2 Min. mitbraten. Brühe und

Brokkoli zugeben. Zum Kochen bringen, Nudeln und Schnittlauch unterheben, erhitzen und mit Nüssen und Koriander bestreuen. Mit Soja-Dip servieren.

# Glasnudeln mit Wolfsbarsch

mien xao ca

Zubereitungszeit: 50 Min.
Pro Portion ca.: 440 kcal

Zutaten für 4 Personen:
250 g Glasnudeln, 2 EL Mu-Err-Pilze
250 g Wolfsbarschfilet, geschuppt, mit
Haut (von 1 ganzen Fisch mit ca. 400 g)
100 g Sojasprossen, 1/2 Bund Polygonum
1 Bund chinesischer Schnittlauch oder
Frühlingszwiebeln
1 Limette, 6 EL Öl, Salz
3 EL vietnamesische Fischsauce, Pfeffer
Chili-Essig-Sauce (s. Seite 212)

Glasnudeln und Pilze separat in lauwarmem Wasser 30 Min. einweichen.

Fisch waschen und trockentupfen, mit einem scharfen Messer so von der Haut lösen, dass 3–4 mm Fleisch an der Haut bleiben. Fisch und Haut getrennt in Streifen schneiden. Sprossen und Kräuter waschen. Die Sprossen verlesen, die Blättchen vom Polygonum abzupfen, den Schnittlauch fein schneiden. Limette waschen und achteln. Glasnudeln in 15 cm lange Stücke schneiden und abgießen. Die Pilz-Hüte in feine Streifen schneiden.

Fischhaut im Wok in 3 El Öl knusprig braten, auf ein Sieb gießen und leicht salzen. Restliches Öl erhitzen, Pilze und Fischstreifen zugeben und bei starker Hitze 2 Min. unter Rühren braten. Glasnudeln 2 Min. mitbraten. Kräuter, Sprossen, Fischhaut und Fischsauce dazugeben, vorsichtig mischen. Mit Pfeffer abschmecken, mit Chili-Essig-Sauce und Limettenstücken servieren.

Wie bei fast allen gebratenen Nudelgerichten werden auch hier die Nudeln im Öl geschwenkt, aber nicht gebräunt. Entscheidend ist es bei beiden Rezepten, zum Schluss die richtige Menge Brühe zuzugeben, sodass die Nudeln saftig, aber nicht nass sind. Die Flüssigkeitsmenge kann mit der Nudelsorte leicht variieren.

Senfkohl – auf Vietnamesisch *am choi* – ist im Vergleich zu Pak Choi, der im Westen wohl bekanntesten Kohlsorte Asiens, weniger berühmt, aber genauso schmackhaft.

»Ist der Reis noch nicht ganz gar gekocht, dann brate ihn eben. Hauptsache ist, dass du dein fröhliches Gesicht auf der Straße behältst« – dieses von Tien Huu übersetzte Sprichwort zeigt, dass gebratener Reis oft als »Küchentrick« eingesetzt wird, um nur halb gar gekochten Reis verwenden zu können. Davon abgesehen ist gebratener Reis nicht minderwertig – im Gegenteil: Im armen Vietnam galt er lange als feierliche, gehobene Speise, fast schon als Luxus; so sagt ein anderes Sprichwort: »Von gebratenem Reis eine Schale ist so viel wert, wie von gekochtem Reis eine Schüssel.«

# Gebratener Reis
# mit Omelett

com rang trung

Zubereitungszeit: 20 Min.
Pro Portion ca.: 430 kcal

Zutaten für 4 Personen:
2 Eier, 2 El Reiswein
Salz, Pfeffer
5 EL Öl, 1 Gurke (ca. 400 g)
1 Bund asiatische Frühlingszwiebeln
1 Bund Koriandergrün
900 g gekochter Reis (von 300 g rohem)
100 ml Brühe
Fisch-Dip mit Reisessig (s. Seite 211)
Chili-Essig-Sauce (s. Seite 212) nach Belieben

Eier mit Reiswein verquirlen, mit Salz und Pfeffer würzen.
In einer großen beschichteten Pfanne in je 1 EL Öl 2 dünne Omelettes backen. Abkühlen lassen, zusammenrollen
und in Streifen schneiden.

Die Gurke schälen, längs vierteln und entkernen, schräg in
dünne Scheiben schneiden. Zwiebeln waschen, putzen
und in 1 cm lange Stücke schneiden. Koriander waschen,
dicke Stiele entfernen, den Rest in 2 cm lange Stücke
schneiden.

Restliches Öl im Wok erhitzen. Reis und Zwiebeln darin
unter Rühren 4–5 Min. braten. Mit Salz und Pfeffer
abschmecken und mit Brühe befeuchten.

Gebratenen Reis mit Omelettstreifen, Gurke und Koriander anrichten. Mit Fisch-Dip und Chili-Essig-Sauce servieren.

### Variante mit Wurst
Zusätzlich 2 vietnamesische Schweinewürste (s. Seite 221)
in einem Dämpfkorb ca. 15 Min. dämpfen (s. Seite 217),
herausnehmen und in dünne Scheiben schneiden. Die
Wurstscheiben werden mit Reis und Zwiebeln angebraten.

# Reis mit Senfkohl

com voi rau

Zubereitungszeit: 45 Min.
Pro Portion ca.: 450 kcal

Zutaten für 4 Personen:
400 g Duftreis, Salz
500 g Senfkohl
4 Frühlingszwiebeln
1 Stück Ingwer (5 cm)
2 EL geröstete Erdnüsse (s. Seite 213)
2 EL Öl
Fisch-Dip mit Reisessig (s. Seite 211)
Vietnamesischer Beilagensalat (s. Seite 213) oder
1 Bund gemischte vietnamesische Kräuter

Reis in einem Sieb gründlich abspülen. Reis mit 1 TL Salz
und 700 ml Wasser in einem mittelgroßen Topf zum
Kochen bringen und zugedeckt bei mittlerer Hitze 5 Min.
kochen. Ab und zu, am besten mit Stäbchen, umrühren.

Nach 5 Min. ist die meiste Flüssigkeit verdampft, jetzt den
Topf kurz vom Herd nehmen, den Reis dann bei schwacher Hitze 12 Min. weitergaren.

Senfkohl und Zwiebeln waschen und putzen. Den Kohl in
breite Streifen, Zwiebeln schräg in 5 cm lange Stücke
schneiden. Ingwer schälen und fein hacken. Erdnüsse grob
hacken.

Öl in die Pfanne geben, Kohl, Ingwer und Zwiebeln darin
unter Rühren 2 Min. braten.

Den Reis vom Herd nehmen, mit Holzstäbchen vorsichtig
auflockern und mit den Nüssen zum Gemüse geben,
durchschwenken. Reis mit Dip und Salat oder Kräutern
servieren.

Darf beim Tet-Fest nicht fehlen: die Klebreiskuchen *Banh chung* und *Banh day*.

Das Hemd aus Papier kann man kaufen, um es für seine Ahnen zu verbrennen.

Jede Familie hat einen kleinen Hausaltar, an dem Obst für die Toten geopfert wird.

# Neujahrsfest Tet

## Ein Fest zum Sattessen

*Vor dem Tet-Fest bezahlen die Menschen ihre Schulden, bereinigen Streitigkeiten, sie kaufen neue Kleider und verschicken Glückwunschkarten.*

Es ist der Höhepunkt des Jahres in Vietnam. Man feiert es nach dem Mondkalender vom 1. bis zum 7. Tag des 1. Monats, also Ende Januar, Anfang Februar. Als einziges der traditionellen Feste ist es auch staatlicher Feiertag – offiziell sind drei Tage arbeitsfrei. Auslandsvietnamesen versuchen, in dieser Zeit ihre Heimat zu besuchen.

Mit Tet kommt nicht nur der Jahreswechsel, sondern auch die Zeit der Familientreffen und großen Festessen. Viele Bräuche begleiten das Fest: Rotes Seidenpapier, bemalt mit chinesischen Schriftzeichen, wird im Haus oder an der Haustür aufgehängt. Blumen schmücken Häuser und ganze Straßenzüge, sie symbolisieren den Frühling. In Nordvietnam sind vor allem rosa Pfirsichblüten beliebt, im Süden gelbe Aprikosenblüten oder Forsythien. Die Farbenpracht der Blumenmärkte kurz vor dem Tet-Fest ist sehenswert.

Im Tet-Fest vereinen sich buddhistische, taoistische und konfuzianische Bräuche und Legenden, aber auch animistische Ahnenverehrung.

Schon eine Woche vor dem Neujahrstag beginnen die Feierlichkeiten: Dann begibt sich der Herdgott Ong Zao (»Herr Herd«) in den Himmel, um dort dem Jadekaiser alles über das Leben der jeweiligen Familie zu berichten. Die putzt deshalb das Haus und bringt dem Herdgott Naschereien, Blumen und Papiergeschenke zum Opfer. Schließlich soll der nur das Beste über die Familie erzählen. Man stellt sich vor, dass Ong Tao auf einem Karpfen zum Himmel reitet. Deshalb werden gebratene Karpfenstücke geopfert, die anschließend gegessen werden.

Die wichtigste Rolle beim Tet spielen die kulinarischen Genüsse. Das Tet-Fest war bis in die jüngste Vergangenheit die einzige Gelegenheit im Jahr, zu der sich auch der allerärmste Vietnamese richtig satt essen wollte. Selbst wenn man sich dafür hoch verschulden musste, gehörten zum Neujahrsfest große Mengen Essen mit möglichst vielen Fleischgerichten auf den Tisch. Das wirkt sich auch sprachlich aus: Im Vietnamesischen wird das Tet nicht gefeiert, sondern »gegessen« – *an Tet* bedeutet »das Tet essen/feiern«.

Kandierte Papayastreifen sind zum Tet-Fest eine beliebte Süßigkeit.

Während der Feierlichkeiten werden große Mengen Räucherstäbchen abgebrannt.

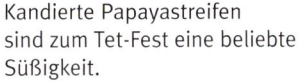

An Tet muss unbedingt reichlich Fleisch auf den Tisch. Viele Familien kaufen oder schlachten deshalb ein Schwein.

Bei der Speisenfolge auf keinen Fall fehlen dürfen die Tet-Kuchen. Diese in *la dong*-Blätter diese ähneln Bananenblättern – gewickelten Klebreiskuchen sind mit Schweinefleisch und Sojabohnen gefüllt. Die viereckigen *banh chung* symbolisieren die Erde, die runden *banh day* den Himmel. Eine Legende erzählt die Herkunft dieser Kuchen: König Hung-Vuong wollte einem seiner Söhne das Reich übergeben. Deshalb sollten alle 22 Söhne eine besondere Speise für das Ahnenopfer zubereiten. Alle Prinzen ließen ihre Diener nach den kostbarsten Speisen suchen. Aber Lang Lieu, einer der Brüder, dessen Mutter früh gestorben und der sehr arm war, träumte von einem Geist, der ihm die Zubereitung von kleinen Reiskuchen verriet. Als der Prinz aufwachte, nahm er Reis, die wichtigste Nahrung des Volkes und machte zwei Kuchen, die er mit Bohnen und Schweinefleisch füllte und in Bananenblätter einwickelte. Dieses Rezept überzeugte den König und Lang Lieu wurde Thronfolger. Seit dieser Zeit werden zu hohen Festtagen *banh chung* und *banh day* als Opfergaben bereitet.

## Früchte für die Toten

Typisch vietnamesisch ist der Ahnenkult, denn er wurde nicht von außen ins Land gebracht, existierte immer schon neben allen anderen Religionen des Landes. Grundlage dieses Kults ist die Ansicht, dass die Menschheit aus mehr Toten als Lebenden besteht, weshalb die Verstorbenen eine große Bedeutung haben. Sie leben als Geisterseelen weiter und brauchen die Fürsorge der Lebenden. Dafür beschützen die Geisterseelen die Nachkommen. Sie verbinden die Lebenden nicht nur mit den Toten, sondern auch mit zukünftigen Generationen. Der Einzelne ist Glied einer langen Kette von Vorfahren und Nachfahren.

Aus diesem Grund steht in jedem Haus ein Ahnenaltar – oft in der Küche. Besonders an Feiertagen brennt man hier Räucherstäbchen ab und stellt kleine Schüsseln mit Reis, Gemüse oder Tee davor, um die Toten zu ehren und zu nähren. Oft werden auch Geld, Kleider oder Autos aus Papier verbrannt – Dinge, die die Ahnen im Jenseits eventuell gebrauchen können.

**Auf den Märkten** *werden oft gebratene Scheiben vom runden Klebreiskuchen angeboten, als knuspriger Snack zwischendurch. Das Rezept bleibt gleich, aber die Kuchen werden zu 10 cm dicken und 20–30 cm langen Rollen geformt. Die gekochten abgekühlten Kuchen werden mit einem Faden in Scheiben geschnitten und in Öl gebraten – ähnlich wie italienische Polenta-Schnitten. Genauso werden auch die Tet-Fest-Kuchen zubereitet, wenn sie aus dem Kühlschrank kommen.*

## Reiskuchen für das Tet-Fest

banh chung

Quellzeit: 12 Std.
Zubereitungszeit: 1 Std. + Ruhezeit
Garzeit: 7 Std.
Pro Portion ca.: 280 kcal

Zutaten für 2 Kuchen
(je 4 Personen):
500 g Klebreis
150 g geschälte, halbierte Mung-
Bohnen
200 g Schweinebauch
5 Schalotten
Pfeffer

3 EL vietnamesische Fischsauce
Salz, 2 EL Öl
10 Phrynium-Blätter (s. Tipps)

Klebreis und Bohnen separat mindestens 12 Std. in Wasser einweichen.

Schweinebauch in 2 cm breite Streifen schneiden. Schalotten schälen und würfeln. Das Fleisch mit Pfeffer kräftig würzen, mit Fischsauce und Schalotten in eine flache Schüssel geben, im Kühlschrank marinieren.

Reis und Bohnen getrennt abspülen, abgießen und etwas abtropfen lassen. Bohnen in einem kleinen Topf mit

650 ml Wasser bei schwacher Hitze in 30 Min. weich kochen, dabei eventuell zwischendurch etwas Wasser zugeben. Am Ende soll das Wasser fast verdunstet sein. Die Bohnen mit einer Gabel zu einem festen Brei zerdrücken, mit Salz und Pfeffer würzen.

Reis mit 1/2 TL Salz mischen. Schweinebauch aus der Marinade nehmen und im Öl rundum kurz anbraten, insgesamt 2–3 Min.

2 Phryniumblätter parallel, mit der glänzenden Seite nach unten, zu einem Drittel überlappend nebeneinander legen. In die Mitte die 2 anderen Blätter über

liegenden parallelen Blättern wie ein Geschenk fest einschlagen und mit jeweils 2 Schnüren in beide Richtungen verschnüren. Den zweiten Reiskuchen genauso einschlagen.

Die Reiskuchen in einem großen Topf mit reichlich Salzwasser 7 Std. bei schwacher Hitze kochen, eventuell zwischendurch etwas Wasser zugeben. Während der Garzeit den Kuchen mit einem Schöpflöffel oder einem Sieb beschweren, damit er vollständig von Wasser bedeckt bleibt.

Den fertigen Kuchen aus dem Wasser nehmen, mit einem Holzbrett und einem kleinen Gewicht beschweren und ca. 1 Std. pressen und auskühlen. Lauwarm oder bei Zimmertemperatur mit Salz und Pfeffer als Vorspeise oder zu einem festlichen Menu servieren.

Kreuz legen, mit der glänzenden Seite nach oben. Ein fünftes Blatt noch einmal quer zu den anderen legen.

In die Mitte, also da wo die Blätter sich kreuzen, ein Viertel des Reises häufen und zu einem 12 cm großen Quadrat formen. Darauf ein Viertel des Bohnenpürees verteilen. Das Fleisch darauf legen und mit je einem Viertel Bohnenpüree und Reis zudecken. Zu einem sauberen Quader formen.

Zuerst das oberste Blatt zur Mitte hin über den Reis falten, dann das quer dazu liegende zweite Blatt ebenfalls eng über den Reis falten. Mit den darunter

## TIPPS

Meist werden gleich mehrere Kuchen für Familie, Freunde und Verwandte gemacht, weil die Zubereitung so zeitintensiv ist. Phryniumblätter eignen sich besonders gut zum Einwickeln, da sie flexibel und sehr stabil zugleich sind. Traditionell werden sie vor allem für den Tet-Fest-Kuchen verwendet, eignen sich aber auch für alle Rezepte, bei denen sonst Bananenblätter genommen werden. Als Ersatz verwenden Sie Bananenblätter.

Nicht nur zum Tet-Fest, auch an Markttagen sind die kleinen Reiskuchen ein beliebter Imbiss.

**Im Cha Ca La Vong,** *dem berühmten Restaurant in Hanoi, wird nur dieses Gericht serviert. Die Fischstücke werden in der Restaurantküche gegrillt. Jeder Gast kann sich am Tisch auf einem kleinen Holzkohlenofen in einem Pfännchen die Fischstücke mit Dill und Frühlingszwiebeln fertig garen und verzehren.*

## Dill-Fisch

cha ca

Zubereitungszeit: 1 Std.
Pro Portion ca.: 630 kcal

Zutaten für 4 Personen:
Für die Marinade:
5 cm Galgantwurzel
4–5 cm Kurkumawurzel
2 EL Joghurt
1 TL Kurkumapulver
1 EL Zucker, 1 EL Reisessig
1 TL Garnelenpaste, Salz
Für den Fisch:
750 g Filet vom Wels (*ca lang* oder Catfish)
4 Frühlingszwiebeln
1/2 Kopf Salat
1 Bund vietnamesisches Basilikum
1 Bund vietnamesische Minze, 1 Bund Dill
3 El Öl
2 EL Butter
Zum Anrichten:
200 g Reisnudeln, mittlere Dicke (bun)
100 g geröstete, gesalzene Erdnüsse
Fisch-Dip mit Reisessig (s. Seite 211)

Für die Marinade den Galgant schälen, reiben, in ein sauberes, festes Tuch geben, fest zudrehen und den Saft auspressen – es sollte ca. 1 EL sein. Kurkumawurzel schälen und reiben. Galgantsaft, Joghurt, Kurkuma, Zucker, Essig, Garnelenpaste und 1 kräftige Prise Salz mischen. Fisch in 6 cm lange Stücke schneiden und 30 Min. in die Marinade legen.

Inzwischen Nudeln 10 Min. in lauwames Wasser legen, dann in reichlich Wasser 4 Min. (oder nach Packungsangabe) kochen, abgießen und kalt abschrecken.

Frühlingszwiebeln waschen, putzen, längs vierteln, die Stücke in 5 cm lange Stücke schneiden. Salat und Kräuter waschen, putzen, abzupfen. Dill sehr grob hacken.

Nudeln, Salat, Kräuter (ohne Dill), Nüsse und Dip in kleinen Tellern oder Schüsseln anrichten und auf den Tisch stellen.

Fischstücke mit 2 EL Öl bestreichen und auf einem Holzkohlengrill oder in einer Grillpfanne von beiden Seiten je 2 Min. grillen.

Wenig Öl und 1 Flöckchen Butter in einer beschichteten Pfanne erhitzen, Zwiebeln, Dill und Fischstücke zugeben, in mehreren Portionen in je 1 Min. fertig braten.

Jeder mischt sich Fischstückchen mit kleinen Portionen Kräutern, Nudeln Erdnüssen und Dip in seiner Schüssel. Wenn der Fisch alle ist, wird die nächste Portion fertig gebraten.

### TIPPS

Im Originalrezept wird eine lokale Welsart aus dem Roten Fluss verwendet: *ca lang*.
Statt Joghurt verwendet der Chef und Besitzer des Restaurants, Ngo Thi Tinh, *me*, eine säuerliche Paste aus fermentiertem Reis.

# Frittierte Goldbrasse

ca ran

Zubereitungszeit: 20 Min.
Garzeit: 10 Min.
Pro Portion ca.: 355 kcal

Zutaten für 4 Personen:
2 Goldbrassen (à 350–400 g), geschuppt
und ausgenommen
2 EL 5-Gewürze-Pulver
4–5 EL Speisestärke, Salz
1 l Öl zum Frittieren
Zum Anrichten:
1/2 Bund Koriander oder langblättriger
Koriander
1/2 Bund Rotes Perillakraut oder asiatisches Basilikum
Fisch-Dip mit Reisessig (s. Seite 211)
mit 1 EL geriebenem Ingwer

Die Goldbrassen waschen, gründlich mit
Küchenpapier trockentupfen. Mit einem
scharfen Messer den Fisch von beiden Seiten
jeweils bis zur Mittelgräte in 5 mm Abstand
einschneiden. Mit 5-Gewürze-Pulver einreiben.

Das Öl im Wok erhitzen. (Es ist heiß genug,
wenn an einem Holzstil Bläschen hochsteigen.) Die Goldbrasse gründlich mit Stärke
bestäuben, dabei ist es besonders wichtig, die
Schnittflächen zwischen den Fischscheiben
zu bestäuben, damit sie beim Garen nicht
zusammenkleben. Den Fisch vorsichtig in den
Wok legen, auf jeder Seite 5 Min. frittieren,
dabei häufig mit heißem Öl begießen. Vorsichtig mit einem großen Sieblöffel aus dem
Wok nehmen und auf eine Platte legen, leicht
salzen.

Kräuter waschen, die Blättchen abzupfen und
auf den Fisch häufen. Die Goldbrasse mit
Fisch-Dip servieren.

## TIPPS

In der europäischen Küche wird
immer versucht, Fischfilets möglichst
saftig zu garen. Hier ist das Ziel
ganz anders, die Methode einfach,
aber ungewöhnlich: Durchs lange
Frittieren werden kleine Gräten im
Fischfilet knusprig und spröde, sie
können gut mitgegessen werden.
Die vorher eingeschnittenen Stücke
können mit Stäbchen – für die Profis –
oder mit den Fingern abgelöst und
ähnlich wie Chips gedippt und gegessen werden. Eine sehr gehobene
Form des TV-Dinners. Die Frittierten
Babyfische (s. Seite 132) werden
auf dieselbe Weise unglaublich
gut zubereitet.

Der geschuppte Fisch wird
eingeschnitten und mit
5-Gewürze-Pulver eingerieben.

**Frittierter Tintenfisch** – das einfachste
Rezept für dieses Meerestier. Entscheidend: frischer
Tintenfisch, ein Wok und der köstliche vietname-
sische Limetten-Salz-Brei.

# Die Füllung der Tintenfische *eignet sich auch sehr gut für gefüllte*
*Hähnchenflügel (canh ga don). Um die Hähnchenflügel zu füllen, mit einem Messer um den Knochen*
*am dickeren Flügelende herumschneiden, das Fleisch und die Haut mit einer schabenden Bewegung*
*vom Knochen schieben, bis Sie den Knochen im mittleren Gelenk abschneiden und entfernen können.*
*Die Haut wieder umstülpen, etwas Füllung hineindrücken. Flügel erst 15 Min. dämpfen, dann in*
*30 Min. knusprig braten.*

# Gefüllte Tintenfische

muc nhoi thit

Zubereitungszeit: 1 Std.
Garzeit: 15 Min.
Pro Portion ca.: 310 kcal

Zutaten für 4 Personen:
2 EL Mu-Err-Pilze
50 g Glasnudeln
600 g fingerlange Tintenfische (Sepie)
1 Knoblauchzehe
3 EL Öl
2 EL vietnamesische Fischsauce
Pfeffer
1/2 Bund Koriandergrün
150 g Schweinehackfleisch
1 Ei
Süß-scharfer Zitronen-Dip (s. Seite 211)
Schaschlikspieße

Spieße in kaltes Wasser legen, damit sie beim Grillen nicht verbrennen. Pilze und Glasnudeln separat in lauwarmem Wasser 15 Min. einweichen.

Tintenfische waschen, dabei die Köpfe abtrennen und den Schulp herausziehen. Die Arme abschneiden und klein schneiden. Knoblauch schälen und hacken. 1 EL Öl in einer kleinen Pfanne erhitzen, Tintenfischstückchen und Knoblauch darin unter Rühren 1 Min. braten. Fischsauce zugeben, vom Herd nehmen.

Pilze und Nudeln abgießen, die Pilz-Kappen fein hacken. Nudeln mit einer Schere 1–2 cm klein schneiden. Koriander waschen, abzupfen und grob hacken.

Nudeln, Pilze, Hackfleisch, Ei, Tintenfischstücke, Koriander und Fischsauce mischen, mit Pfeffer würzen. Locker in die Körper der Tintenfische füllen. Je 3–4 so auf Spieße fädeln, dass dabei die Öffnungen verschlossen werden. Einen zweiten Spieß auf der spitzen Seite der Tintenfische durchstechen. Mit dem restlichen Öl bestreichen.

Spieße in einer Grillpfanne oder auf einem Holzkohlengrill bei schwacher Hitze von beiden Seiten je 7–8 Min. grillen und mit Dip servieren.

# Frittierter Tintenfisch

muc chien gion

Zubereitungszeit: 20 Min.
Pro Portion ca.: 355 kcal

Zutaten für 4 Personen:
600 g mittelgroße Tintenfische (Sepie)
2 Limetten, Pfeffer, Salz
1 Bund Koriandergrün
1 EL Meersalz (s. Tipp)
4 El Speisestärke
1 l Öl zum Frittieren

Tintenfische waschen, dabei die Köpfe abtrennen und den transparenten Schulp herausziehen. Die Arme abschneiden. Tintenfischtuben aufschneiden, trockentupfen und flach ausbreiten, mit einem scharfen Messer ein enges Rautenmuster (ca. 5 mm) einritzen. Die Stücke in 5 cm große Quadrate schneiden.

Im Wok 1 l Öl erhitzen (an einem Holzstiel sollen sich Bläschen bilden). Limetten waschen und achteln, je 1 TL Pfeffer und 1 EL Salz in vier Dip-Schüsselchen mischen. Koriander waschen und die Blättchen abzupfen.

Meersalz, 1 EL Pfeffer und Stärke in einer Schüssel mischen, mit Tintenfischstücken und Armen vermengen. Auf einem großen Sieb über dem Waschbecken die überschüssige Stärke abschütteln. Tintenfische in 3–4 Portionen bei starker Hitze in je 1–2 Min. frittieren, bis sie leicht gebräunt sind. Abtropfen lassen und mit Koriander, Limette und Pfeffer-Salz servieren.

Jeder Gast kann sich mit etwas Limettensaft einen Salz-Pfeffer-Brei anrühren und die Tintenfischstücke darin eintunken.

## TIPP

Das Salz soll mittelfein bis leicht grob sein. Ideal von der Struktur ist das Meersalz aus dem Bioladen.

Köstlich: *Bun cha* heißen diese in Betelblätter gewickelte Mini-Frikadellen (Rezept Seite 197).

Das Fleisch brutzelt auf kleinen Herden auf dem Bürgersteig vor dem Lokal.

Die Chefin des Familienlokals thront am Eingang und wacht über dampfende Pfannen und Töpfe.

# Mini-Restaurants
## Das perfekte Essen

*Seit der wirtschaftlichen Öffnungen Vietnams schießen Restaurants wie Pilze aus dem Boden – nicht nur für Touristen. Auch die Einheimischen lieben es, essen zu gehen, sei es zum schnellen Snack in der Mittagspause oder am Abend mit der ganzen Familie.*

Wenn man sich in Vietnam auf die Suche nach dem vollkommenen Mahl begibt, wird man praktisch an jeder Straßenecke fündig. Denn nicht nur die vietnamesische Küche und ihre Rezepturen selbst sind so ausgefeilt und köstlich, nein, die konkrete Umsetzung ist meistens ebenfalls perfekt. Das liegt sicher auch daran, dass sich die Streetfood-Köche oft auf ein einziges Gericht spezialisieren, das sie in Vollendung zubereiten können.

Dieses Prinzip findet man besonders in Hanoi auch in Restaurants. Meistens sind diese Lokale Familienbetriebe.

Das berühmteste Lokal dieser Art ist das Cha Ca La Vong. Seit fünf Generationen, genauer gesagt seit 1899, ist es eine Institution in Hanoi. An uralten Holztischen wird nur ein einziges Gericht serviert, eben *cha ca* – eine Art Fischpfanne mit Nudeln und Kräutern, die sich die Gäste auf einem Holzkohlegrill am Tisch selbst zubereiten. *cha ca* heißt einfach gegrillter Fisch. Verwendet wird *ca lang*, eine lokale Welsart aus dem Roten Fluss, den man in einer zischenden Pfanne an den Tisch bringt. Die Kräuter, das sind vor allem Dill – hier haben die Franzosen wieder ihre Spuren hinterlassen – und Basilikum. Die Einheimischen essen dazu *mam tom*, eine Sauce aus fermentierten Shrimps, die mit Ananas gemischt werden. Der sehr strenge Geschmack ist allerdings gewöhnungsbedürftig, weshalb Ausländern stattdessen gleich eine mildere Fischsauce dazu serviert wird.

### Attraktion für Fremde und Einheimische

Das einfache, aber so wohlschmeckende Gericht, die kleinen Holzkohlegrills auf den Tischen, die authentische Atmosphäre des ganzen Lokals – das Cha Ca La Vong hat sich längst zur Touristenattraktion entwickelt, worunter aber erstaunlicherweise eben jene Ursprünglichkeit des Restaurants bisher kaum leidet. Auch Vietnamesen kommen nach wie vor hierher – am Abend ist der Laden so voll, dass man meistens warten muss, bis ein Tisch frei wird.

Bei einem vietnamesischen Essen werden oft mehrere Teller und Schüsseln mit Zutaten serviert, die man am Tisch zu einem Mahl zusammenstellt. Wer unsicher ist: am Nachbartisch abgucken!

Weniger bekannt bei Touristen, aber genauso gut ist ein Familienlokal, in dem *bun cha* serviert wird, auch eine Spezialität Nordvietnams aus gegrilltem Schweinefleisch und Hackfleischbratlingen, Reisnudeln, Kräutern und Senfkohl. Auch hier geht es zu wie im Bienenstock. Um die Mittagszeit ist es fast aussichtslos einen Platz zu bekommen, denn hier gibt's die besten *bun cha* der ganzen Stadt. Das Lokal zieht sich über drei Stockwerke in einem der typischen schmalen Häuser in der Hang-manh-Straße in Hanois Altstadtviertel. Gekocht wird ganz unten, die Küche ist von draußen einsehbar, in Woks, Pfannen und Töpfen brutzeln zum Teil auf der Strasse die Leckerbissen des Hauses.

## Köstlich wie selten …

Wir haben Glück: Eine Kellnerin führt uns eine schmale Wendeltreppe hoch in den dritten Stock, wo sie auf ein leeres Tischchen in der Ecke zeigt. Wir setzen uns und ohne dass wir irgendetwas gesagt oder bestellt hätten, bringt sie uns schon wenige Augenblicke später mehrere Teller und Schüsseln, gefüllt mit Nudeln, Schweinefleischstreifen, in Betelblätter gewickelte Mini-Frikadellen, Dip aus Fischsauce und grüner Papaya, jede Menge Kräutern und ein Kännchen mit grünem Tee. Mit einem kurzen Blick auf die Gäste an den Nachbartischen vergewissern wir uns, in welcher Reihenfolge was wie eingerollt, eingetunkt und gegessen wird und legen los.

## … jeden Tag wieder

Nach den ersten Bissen sind wir uns schnell einig: so etwas Köstliches – noch dazu so preiswert – haben wir selten gegessen. Nein, stimmt nicht, gestern im Cha Ca La Vong haben wir dasselbe gedacht. Und davor, diese sehr, sehr leckere *pho bo* hat uns doch auch zum Schwelgen gebracht.

Zufrieden nippen wir an unserem Tee und schreiben natürlich – wie immer – haarklein auf, was wir serviert bekamen und vor allem: wie es zubereitet wird.

195

# Vietnamesische Spareribs

xuon nuong

Zubereitungszeit: 10 Min.
Marinierzeit: 2 Std.
Grillzeit: 45 Min.
Pro Portion ca.: 450 kcal

Zutaten für 4 Personen:
1 Stück Ingwer (5–7 cm)
1 Zwiebel, 4 Anissterne, Salz
1 1/2 kg küchenfertige Spareribs
2 Knoblauchzehen
2 EL vietnamesische Fischsauce
2 EL Sojasauce, 1 EL Zucker
4 EL Öl

Ingwer in dicke Scheiben schneiden und im Mörser leicht quetschen. Die Zwiebel mit Schale halbieren. 2 l Wasser mit Ingwer, Zwiebel, Sternanis und 1 EL Salz zum Kochen bringen. Spareribs in Stücke mit je 3–4 Rippchen schneiden, an den Rippenknochen ein-, aber nicht durchschneiden und 15 Min. garen.

Knoblauch schälen und hacken, mit Fischsauce, Sojasauce, Zucker und Öl mischen. Spareribs abgießen, gut abtropfen lassen und mit der Marinade mischen. Mindestens 2 Std. zugedeckt marinieren, am besten über Nacht im Kühlschrank.

Spareribs bei ganz schwacher Hitze auf dem Holzkohlegrill von beiden Seiten je 15–20 Min. grillen, ab und zu mit Marinade bestreichen. Im Ofen können Sie die Rippchen mit der Fleischseite nach unten auf dem Grillrost über einer mit etwas Wasser gefüllten Fettpfanne bei 220° 1 Std. grillen, dabei nach 30 Min. einmal umdrehen und immer wieder bestreichen. Mit Salat (s. Seite 213) und Reis servieren.

Im Süden wird die Marinade für die Spareribs oft mit Zitronengras und Chilis aromatisiert; in chinesischen Stadtvierteln gibt man 5-Gewürze-Pulver oder Hoisin-Sauce in die Marinade.

# Gegrilltes Schweinefleisch

bun cha

Zubereitungszeit: 45 Min.
Pro Portion ca.: 180 kcal

Zutaten für 4 Personen:
4 Frühlingszwiebeln
10 violette Schalotten (ca. 50 g)
2 EL vietnamesische Fischsauce
4 TL Karamellsauce (s. Seite 213)
oder 2 TL brauner Zucker
2 EL Öl, Salz, Pfeffer
250 g Schweinefleisch aus der Schulter, ohne Schwarte
250 g Schweinehackfleisch
12 wilde Betel-Blätter
Fisch-Dip (s. Seite 211) mit 100 ml Wasser und grünen Papayastückchen

Frühlingszwiebeln putzen, waschen und fein schneiden. Schalotten schälen und klein würfeln. Mit Fischsauce, Karamellsauce und Öl verrühren, mit 1 kräftigen Prise Salz und Pfeffer würzen, auf zwei Schüsseln verteilen.

Das Fleisch quer zur Faser in dünne Scheiben schneiden und in der einen Schüssel marinieren. In der zweiten Schüssel das Hackfleisch mit der Marinade verkneten, salzen und pfeffern und zu sehr kleinen, flachen Frikadellen formen. Betelblätter waschen und abtrocknen, die Frikadellen darin einwickeln.

Fleisch und Frikadellen auf dem Holzkohlegrill oder in einer beschichteten Grillpfanne bei schwacher Hitze von beiden Seiten je 4–5 Min. grillen. Das Fleisch mit Dip und Salat (s. Seite 213) anrichten.

# Ein Braten für Festtage ist Ente *– Vietnamesen lieben sie mit Lotuskernen und Pflaumen gefüllt oder als klassische Peking-Ente, die im Norden Vietnams gerne mit Fischsauce und Reis-Melasse gewürzt wird wie in unserer Tauben-Variante.*

## Gefüllte Ente

vit nhoi

Zubereitungszeit: 40 Min.
Garzeit: 1 1/2 Std.
Bei 6 Personen pro Portion ca.: 880 kcal

Zutaten für 4–6 Personen:
150 g Lotuskerne (Dose)
1 junge Mastente (2–2,2 kg)
4 El Reisschnaps
100 g frische Shiitake-Pilze
10 violette Schalotten
1 Stück Ingwer (5 cm), 1 Bund Koriandergrün
3 El Öl
10 gesalzene, rote chinesische Pflaumen
(getrocknet oder aus dem Glas)
100 g Erdnüsse, 2 EL Klebreis
1 EL vietnamesische Fischsauce
Salz, Pfeffer
kleine Holzspieße

Lotuskerne abspülen. Die Ente waschen und gründlich abtrocknen, große Fettstücke aus der Bauchhöhle entfernen, anschließend mit Reisschnaps einreiben. Trocknen lassen.

Pilze waschen, die Stiele entfernen. Schalotten und Ingwer schälen. Schalotten in Scheiben schneiden, Ingwer fein hacken. Koriander waschen, dicke Stiele entfernen, den Rest grob hacken.

2 El Öl in einer großen Pfanne erhitzen, Pilze, Schalotten, Ingwer, Lotuskerne, Pflaumen, Erdnüsse und Reis darin unter Rühren 2 Min. braten. 4 El Wasser zugeben und bei schwacher Hitze 5 Min. dünsten. Mit Fischsauce, Salz und Pfeffer würzen, die Hälfte des Korianders unterrühren.

Alles in die Ente füllen, mit Spießchen verschließen und mit Küchengarn fixieren. Die Ente im Dämpfkorb oder Bräter mit Siebeinsatz auf dem Herd zugedeckt 40 Min. dämpfen. Backofen auf 200° (Umluft) vorheizen. 1 EL Öl auf einem Backblech oder im Bräter verteilen. Die Ente auf das Blech setzen und im Ofen (Mitte) in 45 Min. fertig garen, dabei mit dem austretenden Fett begießen. Die Ente ist gar, wenn beim Einstechen der Keulen klarer Saft herausläuft und das Fleisch der Keulen sich weich anfühlt.

### Variante: Gegrillte Täubchen

4 küchenfertige Tauben oder Stubenkücken waschen und innen und außen trockentupfen. 4 Knoblauchzehen und 8 violette Schalotten schälen und grob zerkleinern, im Mörser mit 1 TL Zucker leicht quetschen, aber nicht pürieren. 4 EL vietnamesische Fischsauce zugeben, die Tauben innen und außen mit der Marinade bestreichen, kühl stellen und mindestens 1 Std., am besten über Nacht, ziehen lassen.
Die Tauben aus der Marinade nehmen, Schalotten entfernen. 3 EL Reismelasse (ersatzweise Honig) mit 2 EL Reisschnaps in einem kleinen Topf schmelzen, die Tauben damit einstreichen, auf ein Gitter setzen und an einem luftigen Platz 20 Min. trocknen lassen. Die Prozedur noch zweimal wiederholen. Den Backofen auf 200° (Umluft) vorheizen.
Tauben auf dem Gitter über einer Fettpfanne im Ofen (Mitte) 20 Min. garen, bis die Haut schön knusprig ist. Inzwischen 1 Bund gemischte vietnamesische Kräuter waschen, dicke Stiele entfernen. 2 Zitronen waschen und vierteln. Je 1 TL Pfeffer und 1 EL Salz in vier Schüsselchen mischen. Tauben mit Kräutern, Zitrone und Pfeffer-Salz servieren.

# Kandierte Papayastreifen

mut dudu

Zubereitungszeit: 20 Min.
Garzeit: 2 1 /2 Std.
Pro Portion ca.: 545 kcal

Zutaten für 4 Personen:
1 grüne Papaya (ca. 800 g)
500 g Zucker
1 Limette

Papaya schälen, halbieren und mit einem Teelöffel entkernen. Das Fruchtfleisch längs in 4 mm dicke Scheiben, diese in 4 mm breite Streifen schneiden.

Den Zucker mit 1/2 l Wasser in einen flachen Topf geben. Die Limette auspressen, den Saft durch ein feines Sieb zum Zuckerwasser gießen. Papayastreifen zugeben, langsam zum Kochen bringen und köcheln lassen, bis die Flüssigkeit vollständig von den Früchten aufgenommen wurde. Das dauert 2–2 1/2 Std.

Papayastreifen leicht abkühlen lassen und auf Wachspapier oder einem Pralinengitter trocknen lassen.

# Kandierter Ingwer

mut gung

Zubereitungszeit: 10 Min.
Garzeit: 40 Min.
Trockenzeit: mindestens 12 Std.
Pro Portion ca.: 230 kcal

Zutaten für 4 Personen:
200 g Ingwerwurzel (am besten junger Ingwer)
200 g Zucker

Ingwer schälen und schräg in lange dünne Scheiben schneiden. In kochendem Wasser 1/2 Min. blanchieren (junger Ingwer braucht nicht blanchiert zu werden), abgießen und kalt abschrecken.

100 ml Wasser mit Zucker und dem Ingwer zum Kochen bringen und köcheln lassen, bis die Flüssigkeit sirupartig wird. Das dauert 30–40 Min. Ingwer leicht abkühlen lassen und auf Wachspapier oder einem Pralinengitter über Nacht trocknen lassen.

Für religiöse Anlässe wie z. B. das Tet-Fest werden die Papayastreifen mit Lebensmittelfarben grün, rot oder gelb gefärbt. Dazu einfach beim Kandieren der Früchte ein paar Tropfen Farbe zugeben.

## Kandiertes Obst gehört zu jeder religiösen Feier

Neben Papaya und Ingwer werden auch Kumquats, Pflaumen, Kürbis, Datteln und selbst Lotuskerne kandiert. Traditionell sollen immer 7 verschiedene Sorten *mut* gereicht werden, das bringt Glück.
Farbenprächtig sind Obstteller mit fünf verschiedenen Früchten, von denen jede eine andere Bedeutung hat: Die Kokosnuss *dua* steht für Genügsamkeit, die Papaya *du du* für Vergnügen, der grüne stachelige Zimtapfel *cau* erfüllt einen Wunsch, die *man*-Pflaumen verheißen hohes Alter und die rosafarbene Drachenfrucht *than long* verleiht Macht und Stärke.

**Mung-Bohnen** geben vielen Gerichten chinesischen Ursprungs eine vietnamesische Note. Meistens werden mit Klebreis oder Reisteig zubereitete Desserts mit ihnen gefüllt oder bestreut.

# Die gefüllten Klebreiskugeln haben wir in Hanoi in verschiedenen

*Varianten kennen gelernt: gefüllt mit Rohrzucker und Sesam (banh troi) oder mit süßem Bohnenpüree (banh tray). Letzteres wird gerne mit Blütenwasser von Pampelmusen aromatisiert. Diese Süßspeisen sind beliebte Opfergaben für das Erntedankfest, das am 3.3. des chinesischen Kalenderjahres gefeiert wird. Man stellt die Kugeln eine Viertelstunde vor den Altar und lässt dabei Räucherstäbchen abbrennen. Dann können sie gegessen werden.*

# Reismehlknödelchen in Ingwersirup

banh troi nuoc

Zubereitungszeit: 1 1/4 Std. + Kühlzeit
Pro Portion ca.: 700 kcal

Zutaten für 4 Personen:
Für die Knödelchen:
100 g geschälte und halbierte Mung-Bohnen
200 ml Kokosmilch (Dose)
2 EL Zucker, 1/2 TL Salz
250 g Reismehl, 50 g Tapiokastärke
3 EL Öl, 3 EL Sesamsamen
Für den Sirup:
30 g Ingwerwurzel
200 g Zucker oder Palmzucker

Mung-Bohnen in einem kleinen Topf mit Kokosmilch, Zucker, Salz und 150 ml Wasser bei schwacher Hitze in 30 Min. weich kochen. Dabei immer wieder umrühren, eventuell noch Wasser zugeben; am Ende soll die Flüssigkeit verdunstet sein. Die Bohnen mit einer Gabel zu Mus zerdrücken. Abkühlen lassen. Mit einem Teelöffel haselnussgroße Portionen abstechen, rund rollen und im Kühlschrank vollständig abkühlen lassen.

2 gehäufte EL Reismehl mit 1/8 l Wasser verrühren. 1/4 l Wasser in einem kleinen Topf zum Kochen bringen. Kurz vom Herd nehmen, das angerührte Reismehl mit dem Schneebesen einrühren. Unter ständigem Rühren wieder aufkochen lassen. Restliches Reismehl unter Rühren einarbeiten, bis der Teig glatt ist. In eine Schüssel umfüllen. Tapiokastärke und Öl zugeben, gründlich verkneten und 15 Min. zugedeckt ruhen lassen.

Für den Sirup Ingwer in dicke Scheiben schneiden und mit Zucker und 600 ml Wasser aufkochen lassen, bei schwacher Hitze 10 Min. ziehen lassen.

Den Knödelteig zu einer 4 cm dicken Rolle ausrollen, in 5 mm dünne Scheiben schneiden. Jede mit 1 Bohnenpüreekugel füllen – je dünner die Teigschicht ist, desto besser. Die Knödel verschließen und rund rollen. In einen großen Topf mit leicht kochendem Wasser geben. Sobald die Knödel nach oben steigen, 10 Min. bei schwacher Hitze garen.

Sesam in einer Pfanne ohne Fett rösten, bis er duftet. Ingwersirup durch ein Sieb gießen und in Schälchen verteilen. Die Knödelchen mit Sesam bestreut servieren.

## Variante
Sie können die Knödelchen auch noch roh in Sesam wälzen, bei mittlerer Hitze in Fett ausbacken und ohne Sirup, dafür aber mit Jasmin-Tee, servieren.

# Grünes Bohnenkonfekt mit Sesam

che kho

Quellzeit: 12 Std.
Zubereitungszeit: 1 Std.
Pro Portion ca.: 380 kcal

Zutaten für 4 Personen:
200 g geschälte und halbierte Mung-Bohnen
3 EL Sesamsamen
150 g Zucker
30 g Ingwer
Muskatnuss
1 TL Öl

Mung-Bohnen mindestens 12 Std. in kaltem Wasser einweichen. Abgießen und gründlich abtropfen lassen. Die Bohnenkerne in einer großen Pfanne bei mittlerer Hitze unter ständigem Rühren in 20-25 Min. rösten, bis sie trocken und goldbraun sind. Die Sesamsamen in einer zweiten Pfanne rösten, bis sie duften.

Die Bohnen auf einem großen Teller abkühlen lassen, anschließend im Mörser fein zerstoßen. 1 l Wasser mit dem Zucker aufkochen lassen. Ingwer schälen, im Mörser zerkleinern und mit den Bohnen ins Zuckerwasser geben. Bei schwacher Hitze – sonst spritzt es – unter ständigem Rühren einkochen lassen, bis eine dicke glatte Paste entsteht. Mit etwas Muskat würzen.

Ein Blech mit Öl bestreichen, die Bohnenpaste darauf 2 cm dick verstreichen. Sesam darauf streuen, leicht andrücken und die Masse abkühlen lassen. Das kalte Konfekt in kleine Stücke schneiden.

# Kaffee
## Zuckerrohrsaft und Reiswein

Langsam tropft die schwarze Flüssigkeit in das kleine Glas vor uns auf dem Tisch. Meditativ langsam. Wir sitzen in einem Kaffeehaus in Hanoi und beobachten Tropfen für Tropfen. Nach fünf Minuten ist der Kaffee durch den kleinen Filter auf dem Glas gelaufen und wir können das köstliche Gebräu genießen. Das Warten hat sich gelohnt.

Kaffee. Ungewöhnlich für ein asiatisches Land? Nein, die braunen Bohnen werden sogar in Vietnam selbst angebaut, vor allem auf der Hochebene Da Lat. Tatsächlich ist das Land nach Indonesien der größte Kaffee-Exporteur Asiens. Vietnamesen lieben ihren *ca phe*, sie trinken ihn wie Espresso in kleinen Mengen, eher als Genussmittel denn als Getränk. In Touristenlokalen wird Ausländern manchmal eine kleine Thermoskanne mit heißem Wasser dazugestellt, damit sie den konzentrierten Kaffee bei Bedarf verdünnen können.

Die Kaffeebohnen werden nach französischer Art kräftig geröstet. Und auch die Art der Zubereitung war früher in Frankreich üblich. Oft wird der Kaffee direkt am Tisch aufgebrüht. In einen auf einer Tasse oder einem Glas sitzenden Blechfilter wird das Kaffeepulver eingefüllt, darüber gießt man heißes Wasser, das dann langsam in die Tasse tropft. Meistens auf eine Schicht dickflüssige, gesüßte Kondensmilch – dann heißt der Kaffee *ca phe sua*. In den feucht-heißen Sommermonaten trinken die Vietnamesen gerne *ca phe da*, mit Eiswürfeln gekühlten Kaffee. Eiskaffee mit gesüßter Milch ist folglich *ca phe da sua*. Eine süchtig machende Spezialiät aus Hanoi, die es auch nur dort gibt, ist *ca phe trung* – heiß mit Zucker und Eigelb aufgeschlagener Kaffee. Schmeckt wie eine Mischung aus Cappuccino und Zabaione. In allen Städten gibt es Cafés, doch besonders in Hanoi hat eine Art Kaffeehauskultur Tradition, seit die Franzosen das Land besetzt hatten.

## Tee

Eine viel längere Tradition freilich hat in Vietnam wie in allen Ländern Asiens das Teetrinken. Tee anzubieten und ihn gemeinsam zu trinken ist mehr als eine Geste der Gastfreundschaft: Es ist ein wichtiges Ritual, weil es Zeit braucht und die Menschen verbindet. Denn alle trinken Tee – Bauern, Schulmädchen und Politiker genauso wie Mönche und Geschäftsleute. Nationalgetränk ist grüner Tee, *tra* – er darf nirgendwo fehlen: Man serviert ihn dem Gast in jedem vietnamesischen Heim, man reicht ihn in Cafés und Restaurants zum Abschluss einer Mahlzeit, zum Eisbecher, ja sogar zum Kaffee. Und er gehört zumindest in Form einer Thermoskanne mit heißem Wasser in jedes Hotelzimmer.

Frühmorgens wird Tee für den ganzen Tag gekocht und unter einem wattierten Teewärmer warm gehalten. Zum Trinken gießt man etwas Tee in eine Schale und verdünnt ihn mit heißem Wasser aus der Thermoskanne. Eine Delikatesse ist es, den Tee mit besonders weichem, weil kalkfreiem Regenwasser oder gar mit Tautropfen zu kochen. Tee wird grundsätzlich ungezuckert getrunken. Im Süden schmeckt er meist sehr leicht und unaufdringlich, im Norden stärker parfümiert. Neben grünem und schwarzem Tee gibt es viele Teesorten, die mit getrockneten Blüten wie Chrysanthemen-, Jasmin-, Lotus- oder Hibiskusblüten aromatisiert werden. Besonders in Gegenden, in denen keine Teesträucher gepflanzt werden können, trinken die Einheimischen zum Teil noch heute Blüten und Blätter eines einheimischen Baumes namens *voi (syzygium nervosum)* als Tee. Als der Anbau von Tee nach dem Krieg und vor der wirtschaftlichen Öffnung des Landes stark zurückging, griffen die Menschen manchmal auch auf Artischocken als Tee-Ersatz zurück.

Portionsweise frisch: Vietnamesischer Kaffee wird mit einem speziellen kleinen Filter für jedes Glas neu aufgebrüht.

Perfekt für Zwischendurch: Eisgekühlte Sojamilch in der Tüte.

Thermoskanne auf vietnamesisch: Die Teekanne steckt in einer Hülle aus Stoff und Bambus

Beliebt sind Säfte mit frischen Früchten. Das Glas grüner Tee ist oft mehr Ritual als Getränk.

Viele Kaffeesorten gibt es in diesem exklusiven Shop in Saigon.

Nach dem Unterricht wimmelt es an diesem Stand von Schulkindern, die sich eine leckere Bohnen-Kaltschale kaufen (links). Mit der Presse gewinnt man den Saft aus Zuckerrohr (unten).

# Schwarze-Bohnen-Kaltschale

che dau den

Einweichzeit: 12 Std.
Zubereitungszeit: 10 Min.
Garzeit: 1/2 Std.
Abkühlzeit: 2–3 Std.
Pro Portion ca.: 170 kcal

Zutaten für 4 Personen:
100 g schwarze Bohnen
80 g Zucker
1 TL Speisestärke

Schwarze Bohnen in lauwarmes Wasser legen und über Nacht einweichen. Die Bohnen zum Kochen bringen, abgießen und mit 1 1/2 l frischem Wasser wieder zum Kochen bringen. Bei schwacher Hitze 2 Stunden kochen lassen, bis die Bohnen weich sind.

Bohnen abgießen, Flüssigkeit auffangen und abmessen, auf 1 l ergänzen, wieder zu den Bohnen gießen, Zucker zugeben. Die Stärke mit etwas kaltem Wasser mischen und in die heiße Flüssigkeit rühren. Die Bohnen wieder auf den Herd stellen und in 5 Min. fertig kochen, dabei immer wieder umrühren. Abkühlen lassen und mit Eiswürfeln servieren.

### Variante: Grüne Bohnen-Kaltschale – che dau xanh
Sie wird im Süden zubereitet.
100 g geschälte und halbierte Mung-Bohnen in einem Sieb gründlich abspülen, mit 1 l Wasser oder 600 ml Wasser und 400 ml Kokosmilch zum Kochen bringen und 20 Min. kochen. Den Topf vom Herd nehmen, Zucker und Stärke zugeben, wieder auf den Herd stellen und in 5 Min. fertig kochen, bis die Bohnen beginnen zu zerfallen. Dabei immer wieder umrühren, damit die Bohnen nicht am Topfboden festkleben.

Neben den traditionellen Kaffee-
häusern in Hanoi boomen inzwischen besonders in Nha Trang
Cafés, in denen sich die jungen
Leute treffen (oben).
Wein ist zwar in Vietnam noch
nicht sehr verbreitet, wird
in anständiger Qualität produziert – v.a. in der Hochebene
von Dalat (unten).

## Erfrischungsgetränke

Gegen den Durst und zur Erfrischung trinken Vietnamesen im ganzen Land oft frisch gepressten Zuckerrohrsaft mit Eiswürfeln, *nuoc mia*. An der Küste ist zudem frische Kokosmilch, *nuoc dua*, beliebt. Egal, ob aus Mangos, Papaya, Bananen oder Avocados – Säfte aus pürierten Früchten, *sinh to*, sind ebenfalls eine besondere Spezialität in Vietnam. Sogar das Heilkraut *rau ma* wird püriert und leicht gezuckert zum Trinken angeboten, es

erfrischt und soll noch dazu die Blutbildung anregen. *Che* ist ein Sammelbegriff für Getränke oder vielmehr flüssige Desserts meistens auf Basis von gezuckerter Kokosnussmilch, der Trockenfrüchte, Bohnen, Lotussamen, Wasserkastanien oder Reismehlklößchen zugefügt werden. Neben den einheimischen Erfrischungen gibt es inzwischen natürlich auch in Vietnam die einschlägigen industriell hergestellten Limonaden internationaler Hersteller.

## Alkoholische Getränke

Im Allgemeinen ist Trinkfestigkeit in der vietnamesischen Gesellschaft keine Tugend, die besondere Anerkennung fände. Das liegt zum einen sicher daran, dass Vietnamesen wie die meisten Asiaten nur wenig Alkohol vertragen, zum anderen aber gilt übermäßiger Alkoholkonsum in der Öffentlichkeit als schlechtes Benehmen. Traditionell ist es außerdem nicht üblich, zum Essen etwas zu trinken. Und natürlich ist Alkohol gewöhnlich teurer

als andere Getränke. Zu den preiswertesten alkoholischen Getränke gehören die aus Reis hergestellten. Ein bekanntes Nationalgetränk ist *ruou de* oder *choum* – ein starker farbloser Alkohol aus Klebreis, der japanischem Sake ähnelt. Man trinkt ihn warm bei besonderen Gelegenheiten und bringt Trinksprüche mit ihm aus. Die billigsten Reisweine werden vor allem zum Kochen verwendet.

Die Franzosen brachten französischen Wein nach Vietnam, und in den vergangenen Jahren wird er mehr und mehr aus aller Welt importiert. Inzwischen baut man im Hochland Vietnams sogar Weintrauben an und produziert eigenen Wein. Immerhin sind viele Asien-Kenner der Meinung, dass die vietnamesische Küche die einzige Asiens sei, zu der Wein als Getränk gut passe, weil das Essen weniger scharf gewürzt ist.

Bei den Einheimischen ist Bier beliebter. Gemeint sind hier nur die Männer. Vietnamesische Frauen trinken praktisch keinen Alkohol, schon gar nicht in der Öffentlichkeit. Neben dem sehr verbreiteten *Tiger Beer* aus Singapur gibt es inzwischen auch mehrere einheimische Biersorten, die preiswerter sind und leichter. Fast jede größere Stadt braut ihr eigenes Bier. Zu den bekanntesten Biermarken gehören das erfrischende *Saigon Beer*, *Hanoi Beer* und das bekannte 333 (*ba ba ba* ausgesprochen). Letzteres schmeckt sehr würzig. Einen besonders charakteristischen, malzigen Geschmack hat *Song Han* aus der kleinen Küstenstadt Hoi An. Oft wird außerdem gezapftes Bier, *bia hoi*,, ausgeschenkt.

Auch Vietnamesen trinken Bier am liebsten gekühlt. Doch gerade auf dem Land sind Kühlmöglichkeiten rar. Und selbst wenn ein Kühlschrank in der Dorfschänke steht: Bei 32° Außentemperatur ist das kalte Bier schnell wieder warm. Die Lösung der Einheimischen ist für die meisten Westler undenkbar: Sie trinken ihr Bier mit Eis, *bia da*. Wir haben es probiert und es hat uns geschmeckt. Wer Angst vor Eis aus möglicherweise verschmutztem Wasser hat, sollte natürlich die Finger davon lassen.

### Eistee – tra da

Vor allem im Süden das wichtigste Getränk. Grüner Tee wird stark verdünnt, abgekühlt und ohne weiter Zutaten mit Eiswürfeln serviert.

### Limettensaft mit grünem Tee – nuoc chanh ot

Eine Art Caipirinha ohne Alkohol: 1 1/2 EL braunen Zucker mit Limettenstücken in einem großen Glas (Inhalt ca. 300 ml) zerdrücken. Das Glas mit zerstoßenem Eis füllen und mit grünem Tee aufgießen.

### »Same same but different«

Ein Sommerdrink aus dem Ana Mandara-Ressort. Hier ein exaktes Rezept – wie sich im Namen des Getränks aber schon andeutet, unterliegt es im Alltag einer Art »asiatischer Unschärferelation«.

4 EL Cranberry-Saft mit 3 EL Grand Marnier mischen. 2 EL Passionsfruchtsaft oder den Saft von 1 Passionsfrucht zugeben und mit Eiswürfeln in einem Shaker kräftig schütteln. Den Drink durch ein Sieb in ein Martiniglas gießen und mit Orangenscheiben dekoriert servieren.

### Sojamilch mit Pandanus – sua dau nanh

2 Pandanus-Blätter mit einem Messerrücken leicht quetschen und mit 1 l Sojamilch und 1–2 EL Zucker langsam zum Kochen bringen, vom Herd nehmen und 10 Min. ziehen lassen, warm oder kalt servieren.

### Tigerkraut-Cooler – nuoc rau ma lanh

Für 4 Gläser 1 Bund Rau Ma-Kraut mit 4 EL Zucker und 1/2 l Wasser im Mixer pürieren, durch ein Sieb gießen und mit viel Eis servieren.

Ist bei sommerlicher Hitze erfrischend, hilft v.a. bei Kindern gegen Hitzebeschwerden, wie z.B. Hitzepickelchen und ist für die Blutbildung günstig.

# Dips, Saucen und Würzpasten *gehören immer dazu, wenn vietnamesisch gekocht wird. Hier finden Sie die wichtigsten Grundrezepte, die in den Rezepten immer wieder benötigt werden bzw. zum fertigen Gericht auf den Tisch kommen.*

## Baguette aus Vietnam

Das vietnamesische Baguette ist eine eindeutige Hinterlassenschaft der französischen Kolonialherren. Vom Original unterscheidet es sich vor allem durch die Form; manchmal wird dem Weizenmehl etwas Reismehl beigemischt. Das gibt dem neutralen Teig eine vietnamesische Note. Hier das Rezept:

500 g Mehl, 1 TL Salz, 1/2 Würfel Hefe,
1 EL Zucker, 2 EL Butter

Mehl und Salz mischen. Hefe in die Mitte bröseln, Zucker und 3 EL lauwarmes Wasser zugeben. Zu einem zähflüssigen Brei verrühren und mit etwas Mehl bestäuben. Mit einem Tuch zudecken und 10 Min. gehen lassen, bis die Hefe beginnt zu arbeiten. Butter schmelzen, mit 300 ml lauwarmem Wasser zum Teig geben und kneten, bis der Teig nicht mehr klebt. Teig zudecken und an einem warmen Ort gehen lassen, bis sich das Volumen verdoppelt hat. Das dauert 45–60 Min. Backofen auf 230° vorheizen (Umluft 210°). Das Backblech fetten. Den Teig aus der Schüssel nehmen, zu 4 je 15–20 cm langen Laiben formen. (Vietnamesische Baguettes sind etwas kürzer und dicker als die französischen und haben spitze Enden.) Auf das Blech legen und zugedeckt 30–40 Min. gehen lassen. Baguettes mit einer Rasierklinge oder einem sehr scharfen Messer 3–4-mal schräg einschneiden und im Backofen (Mitte) in 20–25 Min. goldbraun backen.

Vietnamesisches Baguette

## Bohnen-Dip – tuong goi cuon

1 kleine Zwiebel, 2 El süße Sojabohnenpaste oder -sauce, 2 El Reisessig, 2 EL Zucker, 3 EL Kokosmilch (Dose), 1 EL geröstete und gesalzene Erdnüsse,
1 TL grobe Chilipaste

Zwiebel schälen, fein schneiden und mit Sojabohnenpaste, Essig, Zucker, Kokosmilch und 4 EL Wasser mischen. Erdnüsse hacken und mit Chilipaste auf den Dip geben, erst am Tisch verrühren.
Besonders gut schmeckt der Bohnen-Dip mit roter Bohnenpaste (s. rechts). Der Bohnen-Dip wird für Glücksrollen oder Zuckerrohrgarnelen verwendet.

## Rote Bohnenpaste – tuong ngot

150 g rote chinesische Bohnen, 4 EL Zucker, 3 EL Öl oder Schweineschmalz

Bohnen mindestens 12 Std. in Wasser einweichen. Mit dem Einweichwasser in 1 Std. weich kochen. Bohnen durch eine Kartoffelpresse drücken oder pürieren und durch ein Sieb streichen, um die Schalen zu entfernen. Bohnenpüree mit Zucker und Öl unter Rühren kochen, bis sich der Zucker gelöst hat. Manchmal wird ein Stück getrocknete Mandarinenschale mit den Bohnen gekocht.
Mit etwas Wasser zu einer cremigen Paste verdünnt und aufgekocht ist die Paste ein Dip für Schweinefleischgerichte, meist aber Basis für Bohnen-Dips.

## Hoisin-Sauce mit Erdnüssen – tuong mo

Rote Bohnenpaste (s. oben), 3 Knoblauchzehen,
3–5 Chilischoten, 2 TL Salz, 2 EL Reisessig,
2 TL 5-Gewürze-Pulver, 1 TL Speisestärke,
5 EL geröstete Erdnüsse

Bohnenpaste mit 300 ml Wasser verrühren und zum Kochen bringen. Knoblauch schälen, Chilis grob zerkleinern. Beides mit Salz im Mörser zerstoßen. Mit Essig und 5-Gewürze-Pulver zur Bohnensauce geben. Stärke mit 2 EL kaltem Wasser verquirlen, den Topf vom Herd nehmen, die Stärke einrühren und die Sauce noch einmal 2–3 Min. kochen. Erdnüsse fein hacken, die Hälfte unter die Sauce rühren, die andere Hälfte darauf streuen.
Die Sauce gibt es auch als Fertigprodukt. Hoisin-Sauce mit Erdnüssen eignet sich besonders gut für Grillgerichte und Frühlingsrollen.

## Leichte vietnamesische Erdnusssauce – nuoc leo

1 Knoblauchzehe, 1–2 frische thailändische Vogelaugenchilis, 1 TL Zucker, 100 g Erdnüsse, 1 EL Öl,
1/4 l Hühnerbrühe, 5 EL Kokosmilch (Dose),
1 EL Hoisin-Sauce (Fertigprodukt), 1 EL vietnamesische Fischsauce

Knoblauch schälen, Chilis klein schneiden und mit Knoblauch und Zucker im Mörser zerreiben. 1 EL

Erdnüsse grob hacken, den Rest im Mixer oder Blitz-hacker fein mahlen. Öl erhitzen. Gemahlene Erdnüsse darin bei schwacher Hitze 2–3 Min. rösten, die Würzpaste zugeben und 2–3 Min. weiterrösten. Brühe, Kokosmilch, Hoisin- und Fischsauce zugeben, aufkochen und bei schwacher Hitze 10 Min. kochen lassen. Mit Erdnüssen bestreuen.

## Fisch-Dip – nuoc mam cham

1 Chilischote, 1 Knoblauchzehe, 1–2 EL Zucker, 2 EL Limettensaft, 4 EL vietnamesische Fischsauce
Chili in feine Ringe schneiden, Knoblauch schälen und mit Chili und etwas Zucker im Mörser zerstoßen. Die Würzpaste mit dem restlichen Zucker, Limettensaft und Fischsauce verrühren. Der Dip wird je nach Rezept verschieden stark mit Wasser verdünnt.

Von diesem nationalen Dip gibt es Varianten wie Mücken im Reisfeld: Im Norden werden Zucker und Limettensaft oft weggelassen. Meistens schwimmen darin sowohl einige Chiliringe als auch kleine Mengen fein gehacktes Gemüse – Möhren, eingelegter Rettich, grüne Papaya, Schalotten, Erdnüsse oder sogar fein geschnittene Pak Choi-Stiele.

## Fisch-Dip mit Reisessig – nuoc mam cham Ha Noi

4 Knoblauchzehen, 1 EL Zucker, 80 ml vietnamesische Fischsauce, 120 ml Reisessig, 1 EL Chili-Essig-Sauce (frisch s. Seite 212 oder aus dem Glas)
Knoblauch schälen und mit Zucker im Mörser zerstoßen. Paste mit Fischsauce und Essig verrühren und mit Chilisauce abschmecken.
Genauso wie die südliche Variante des Fisch-Dips wird auch diese Version gerne mit fein gehackten Gemüsen verfeinert.

## Süß-scharfer Zitronen-Dip – nuoc chanh ot

2 Zitronen, 1–3 scharfe rote Chilischoten, 60 g Zucker, 4 EL vietnamesische Fischsauce
Zitronen mit einem scharfen Messer so schälen, dass auch die weiße innere Haut entfernt wird. Filets aus den Trennhäuten zwischen den einzelnen Segmenten lösen, dabei den Saft auffangen. Zitronenfilets und Saft sollen insgesamt 100 ml ergeben. Chilis entkernen, grob hacken. Chilis, Zitronensaft und -stücke und Zucker im Mörser zerstoßen, zuletzt die Fischsauce zugeben.
Für einen **Limettendip** nehmen Sie 3 Limetten.

## Garnelen-Dip – nuoc cham lat

200 g rohe geschälte Shrimps oder Riesengarnelen, 125 ml Brühe oder Wasser, 1–2 scharfe, kleine Chilischoten, z. B. Vogelaugenchilis, 2 EL vietnamesische Fischsauce, 2 EL Zucker, 1 EL Reisessig
Shrimps hacken und mit der Brühe in einem kleinen Topf zum Kochen bringen, 5 Min. bei schwacher Hitze ziehen lassen. Chilis in Ringe schneiden. Shrimp-Brühe vom Herd nehmen, etwas abkühlen lassen und mit Fischsauce, Zucker, Reisessig und Chilis verrühren.
Der Dip wird ähnlich wie Fisch-Dip verwendet, v.a. für Gerichte aus der Gegend von Hue.

## Garnelen-Dip mit Galgant – nuoc mam vieng

200 g rohe, geschälte Riesengarnelen, 1 EL Öl, 30 g frischer Galgant, 1–2 Peperoni, 1–2 Knoblauchzehen, 1 TL Reispulver, 1/2 TL Salz
Die Riesengarnelen mit dem Öl mischen und auf einem Holzkohlegrill, in einer Grillpfanne oder einer Pfanne bei starker Hitze von beiden Seiten je 2–3 Min. garen. Auf einem Teller etwas abkühlen lassen. Galgant schälen und grob zerkleinern. Peperoni entkernen und grob zerkleinern. Knoblauch schälen und mit Galgant, Chilis, Reispulver und Salz im Mörser fein zerreiben. Riesengarnelen hacken und im Mörser mit den anderen Zutaten zu einer homogenen Paste verarbeiten, 4–5 EL Wasser zugeben. Zugedeckt 2 Std. bei Zimmertemperatur ziehen lassen.
Garnelen-Dip mit Galgant passt gut zu gekochtem Fleisch, aber auch zu den meisten Glücksrollen. Bekommen Sie Galgantwurzeln mit Blättern, so decken Sie die Paste damit ab, sie wird dadurch besonders fein.

## Ingwer-Limetten-Sauce – nuoc mam gung

1 Knoblauchzehe, 60 g Ingwer, 2 Peperoni, 3 EL Zucker, 2 EL Limettensaft, 4 EL vietnamesische Fischsauce
Knoblauch und Ingwer schälen und fein hacken, Peperoni grob zerkleinern. Alles mit dem Zucker in einem Mörser zu einer feinen Paste zerstoßen. Mit Limettensaft, Fischsauce und 3 EL Wasser mischen. Die Sauce passt besonders gut zu Huhn oder Fischgerichten.

Fisch-Dip aus Hoi-An

### Ananas-Fisch-Dip – mam nem

150 g frische Ananas (Fruchtfleisch), 1–2 frische thailändische Vogelaugenchilis, 1/2 Bund chinesischer Schnittlauch, 1 EL dickflüssige Fischsauce (*mam nem*), 2 EL Limettensaft (oder Reisessig), 1 EL Zucker

Ananasfleisch fein hacken oder grob zerkleinern und im Blitzhacker pürieren. Peperoni entkernen und fein hacken. Schnittlauch waschen, fein schneiden. Alles mit Fischsauce, Limettensaft und Zucker verrühren.

Die Sauce passt am besten zu gegrilltem Fleisch, Huhn oder Fleischfondues. Auch zum berühmten gegrillten Dillfisch (s. Seite 188) gehört diese Sauce, allerdings in einer Variante mit sehr viel mehr dickflüssiger Fischsauce *mam nem* – der Geschmack ist sehr gewöhnungsbedürftig. *Mam nem* können Sie durch normale Fischsauce ersetzen.

### Limetten-Soja-Sauce – nuoc tuong pha

1 Knoblauchzehe, 1–2 frische thailändische Vogelaugenchilis, 2 EL Zucker, 4 EL leichte Sojasauce, 3 El Limettensaft

Knoblauch schälen, Chilis grob zerkleinern. Beides mit dem Zucker im Mörser zu einer feinen Paste zerstoßen. In einer kleinen Schüssel mit Sojasauce, Limettensaft und 2–3 EL Wasser mischen.

Sie können die Sauce mit etwas geriebenem Ingwer oder gehacktem Koriander verfeinern.

Fischsauce mit Chili

### Limetten-Soja-Sauce mit Erdnüssen – tuong dau phung

4 EL Erdnusskerne, Limetten-Soja-Sauce (s. oben), 1/2 Bund Koriandergrün, 3–4 Zweige Polygonum

Erdnüsse in einer Pfanne ohne Fett rösten, bis sie duften, dabei ständig rühren oder schwenken. 1 EL Erdnüsse grob hacken, den Rest fein mahlen. In einer kleinen Schüssel die Limetten-Soja-Sauce mit Erdnüssen und Kräutern mischen.

### Scharfe Zitronengras-Soja-Sauce – nuoc sa ot

1 Stängel Zitronengras, 2 Frühlingszwiebeln, 2–4 frische thailändische Vogelaugenchilis, 5 EL leichte Sojasauce, 2–3 EL Öl

Äußere Blätter vom Zitronengras entfernen, längs vierteln und fein hacken. Frühlingszwiebeln waschen, putzen und in feine Ringe schneiden. Chilis entkernen und in feine Streifen schneiden. Sojasauce in ein Schälchen füllen. Öl erhitzen, die Gewürze darin bei mittlerer Hitze goldbraun braten, vom Herd nehmen und heiß in die Sojasauce gießen.

### Zitronengras-Curry-Paste – tuong sa ca ry

6–8 Stängel Zitronengras, 1/4 Limette, 10 g Kurkumawurzel (ersatzweise 1 TL Kurkumapulver), 40 g Galgantwurzel, 2–4 scharfe Chilischoten, 1 TL Salz, 12 violette Schalotten, 5 Knoblauchzehen, 2 EL Öl, 1–2 TL Garnelenpaste

Zitronengras ohne die äußeren Blätter längs vierteln und so fein wie möglich schneiden. Limette waschen und grob hacken. Kurkuma und Galgant schälen und grob hacken. Chilis entkernen. Alles mit Salz im Blitzhacker fein zerkleinern. Schalotten und Knoblauch schälen und fein hacken. Öl in einem kleinen Topf erhitzen, Garnelenpaste, Schalotten und Knoblauch darin 1-2 Min. anbraten und abkühlen lassen. Die Gewürze untermischen.

Gekühlt hält sich die Currypaste einige Tage, gefroren einige Monate.

### Süßer Soja-Dip mit Ingwer – nuoc tuong den ot

20 g frische Ingwerwurzel (am besten junger Ingwer), 1–3 frische scharfe Chilischoten, 3 EL süße Sojasauce, 1 TL Chilipaste

Ingwer schälen und in Scheiben schneiden. Chilis entkernen und grob hacken. Chilis und Ingwer im Mörser zerstoßen, die anderen Zutaten zugeben. Der Dip passt zu allen gedämpften Gerichten.

### Chili-Essig-Sauce – tuong ot toi

100 g Peperoni oder milde große Cillischoten, Salz, 1 Knoblauchzehe, 100 ml Weißwein- oder Reisessig

Peperoni waschen und grob zerkleinern, scharfe Peperoni entkernen. Im Mörser zerdrücken. 1 Std. in Salzwasser einweichen, abgießen. Knoblauch schälen. Peperoni mit Knoblauch, 1 EL Salz und Essig sehr fein pürieren. In heiß ausgespülte Fläschchen füllen und verschließen.

Die Sauce hält sich mehrere Monate ohne Kühlung. Sie sollte sauer, nicht zu scharf und relativ salzig schmecken. Falls die Peperoni zu scharf sind, die Kerne entfernen. Scharfe Peperoni zerdrücken, kurz in kochendem Wasser blanchieren, abgießen, kalt abschrecken und dann erst in Salzwasser legen.

Mit den richtigen Peperoni selbst gemacht ist die Sauce »Weltklasse«. Meist wird die Sauce verwendet, um Suppen, gebratene Nudeln oder Reis abzuschmecken, sie eignet sich aber auch hervorragend als Dip, z. B. für Tunfisch im Betelblatt (s. Seite 161).

## Grillmarinade – nuoc uop

2 violette Schalotten, 1 EL vietnamesische Fischsauce, 1 EL Sojasauce, 1 TL Zucker, 2 EL Öl
Schalotten schälen und würfeln, mit allen Zutaten mischen. Fisch oder Fleischstücke darin einige Minuten marinieren.

## Karamellsauce – nuoc mau

100 g Zucker mit 2 EL Wasser in einem kleinen, schweren Topf schmelzen. Kochen, bis der Zucker sich dunkel-golden färbt. 130 ml Wasser zugeben – Vorsicht, das blubbert und spritzt! Bei schwacher Hitze kochen, bis der Zucker sich aufgelöst hat und der Sirup beginnt einzudicken. Abgekühlt soll der Karamellsirup eine honigartige Konsistenz haben. Der Sirup hält in einem verschlossenen Glas gut 1 Monat ohne Kühlung.

## Schalottenöl und knusprige Schalotten – hanh phi

5 violette Schalotten (Thai-Schalotten), 200 ml Öl
Die Schalotten schälen und in 3 mm dicke Scheiben schneiden, 30 Min. auf einem Teller trocknen lassen. Dann in einem flachen Topf mit dem Öl bei schwacher Hitze in 15 Min. goldbraun und knusprig garen.
Schalottenöl für Suppen und Eintöpfe verwenden, die knusprigen Schalotten auf Küchenpapier abtropfen lassen und als Garnitur verwenden.

## Geröstete Erdnüsse – dau phong ran

200 g rohe geschälte Erdnüsse auf einem Backblech im Ofen bei 175° Umluft 5–7 Min. rösten. Zwischendurch das Backblech ein- oder zweimal etwas schütteln, damit die Erdnüsse gleichmäßig braun werden. Es geht auch in einer großen Pfanne ohne Fett – dabei immer umrühren. Ganz so gleichmäßig wie im Ofen wird es aber nicht.
Am allerschnellsten, aber nie so frisch wie selbst geröstet: geröstete Erdnüsse aus dem Knabberregal im Supermarkt. Wenn Sie diese Erdnüsse verwenden, die Gerichte unbedingt etwas weniger salzen.

## Grundbrühe für Suppen – nuoc dung

Für ca. 1,2 l die Knochen von 1 Huhn oder ca. 500 g Hühnerkeulen in 1 1/2 l Wasser aufkochen lassen. 1 Zwiebel mit Schale halbieren, 5 cm Ingwer in dicke Scheiben schneiden, beides im Mörser leicht quetschen und in die Brühe geben. 1 Std. köcheln lassen, dabei immer wieder den Schaum abschöpfen. Erst zum Schluss salzen, durch ein Tuch oder ein feines Sieb abgießen.

Je nach Zutaten und Verwendung wird die Brühe leicht verändert: Für kräftige Suppen kommt oft ein Schweineknochen dazu, oft auch 1 kleiner getrockneter Tintenfisch (der muss vorher ca. 15 Min. in lauwarmem Wasser liegen und dann abgespült werden).
Asiatische Grundbrühen enthalten immer nur wenige Zutaten im Vergleich zu den komplizierteren europäischen Brühen. Sie haben sozusagen weniger »Ballast«, der Geschmack der Hauptzutaten kommt klarer zum Vorschein.

## Vietnamesischer Beilagensalat – rau song

1 kleiner Kopf Salat, 200 g Salatgurke,
1 Bund gemischte vietnamesische Kräuter,
50 g Sojasprossen
Alle Zutaten waschen und trockenschleudern. Salatblätter abzupfen, aber nicht zerteilen. Die Gurke in dünne Scheiben schneiden, eventuell vorher halbieren und entkernen. Kräuter an den Zweigen lassen, höchstens Wurzeln oder dicke Stiele entfernen. Auf einer Platte oder einem Teller anrichten.
Dieser Salat steht bei fast jedem Essen auf dem Tisch. Mit der Auswahl der Kräuter können Sie experimentieren, bei vielen Rezepten stehen die am besten geeigneten oder traditionell verwendeten Kräuter dabei. Ergänzt wird der Salat oft durch fein geschnittene grüne Bananenscheiben oder halbreife Sternfruchtscheiben. Jeder Gast nimmt sich Kräuter, um das Essen damit zu verfeinern oder rollt Kräuter und Sprossen in 1 Stück Salatblatt und tunkt es in den zum Essen gereichten Dip. Falls es keinen speziellen Dip gibt, wird meist der Fisch-Dip (s. Seite 211) serviert.
Wenn der Salat zu Grillgerichten serviert wird, kommen oft noch kleine Reispapiere dazu, die sich jeder Gast selber einige Sek. in einer Schüssel mit lauwarmem Wasser einweichen kann, um dann Fleisch oder Fisch mit Kräutern und Salat darin einzuwickeln und in den passenden Dip zu tauchen.
Für Gerichte, die keine Kohlenhydrate enthalten, werden dem Salat oft gekochte dünne Reisnudeln (Bun) beigefügt. Oder man serviert Reisnudeln mit frischen Kräutern (s. oben).

Dips und Kräuter

# Grundrezepte Reis

*Wie in allen Ländern Asiens ist Reis in Vietnam das wichtigste Nahrungsmittel. Vietnamesen essen ihn gekocht, gebraten oder als Klebreis und benutzen ihn auch als Grundlage für Nudelteig und die typischen Reismehlblätter.*

## Reisnudeln mit frischen Kräutern – bun voi rau thom

400 g runde Reisnudeln (Bun) 10 Min. in lauwarmes Wasser legen. Einen großen Topf mit Wasser zum Kochen bringen, Reisnudeln hineingeben und ca. 4 Min. (oder nach Packungsangabe) kochen. Die Nudeln sollen weiß und noch etwas bissfest sein. Abgießen, mit kaltem Wasser abschrecken und abtropfen lassen. 100 g grüner Salat (1/2 kleiner Kopf) und 100 g Sojasprossen waschen und trocknen. 100 g Gurke schälen, längs halbieren und mit einem Teelöffel entkernen, das Fruchtfleisch in sehr dünne Scheiben oder in streichholzdicke Streifen schneiden. 1 Bund gemischte vietnamesische Kräuter waschen, trockenschütteln, abzupfen und grob hacken. Reisnudeln und Kräuter mischen und anrichten.

Mit Fisch-Dip (s. Seite 211) gemischt ist das Gericht ein feiner »Nudelsalat«. Meistens werden Kräuter-Reisnudeln aber als Beilage zu Gerichten serviert, die selber wenig Sauce haben oder mit einem Dip kombiniert werden. Kräuter-Reisnudeln sind oft eine Alternative zu Reis, wobei Reis sich für Gerichte mit viel Sauce besser eignet. Bei der Wahl der Kräuter können Sie nach Angebot und Geschmack experimentieren, manchmal werden im Rezept spezifische Kräuter vorgeschlagen.

## Reis – nau com

400 g Duftreis in einem Sieb gründlich abspülen, damit die überschüssige Stärke entfernt wird und der Reis am Ende nicht zu stark klebt. Reis mit 1 TL Salz und 700 ml Wasser in einen mittelgroßen Topf geben, zum Kochen bringen und 5 Min. bei mittlerer Hitze zugedeckt kochen lassen. Ab und zu, am besten mit Stäbchen, umrühren. Jetzt ist die meiste Flüssigkeit verdampft. Den Topf kurz vom Herd nehmen, die Hitze reduzieren und den Reis bei schwacher Hitze zugedeckt 12 Min. garen. Vom Herd nehmen, den Reis mit Holzstäbchen vorsichtig auflockern und 10 Min. zugedeckt stehen lassen. Der Reis soll nun körnig und trocken aussehen, die Körner kleben etwas aneinander.

*Tipps:* Es gibt sehr unterschiedliche Duftreisqualitäten. Einfachere Sorten geben, trotz gründlichem Spülen, viel Stärke ans Kochwasser ab, die Oberfläche des Reiskorns löst sich dabei teilweise auf, der

Ganz frisch hergestellte Reisnudeln, mit Soja- und Fischsauce genossen, sind eine ähnliche Delikatesse wie bei uns neue Kartoffeln mit Butter und Salz (links). Besonders für Glücksrollen – *banh cuon* – werden die Reismehlblätter frisch gemacht (Bilder rechts).

Reis wird leimig. Die Preisunterschiede sind gering, kaufen Sie nur den besten Duftreis.
Ein Topf mit dicht schließendem Deckel ist wichtig. Den Deckel eventuell noch mit einem Gewicht beschweren.

## Klebreis – xoi nep

200 g Klebreis in einer Schüssel mit Wasser im Kühlschrank mindestens 12 Std. einweichen. Den Reis abgießen und gründlich durchspülen. 1 Dämpfkorb (mindestens 24 cm ø) auf einen passenden, zur Hälfte mit Wasser gefüllten Topf oder Wok setzen, mit einem Passiertuch auslegen. Klebreis in das Tuch schütten, die Ecken des Tuches über dem Reis zusammenschlagen, so dass an den Rändern des Dämpfkorbes genug Platz für den Dampf bleibt. Reis 20–25 Min. dämpfen, bis er gar, aber nicht zerfallen ist. Bei größeren Reismengen einen größeren Dämpfkorb verwenden. Die Garzeit erhöht sich etwas, mehr als 500 g Reis sollten Sie nicht auf einmal dämpfen, sonst gart der Reis ungleichmäßig. Statt des Tuches können Sie auch ein Stück Bananenblatt verwenden, dadurch erhöht sich aber auch die Garzeit.
Klebreis kann auch im Wasser gegart werden, im Dämpfkorb gelingt er aber perfekter.

## Reismehlblätter selber machen

200 g Stärkemix für *banh cuon* (Fertigprodukt),
1/2 TL Salz
Außerdem: 1 Topf mit kuppelförmigem Deckel oder 1 Wok, in den der Dämpfkorb passt, 1 lange Palette, 1 Bambusdämpfkorb von 20–12 cm ø.

Am einfachsten bereiten Sie den Dämpfkorb so vor: Das Tuch über den Boden des Korbs ziehen, am Rand fest mit einer starken Schnur umwickeln und festbinden, noch einmal festziehen. Für alle, die häufiger Reisblätter selber machen: Ein rundes Stück Stoff am Rand umnähen und eine Kordel einziehen, so dass der Stoff ganz gleichmäßig gespannt werden kann.
Stärkemix, Salz und 375 ml Wasser verrühren und etwas quellen lassen. Den vorbereiteten Dämpfkorb auf den Topf oder Wok mit kochendem Wasser setzen. Für jedes Reismehlblatt mit einer kleinen Schöpfkelle den Teig kurz umrühren, ca. 2 EL Reisteig auf das Dämpftuch gießen, schnell mit kreisenden Bewegungen mit dem Löffelrücken verteilen. Deckel auflegen und ca. 2 Min. dämpfen. Deckel abnehmen, mit der Palette am Rand unter das Reisblatt fahren, das Blatt vorsichtig hochheben und auf einen großen geölten Teller legen. Das nächste Reisblatt genauso dämpfen.
*Tipps:* Mit dem Spezial-Mix werden die Reisblätter schöner. Wenn Sie ihn nicht bekommen, nehmen Sie 150 g Reismehl und 50 g Tapiokastärke.
Die Blätter wie Reispapier für Glücksrollen verwenden.
Wenn Sie das Reispapier auf Bambusmatten trocknen lassen, haben Sie die klassischen Reispapierhüllen für Frühlingsrollen selber gemacht. In Bandnudeln geschnitten, haben Sie frische Nudeln für *pho* oder ähnliche Gerichte – und nähern sich so dem Olymp der vietnamesischen Küche ...

# Geräte für die vietnamesische Küche

*Im Grunde kommen Sie mit Ihren Küchengeräten aus. Vietnam war lange ein sehr armes Land - die Qualität unserer Töpfe und Messer ist sicher besser als die der vietnamesischen. Ein paar Dinge – allen voran Mörser, Grill und Dämpfutensilien - sind dennoch unverzichtbar, um authentisch zu kochen.*

### Japanischer Gemüsehobel/Mandoline

Manchmal wird noch eine Art großer Zestenreißer verwendet, um Gemüsestreifen zu machen. Besser geeignet ist aber ein spezieller Gemüsehobel.

### Mörser

Auf ihn kann man fast nicht verzichten, v. a. um Gewürze zu zerreiben. Je größer und schwerer ein Mörser ist, desto besser – ein schwerer Stößel reduziert den Kraftaufwand bei der Herstellung von Gewürzpasten und -pulvern. Sogar frisch gemörserter Pfeffer schmeckt noch besser als Pfeffer aus der Pfeffermühle.

### Grill

Es gibt ein typisches vietnamesisches Modell aus gebranntem Ton. Es ist teilweise mit Metall ummantelt als Kantenschutz, oft werden Klappgitter verwendet, um das Grillgut auf den Grill zu legen. Diese Grills gibt es in sehr verschiedenen Größen, kleine Modelle kann man auf den Tisch stellen.

### Passiertuch

Passiertücher werden v.a. in der Gastronomie verwendet, um Brühen und Fonds abzugießen; es gibt sie aber auch im Haushaltsgeschäft. Passiertücher sind aus etwas gröberem, also durchlässigerem, Stoff als die meisten Küchentücher. Sie sind nicht gemustert, lassen sich also sehr heiß waschen. Statt einem Passiertuch können Sie immer auch ein Küchentuch verwenden.

### Wok oder beschichtete Pfanne

In Vietnam werden Pfannen und Woks zum Kochen verwendet. Beide sind dort meistens aus Blech, weil Holzfeuer oder Gas als Energiequelle verwendet wird. Auf europäischen Elektro-Herden eignen sich schwere, beschichtete Pfannen für die meisten Gerichte am besten. Manchmal, speziell beim Frittieren, ist ein Wok besser geeignet, auch einen Dämpfkorb kann man besser in einen Wok setzen. Neben den funktionalen Aspekten macht die rituelle Verwendung eines Woks aber auch einfach Spaß – es ist ein schönes Gefühl, ein besonderes Essen in einem besonderen Kochgeschirr zuzubereiten.

Auf jedem Markt werden Küchenutensilien verkauft, oftmals aus Blech. Sehr praktisch sind große Stäbchen zum vorsichtigen Umrühren in der Pfanne. Und ein Wok eignet sich auch bestens zum Frittieren.

## Tontopf, glasiert

Er wird v.a. im Mekong-Delta zum Schmoren verwendet (Schmoren in Karamellsauce). Schmortöpfe aus Metall sind besser geeignet, die Tontöpfe werden heute v. a. noch zum Schmoren von medizinisch wirksamen Gerichten verwendet, bei denen die Kräuter nicht mit Metall in Berührung kommen sollen. In ihm kann man auch gut die Schmorgerichte servieren. (s. Seite 60)

## Dämpfutensilien

Dämpfen ist eine der schonendsten Garmethoden, die es gibt. Vitamine und andere Bioaktivstoffe bleiben viel besser erhalten als beim Kochen, Schmoren oder Braten. Kleinere Stücke oder kleinere Mengen werden meistens direkt gedämpft, d.h., sie werden in einen Metall-Dämpfeinsatz oder einen Bambus-Dämpfkorb gelegt und auf einen Topf oder Wok mit kochendem Wasser oder Brühe gesetzt. Das Wasser sollte bei mittlerer bis starker Hitze kochen, damit genug Dampf für den Garprozess frei wird. Bei längeren Garzeiten (z. B. Klebreis) muss man eventuell Wasser in den Topf nachfüllen.

Für größere Stücke, größere Mengen oder Gerichte, die indirekt gedämpft werden, eignen sich spezielle mehrstöckige Dämpftöpfe aus Aluminium. Indirekt dämpfen heißt, eine Schüssel mit dem Gargut in den Dämpfer stellen, dabei kann das Gargut mit einer Marinade oder Sauce gedämpft werden, ohne dass diese in den Kochtopf tropft und so verloren geht. Beim indirekten Dämpfen tropft immer etwas kondensiertes Wasser vom Deckel des Dämpftopfes zurück in die Schüssel, was Sauce und Marinaden bei längeren Garzeiten verwässern kann – ein Tipp von Herrn Van Hoi, einem sehr kompetenten Großhändler für vietnamesische Lebensmittel: Ein kleines Loch in den Deckel bohren und mit einem Holzstäbchen verschließen, solange bis das Wasser kocht. Dann das Stäbchen entfernen, damit nicht zu viel Kondenswasser im Topf entsteht. Besonders luxuriös, wenn auch nicht ganz authentisch, ist das Dämpfen in einem Dampfgarer.

## Stäbchen zum Umrühren

Zum Umrühren in Pfanne oder Topf werden meist Stäbchen verwendet, wie in den umliegenden asiatischen Ländern auch. Diese »Kochstäbchen« sind meist etwas länger und dicker als die zum Essen verwendeten Stäbchen.

## Feuertopf / Fonduetopf

Er ist notwendig z. B. für den traditionellen Essig-Feuertopf. Häufig verwendet werden Fonduetöpfe aus Metall mit einem Kamin in der Mitte, in dem die glühende Kohle liegt. Die Handhabung von kohlebeheizten Feuertöpfen ist etwas umständlich und v. a. fürs Essen im Freien geeignet.

Europäische Feuertöpfe mit Rechaud sind eher zu empfehlen und ein vollwertiger Ersatz.

Schwertfisch in Tontopf

# Glossar  *Hier stellen wir Ihnen typische Zutaten der vietnamesischen Küche vor. Sie erhalten sie im gut sortierten Asienladen; bei ungewöhnlichen Zutaten helfen Ihnen sicher unsere Bezugsadressen auf Seite 235 weiter.*

Bananenblätter

Grüne Bananen

### Algen, weiße – rong bien

Die transparenten Algen werden getrocknet in kleinen Päckchen angeboten. Meist, v.a. für Salat, werden sie in kaltem Wasser eingeweicht und kurz blanchiert. Ersatz: die japanischen Wakame-Algen.

### Anattosamen

Die rötlichen dreieckigen Samen (gibt's auch als Pulver) färben Öl rot und aromatisieren es.

### Auberginen – ca phao

In Vietnam gibt es mehrere kleine Auberginensorten. Importiert wird v.a. eine etwa fingerlange, dünne Sorte mit leuchtend lila Färbung. Konsistenz und Geschmack sind wie bei europäischen Auberginen.

### Austernsauce → Seite 224

### Bananen – qua chuoi

**Bananenblätter** werden zum Einwickeln verwendet. In Vietnam nimmt man dafür angewelkte, leicht gelbe Blätter – sie sind elastischer und brechen weniger leicht. Es hilft, junge, knackige Blätter, wie man sie hier bekommt, vor Gebrauch in heißes Wasser zu legen. Will man Päckchen mit Spießchen verschließen, am besten die Blätter vorher lochen, damit sie nicht reißen. Auch Klammern funktioniert gut.
**Bananenblüten** werden v. a. für Salate und Suppen verwendet. Sie schmecken ähnlich wie Artischocken.
**Grüne Bananen** haben in reifem Zustand große Kerne und wird dann nicht mehr gegessen. Junge Bananen werden oft in dünnen Scheiben im Beilagensalat serviert.

### Bambussprossen – mang

Da die Qualität von Dosenware nicht so gut ist und frische oder nur in Wasser vorgekochte Bambussprossen selten erhältlich sind, haben wir uns auf ein Salatrezept beschränkt. Frische Sprossen müssen gegart werden, denn roh enthalten sie Blausäure.

### Basilikum, asiatisches → Seite 222

### Betelblätter → Seite 222

### Bittergurke – kho qua

Bis zu 30 cm lange Früchte mit rauer, genarbter Schale. Der Name kommt von dem hohen Gehalt an Bitterstoffen. Geerntet wird die Bittergurke unreif, mit heller Schale. Je reifer und damit dunkler sie ist, desto stärker wird der bittere Geschmack.

### Canh → Seite 34

### Chili – ot

**Chilischoten:** Die vietnamesische Küche ist eher sehr subtil als sehr scharf. Oft werden große, milde Chilischoten verwendet, ein Ersatz sind europäische Peperoni. Für manche Gerichte nimmt man die kleinen, sehr scharfen Vogelaugenchilis. Alle Chilisorten gibt es frisch oder getrocknet. Getrocknete Schoten können Sie in warmem Wasser einweichen, entkernen und dann wie frische verwenden. Am besten ist es, immer dieselben Sorten zu verwenden, dann können Sie die Schärfe am besten dosieren.
**Chiliflocken:** getrocknete Chilis in Flockenform. Man bekommt sie im Supermarkt. Sehr scharf!
**Chilipaste/-sauce** gibt es im Laden. Manchmal werden die Chilischoten nur grob zerstoßen, manchmal auch fein püriert. Auf jeden Fall gehören Essig, Salz und Zucker in die Sauce, aromatisiert wird mit Knoblauch, Ingwer, Tamarinde und anderen Gewürzen. Ein besonders gutes Rezept finden Sie auf Seite 212.

### Drachenfrucht (Pitahaya) – thanh long → Seite 146

### Fischsauce → Seite 102/103 und 224

### Fische und Meeresfrüchte → Seite 224/225

### Frühlingszwiebeln, asiatische – hanh la

Sie sind länger und dünner als die europäischen und schmecken etwas intensiver.

## Fünf-Gewürze-Pulver – ngu vi huong

Es besteht aus Sichuan-Pfeffer, Zimt, Gewürznelken, Fenchelsamen und Sternanis. Man kann es fertig kaufen oder selbst zu gleichen Teilen mischen.

## Galgant – rieng

Er stammt aus der Ingwerfamilie. Galgant wird hauptsächlich für Currys und Marinaden verwendet, v. a. für Fischgerichte. Er wird geschält; die junge, leicht rosafarbene Wurzel schmeckt besser.

## Getrocknete Garnelen → Seite 224

## Garnelenpaste/-sauce → Seite 224

## Glasnudeln – mein

Sie werden aus Stärke gemacht: Tapioka- bzw. Pfeilwurzelstärke, Mung-Bohnenstärke, sogar Süßkartoffel- und Kartoffelstärke werden verwendet.

## Glutamat – bot ngot

Der Geschmacksverstärker wird in Vietnam häufig verwendet. Wir haben ihn aus unseren Rezepten verbannt, denn Manche reagieren allergisch darauf.

## Grünes Perillakraut → Seite 222

## Ingwer – gung

Es wird die frische Wurzel verwendet. Sie sollte immer prall sein und nicht runzlig aussehen. Ingwerwurzeln werden jung und ausgewachsen angeboten. Junger Ingwer ist milder, weniger faserig und eignet sich besonders gut zum Einlegen. Ihn bekommt man am ehesten im Asienladen.

**Ingwerblätter** lassen sich züchten: Dazu einfach Knollen in einer flachen Schale mit wenig Wasser Wurzeln treiben lassen und dann einpflanzen.

## Jackfrucht – qua mit

Die aromatischen reifen Früchte werden als Obst gegessen. Unreife werden in größeren Stücken gekocht und für Salat oder als Gemüse verwendet. Sie werden fast nur vorgegart in Dosen angeboten.

## Kaffir-Limettenblätter – la thom

Im Mekong-Delta würzt man damit Gerichte mit kambodschanischem oder thailändischem Ursprung. Sie lassen sich gut einfrieren.

## Kardamom, schwarz – thao qua

wird v.a. in Nordvietnam für Brühen verwendet. Die Kapseln sind viel größer als grüner Kardamom, sie schmecken sehr intensiv und leicht rauchig. Meistens reicht 1 Kapsel als Gewürz. Vor der Verwendung im Mörser etwas quetschen.

## Kokosnuss – qua dua → Seite 78

**Kokosnüsse** werden v.a. in Südvietnam verwendet, wo auch Kokospalmen wachsen.

Eine ganze Kokosnuss knackt man am besten auf folgende Weise: Die Nuss an den »Augen« anbohren und das Wasser herauslaufen lassen. Dann rings um den »Äquator« mit dem Hammer auf die Schale klopfen, bis die Nuss aufspringt. Oder die Nuss aufsägen.

**Kokosmilch** wird immer ungesüßt verwendet, v. a. für Currygerichte und Desserts. Es gibt gute Qualität in Dosen.

**Kokoswasser** ist die Flüssigkeit aus der Kokosnuss, speziell von jungen Trinkkokosnüssen. Diese gibt es manchmal frisch, meistens gefroren im Asienladen. Einfach aufbohren, das Kokoswasser ausgießen. Für 400 ml Kokoswasser benötigen Sie 2 Kokosnüsse. Auch das in Dosen eingelegte Fleisch von jungen Kokosnüssen, zusammen mit der Einlegeflüssigkeit, eignet sich für die meisten Rezepte mit Kokoswasser, es ist leicht gesüßt. Man bekommt es auch tiefgefroren, mit kleinen Fruchtstückchen. Je nach Geschmack oder Rezept vor der Verwendung abgießen.

## Koriander → Seite 224

## Langblättriger Koriander → Seite 225

## Lilienblüten, getrocknet – kim cham

Es sind eigentlich Knospen. Sie werden v.a. in der vegetarischen Küche geschätzt wegen ihres pilzartigen erdigen Geschmacks und gelten als mildes Schmerzmittel.

## Lotus – sen

Die Lotusblume ist nicht nur in Vietnam ein heiliges Symbol für Reinheit.

**Lotusblätter:** In sie werden oft essbare Opfergaben gewickelt. Zum Kochen verwendet man getrocknete Blätter, die ein leicht rauchiges Tabakaroma haben. Vor Gebrauch 15 Min. in lauwarmes Wasser legen.

**Lotuskerne:** Frische Kerne werden 30 Min. in lauwarmem Wasser eingeweicht, dann in ca. 30 Min. weich gekocht. Schmecken nussig, ein bisschen wie Esskastanien. Gibt es auch in Dosen.

**Lotusstängel** → Seite 19, Tipp

**Lotuswurzeln** werden frisch oder gefroren angeboten. Verwendung als Gemüse, die Konsistenz ist

Jackfrucht

ähnlich wie die von Wasserkastanien. Getrocknete Lotuswurzeln werden eingeweicht und dann ausgekocht, der Sud soll die Sehkraft verbessern und die Lungen reinigen – besonders wichtig für Raucher und Bewohner asiatischer Metropolen.

### Luffa-Kürbis – qua muop

Er ist verwandt mit Zucchini und dem Luffa-Kürbis für Badeschwämme. In Vietnam wächst die Frucht ganzjährig, der Transport per Flugzeug lohnt sich aber nicht für dieses preisgünstige Gemüse. Deshalb gibt es Luffa-Kürbisse bei uns nur, wenn sie in Holland (!) Saison haben, also von Mai bis September. Sonst durch Zucchini ersetzen.

Luffa-Kürbis

### Mandarinen und Mandarinenschale – quyt va vo quyt

Die aromatischen grünen **Mandarinen** gibt es höchstens auf Bestellung, Ersatz sind echte Mandarinen. Die verbreiteten kernlosen Verwandten sind eigentlich zu geschmacksarm.

Getrocknete **Mandarinenschalen** eignen sich besonders gut in Verbindung mit Zimt, Sternanis oder Fenchelsamen für Gänse- oder Entenfüllungen. Die ätherischen Öle der Schale helfen beim Fettabbau – geben Sie ruhig mal ein paar in die Sauce zum Schweinebraten.

### Minze → Seite 223

### Mung-Bohnen – mung

werden ungeschält eingeweicht und als Gemüse weich gekocht. Mit Schale sind sie besonders gesund. Geschält und halbiert werden sie v.a. für Bohnenpürees und Desserts verwendet.

### Palmzucker → Seite 78

### Pandanus-Blätter – la dua

Pandanusblätter sind lang, grün und werden frisch oder gefroren angeboten. Mit der »Vanille Süd-Ost-Asiens« werden Puddings, Kuchen, Klebreis oder süße Getränke aromatisiert. Das Aroma wird am besten freigesetzt, wenn das Blatt mit einem Messerrücken leicht gequetscht und dann erhitzt wird. Kochen Sie Pandanusblätter also entweder kurz in Kokosmilch oder legen Sie sie auf heißen Reis.

Mandarinen

### Phrynium-Blätter – la dong

Sie sind hervorragend zum Einwickeln (auch statt Bananenblättern) geeignet. Frische Blätter werden aber nur kurz vor dem vietnamesischen Neujahrsfest

(Tet) angeboten, weil sie dann für den Klebreiskuchen (s. Seite 186) verwendet werden.

Getrocknete Blätter werden vor der Verarbeitung kurz in heißes Wasser gelegt.

### Pilze

**Mu-Err-Pilze (moc nhi)** werden am häufigsten verwendet, v. a. für Füllungen. Sie werden auch Holzohren- oder Wolkenohrenpilze genannt. Man weicht die getrockneten Pilze ein, entfernt die Stielansätzee und schneidet die Pilze klein.

Daneben gibt es frische oder getrocknete **Shiitake-Pilze (nam huong)**, auch Tongku- oder Duftpilze. Sie werden wie Mu-Err-Pilze vorbereitet und schmecken sehr intensiv-aromatisch.

### Polygonum → Seite 223

### Pomelo → Seite 77

### Reis – gao → Seite 40–43

Reis ist die Basis der asiatischen Ernährung. In Vietnam werden hauptsächlich Duft- oder Yasminreis, manchmal auch Klebreis als Beilage verwendet.

Beide Reissorten werden in Flüssigkeit gegart (s. Seite 214) oder gedämpft. Klebreis wird am besten, wenn er gedämpft wird (s. Seite 215). Für Reisfreunde lohnt sich auf jeden Fall die Anschaffung eines Reiskochers, in dem der Kochvorgang besonders sicher gelingt.

**Grüner Reis** wird unreif geerntet und zu leuchtend grünen Flocken gequetscht. Grünen Reis können Sie dämpfen oder kurz braten, er eignet sich auch zum Panieren.

Für **Reispulver** Reis- oder Klebreiskörner unter ständigem Rühren hellbraun rösten und im Mörser pulverisieren. Es wird über Salate gestreut.

### Reiskraut → Seite 223

### Reisnudeln

Es gibt zwei wichtige Typen:

**Banh pho** sind breite flache Reisnudeln. Sie werden aus halbgetrockneten Reisblättern geschnitten und haben verschiedene Breiten und Stärken. Eine spezielle Variante sind *banh da gao Hai Phong* – Reisbandnudeln aus der nordvietnamesischen Hafenstadt Hai Phong, die früher mit rotem Reis, heute meist mit Garnelenpulver rot-orange gefärbt werden.

**Bun-Nudeln** (*bun* heißt Nudel) sind rund wie Spaghetti, es gibt sie in verschiedenen Stärken. Besonders feine heißen *banh hoi*. Oft werden Bun-Nudeln nach ihrer Verwendung benannt, *bun bo hue* sind also die bun-Nudeln für die Rindfleischsuppe aus Hue.

## Reispapierblätter – banh trang
→ Seite 42 und 90

Sie werden zum Einwickeln von Glücks- und Frühlingsrollen verwendet. Oder zu Gerichten serviert, von denen man Stückchen zusammen mit Kräutern und Gemüse ins Reisblatt rollt und dippt. Ein Rezept zum Selbermachen von Reispapier finden Sie auf Seite 215.
Es gibt spezielle Reisblätter, die zum Knabbern frittiert werden (*banh da me trang*). Diese sind oft mit schwarzem oder weißem Sesam, Kokosmilch, Chilis oder anderen Gewürzen aromatisiert. Sie werden in große Stücke gebrochen, kurz ausgebacken und zu Vorspeisen serviert.

## Rettich, eingelegt – cai bap thao
Er wird für Suppen verwendet. Der Rettich wird mit Salz und Süßholz fermentiert und wirkt als vegetarischer Geschmacksverstärker. Er ersetzt in der buddhistisch-vegetarischen Küche oft, mit Sojasauce, die Fischsauce.

## Rotes Perillakraut → Seite 223

## Schalotten, violette – cay he tay
Eine besonders aromatische Schalottensorte.

## Schnittlauch, chinesischer → Seite 223

## Senfkohl – am choi
Er schmeckt mild, die Blätter sind schön glatt und nicht zu dick, besonders ideal zum Einwickeln.

## Senfkraut → Seite 223

## Sojabohnenpaste – tuong hot
wird oft auch als »gesalzene Sojabohnen in Lake« verkauft. Die Bohnen sind fermentiert und im Geschmack gewöhnungsbedürftig. Sie werden für Dips oder als Gewürz verwendet.

## Schwarze Bohnen, fermentiert – tau xi
Eingeweichte Sojabohnen werden gegart und mit Salz und Gewürzen fermentiert. Sie schmecken leicht scharf und werden bei manchen Gerichten chinesischen Ursprungs als Gewürz verwendet.

## Schweinewurst, vietnamesische – lap xuong
Sie ist geräuchert und schmecken leicht süßlich. Sie wird gedämpft oder gebraten und mit Reis- oder Gemüsegerichten gemischt. Die Würste halten sich im Kühlschrank mehrere Wochen.

## Tamarinde – me
Das Mark aus der Schote eines tropischen Baums schmeckt leicht süß-sauer und wird zum Würzen verwendet. Man kann es als **Püree** gebrauchsfertig kaufen (*Tamarind pulp concentrate*).
**Tamarindenmark** schält man entweder direkt aus der Schote oder kauft es in Blöcken. Das Mark muss in warmem Wasser 10 Min. weichen und wird dann zur Verwendung durch ein Sieb gestrichen.

## Tapioka – bot ban
Tapiokastärke, -perlen und -nudeln werden für Desserts verwendet. Tapiokanudeln sind sehr bunt und auffällig geformt, sie werden erst eingeweicht und dann je nach Dicke relativ lang gekocht.

## Tarostängel – bac ha
Sie haben relativ wenig Eigengeschmack und eine schwammig Konsistenz. Tarostängel kann man in Scheiben schneiden und im Wok garen oder in Suppen mitkochen.

## Tintenfisch, getrocknet → Seite 225

## Tofu → Seite 52/53

## Tofuhaut
entsteht bei der Tofuherstellung, wenn die pürierten, gefilterten Bohnen aufgekocht werden, wie die Haut auf der Milch. Die Tofuhaut wird aus dem Topf genommen und an der Sonne getrocknet.
Tofuhaut 10–15 Min. in Wasser einweichen, in Streifen schneiden und knusprig braten/frittieren. Oder in größeren Stücken in Suppen mitkochen. Knusprig schmeckt sie am besten.

## Wasserwinde/ Wasserspinat → Seite 112

## Weizen-Nudeln – bun mi
Sie kommen aus China, in Vietnam wächst wenig Weizen. Mie-Nudeln werden für Suppen und Nudelgerichte mit chinesischem Ursprung verwendet.

## Zitronengras → Seite 223

Getrocknete Pilze

Violette Schalotten

# Kräuter (*rau*)

*Sie verschwenderisch einzusetzen ist besonders typisch für die vietnamesische Küche. Es gibt in Vietnam sehr viele verschiedene – darunter einige, die bei uns gar nicht bekannt sind. Wir stellen Ihnen hier die wichtigsten vor.*

Die vielen Kräuter Vietnams werden reichlich und sehr differenziert verwendet. Ein Teller mit gemischten Kräutern gehört bei fast jeder Mahlzeit mit auf den Tisch – nicht nur zum Würzen, sondern eher als Salat oder Gemüse. Im Süden werden meistens mehrere Kräuter für ein Gericht verwendet, im Norden manchmal auch nur eines.

Alle wichtigen Kräuter werden per Luftfracht importiert und sind in vietnamesischen oder in gut sortierten asiatischen Lebensmittelläden erhältlich. (Manche werden als Pflanzen von Kräutergärtnereien angeboten.) Falls Sie Kräuter nicht finden, experimentieren Sie ruhig mit anderen vietnamesischen Kräutern – die Vietnamesen tun es auch. Wenn Sie gar keine frischen vietnamesischen Kräuter bekommen, können Sie sich bei den meisten Rezepten mit Koriander, Thai-Basilikum und Minze behelfen.

Langblättriger Koriander

## Basilikum, asiatisches – rau que

Es gibt mehrere Sorten, am häufigsten wird das so genannte Thai-Basilikum (*Ocimum basilicum*) angeboten. Asiatische Basilikumsorten sind sehr aromatisch, sie schmecken manchmal etwas nach Lakritze und Zitrusfrüchten. Europäische Basilikumsorten sind kein guter Ersatz.

## Chinesischer Schnittlauch – rau he (*Allium ramosum*)

Er hat stabile lange Halme mit einem intensiven Geschmack zwischen Knoblauch und Schnittlauch. Ersetzen kann man ihn durch Frühlingszwiebeln.

## Dill – rau thia la

Ein Vermächtnis der Franzosen. Er wird verwendet für Suppen, Fischgerichte und manchmal sogar für Entenfüllungen.

## Fischminze – rau diep ca (*Houthuynia cordata*)

Sie wird seltener verwendet. Die Blätter in Form einer Pfeilspitze schmecken säuerlich-fischig und werden für Fisch- und Grillgerichte verwendet. Fischminze sollte nur vorsichtig kombiniert werden, weil sie auch unangenehm schmecken kann.

## Grünes Perillakraut oder vietnamesische Melisse – rau kinh gioi (*Esholtzia ciliata oder origanum syriacum*)

Es ist – zu Unrecht – weniger bekannt als das Rote und ist mit ihm nicht direkt verwandt. Es schmeckt aromatisch und etwas zitronig. Es kann durch Zitronenmelisse, Thai-Basilikum oder Rotes Perillakraut ersetzt werden.

## Koriander – rau mui oder rau ngo (*Coriandrum sativum*)

Sein Grün ist das erste asiatische Kraut, das bei uns breite Verwendung fand. Neben den Blättern kann man auch Stängel und Wurzeln verwenden!

## Langblättriger Koriander – rau ngo gai (*Eryngium foetidum*)

Er ist mit dem gängigen Koriander nicht verwandt. Er hat ca. 10 cm lange leicht fleischige Blätter mit gezacktem Rand. Er schmeckt erfrischend blumig nach Koriander, sieht sehr hübsch aus und kann durch Koriander ersetzt werden.

## Minze – rau thom

Es gibt mehrere Sorten, die mehr oder weniger scharf schmecken. Die Bezeichnungen sind nicht einheitlich. Europäische Pfefferminze (*mentha piperita*) ist in Vietnam nicht bekannt, eignet sich aber gut als Ersatz. Oft wird in der vietnamesischen Küche eine Grüne Minze (*mentha arvensis*) verwendet: Rau hung lui, Rau bac ha oder Rau thom. Eine mildere Sorte heißt Rau hung cay.

## La-Lot-Blätter oder Betelblätter (Pfeffer-Blätter) – rau la lot (*Piper sarmentosum*)

Sie werden v.a. für das vietnamesische Nationalgericht *bo la lot* (Rindfleisch im Betelblatt) verwendet. Werden Betelblätter zum Einwickeln und Grillen verwendet, lassen sie sich durch große rote Perillablätter oder Weinblätter ersetzen. In Gerichten, in denen sie klein geschnitten zum Würzen verwendet werden, nehmen Sie stattdessen Thai-Basilikum.

## Polygonum odoratum – rau ram

Das wichtigste vietnamesische Kraut wird auch als vietnamesischer Koriander bezeichnet, obwohl es ganz anders schmeckt. Polygonum hat kleine grüne, spitze Blätter, die Stängel und Blattadern sind eher braun. Es schmeckt sehr aromatisch, ein bisschen minzig-scharf und sollte vorsichtig dosiert werden.
Die Stängel lassen sich in einem Glas mit Wasser bewurzeln und wachsen dann am liebsten an einem warmen Ort im Halbschatten. Es sollte oft geerntet werden, um das Wachstum zu fördern. Kleine junge Blättchen schmecken am besten.
Polygonum können Sie durch eine Mischung aus Minze und Thai-Basilikum ersetzen.

## Rau ma (*Centella asiatica*)

Eigentlich ein Heilkraut; es wird zerstoßen und mit Zucker und Wasser zu einem erfrischenden Getränk gemischt. Es soll die Blutbildung unterstützen und Hitzebeschwerden lindern, es senkt die Körpertemperatur und reduziert Hitzepickelchen und Kreislaufprobleme. Da es vor allem seiner Heilwirkung wegen verwendet wird, lässt sich *rau ma* kaum ersetzen.

## Reiskraut – rau ngo om (*Limnophila aromatica*)

Ein sehr hübsches Kraut mit spitzen, dicken und eher kleinen Blättern. Reiskraut wird mit den Stielen verwendet, der Geschmack erinnert an Kreuzkümmel. Es kann durch Koriander ersetzt werden.

## Rotes Perillakraut (Schwarznessel oder Shiso) – rau tia to (*Perilla frutescens*)

Eines der interessantesten Kräuter, schmeckt ein bisschen nach Weihnachten und nach Anis. Die großen Blätter sind violett, mit einem leicht gezackten Rand. Rotes Perillakraut können Sie durch Thai-Basilikum ersetzen, manchmal finden Sie junge Shisosprossen in der Sprossenabteilung großer Super- oder Biomärkte.

## Senfkraut oder Braunsenf – rau cai (*Brassica juncea*)

Das leicht scharfe Kraut hat relativ große Blätter, die auch zum Einwickeln für Salatrollen verwendet werden können. Zum Einwickeln können Sie stattdessen auch Kopfsalatblätter verwenden.

## Zitronengras – cay xa (*Cymbopogon citratus*)

Es schmeckt intensiv nach Zitrusfrüchten und wird v.a. für Suppen, Saucen und Marinaden verwendet.

Zitronengras

# Fische und Meeresfrüchte *spielen eine wichtige Rolle in der vietnamesischen Küche. Das Land hat eine sehr lange Küste und viele Flüsse und Binnengewässer. Die Vielfalt des Angebots auf den Fischmärkten ist beeindruckend.*

Manche der vietnamesischen Fische werden hier tiefgefroren angeboten. Es ist jedoch immer am besten, vergleichbare Fische frisch beim Fischhändler zu kaufen, deshalb haben wir in unseren Rezepten immer frisch erhältliche Fische verwendet.

### Aal – luon
Aal gibt es häufig und er ist äußerst beliebt in Vietnam. Weil die Vor- und Zubereitung dieses relativ fetten Edelfisches etwas aufwändig ist, haben wir manche Rezepte nicht mit Aal, sondern mit anderen passenden Fischen zubereitet.

### Austernsauce – dau hao
Sie wird v.a. für Gerichte thailändischen oder chinesischen Ursprungs verwendet. Ursprünglich wurde Austernsauce ausschließlich aus fermentierten Austern sowie Salz und Wasser hergestellt, heute werden auch andere Muschelsorten verwendet.

### Barsch → Wolfsbarsch

### Fisch, getrocknet – ca ho
Fische, die nach dem Fang nicht sofort verkauft werden können, werden in Vietnam sehr oft getrocknet. Deshalb gibt es viele verschiedene Trockenfische auf dem Markt. Je nach Art schmeckt getrockneter Fisch

anders und hat auch unterschiedliche Kocheigenschaften. Ein sehr guter europäischer Trockenfisch ist Stockfisch, also getrockneter Kabeljau. Stockfisch muss vor der Zubereitung allerdings 2–3 Tage in Wasser eingeweicht werden, dabei ab und zu das Wasser wechseln.

### Fischsauce → Seite 102/103

### Goldbrasse (Dorade) – ca hong
Die Familie der Brassen ist weit verbreitet. Goldbrassen oder Rotbrassen sind gut geeignet für die meisten vietnamesische Rezepte mit Meeresfischen.

### Garnelen, Riesengarnelen – tom su
Riesengarnelen und Langusten werden in Vietnam intensiv gezüchtet. Große Teile der Produktion werden exportiert und bringen so wichtige Devisen, aber auch Umweltprobleme ins Land.

**Getrocknete Garnelen**
Sie werden oft als Geschmacksverstärker verwendet. Gute Qualitäten sind nicht völlig trocken, sondern noch etwas weich, riechen angenehm und lassen sich auch knabbern.
Aufgrund der europäischen Importbestimmungen werden hier nur völlig durchgetrocknete Garnelen

Auf dem Fischmarkt (links)

Tunfisch (rechts)

angeboten. Um Brühen damit zu aromatisieren, sind diese Garnelen gut geeignet. Für Gerichte, in denen getrocknete Garnelen eine wichtige Rolle spielen, sollten Sie auf die Methode der vietnamesischen Kaiser zurückgreifen: 4 EL Öl im Wok oder in einer beschichteten Pfanne erhitzen, 50 g kleine Shrimps (roh oder gekocht) darin bei schwacher Hitze knusprig braten, abgießen und hacken.

**Garnelenpaste/-sauce**
flüssiges grau-violettes Püree aus fermentierten Krabben. In mikroskopischen Mengen ein guter natürlicher Geschmacksverstärker für sehr viele Gerichte. Pur ist *mam tom* völlig ungenießbar und hat einen äußerst penetranten Geruch.

## Karpfen – ca me
Vietnamesische Karpfen schmecken nicht nur gut, sie spielen auch eine Rolle in der Mythologie. (Zum Tet-Fest bringt ein Karpfen den Herdgott in den Himmel.)

## Red Snapper (Roter Schnapper) – ca huong
Der bekannteste Vertreter der Snapper-Familie eignet sich gut für viele vietnamesische Rezepte mit Meeresfisch. Red Snapper kann genauso zubereitet werden wie Goldbrassen oder Wolfsbarsch.

## Sardinen – ca com, Cca mai
Sardinen sind sehr wichtig für die vietnamesische Küche, v.a. als Grundstoff für die vietnamesische Fischsauce. Es gibt verschiedene Arten, manche davon schmecken sogar roh sehr gut (ca mai).

## Tintenfisch – muc
Tintenfische, v.a. längliche Exemplare aus der Familie der Kalmare, werden in Vietnam oft mit Hackfleisch gefüllt, geschmort oder frittiert.
**Getrockneter Tintenfisch**
wird wie getrocknete Garnelen als natürlicher Geschmacksverstärker für Brühen verwendet – oder mit einer Art Nudelmaschine gepresst, kurz gegrillt und mit scharfen Dips am Strand oder auf dem Markt geknabbert.

## Tunfisch – ca thun
Tunfisch gibt es in allen Weltmeeren, die größten Arten werden bis zu 3 m lang. Das sehr wohlschmeckende und leider nicht ganz billige Filet gibt es in vielen Fischläden, es lässt sich auch für Rezepte mit Makrele oder Bonito – zwei kleinere Verwandte des Tunfischs – gut verwenden.

## Wels (Waller) – ca loc
In den Flüssen Vietnams gibt es viele verschiedene Vertreter der Wels-Familie. Die grätenarmen, wohlschmeckenden Raubfische mit den langen Barten lassen sich sehr gut durch den Waller und seine Verwandten ersetzen.

## Wolfsbarsch (Loup de mer) – ca basa
Die Familie der Barsche ist sehr groß, die meisten südostasiatischen Barsche gibt es hier entweder nur gefroren im Asienladen oder gar nicht. Sie lassen sich aber leicht ersetzen durch den Wolfsbarsch. Manchmal gibt es frische asiatische Juwelen- oder die ihnen nahe verwandten Erdbeerbarsche in guten Fischgeschäften.

Eine Welsart

Getrockneter Fisch (links)

Getrocknete Garnelen (rechts)

# Menüvorschläge

*In Vietnam werden normalerweise mehrere, wenn nicht sogar alle Gerichte eines Essens auf einmal serviert – Sie können sie aber auch nacheinander servieren oder in Gruppen: Vorspeisen, Suppe und Hauptspeisen und zuletzt das Dessert. Eine Schale mit gekochtem Reis darf nicht fehlen, es sei denn, es gibt Hauptgerichte mit Reisnudeln. Wie in den meisten asiatischen Ländern wird auch in Vietnam nicht zu jedem Essen ein Dessert gereicht, sehr oft gibt es einfach ein paar klein geschnittene frische Früchte, eventuell mit etwas Chilisalz.*

## Schnelle Menüs

Scharfer Rindfleischsalat 27
Pfannengerührter Pak Choi 49
Pomelo in Chilisalz 77

Einfache Gemüsesuppe 35
Gebratener Reis mit Omelett 183
Drachenfrucht-Shake 147

Crostini aus Hoi-An 99
Frittierter Tintenfisch 193
Reisnudeln mit frischen Kräutern 214
(Grundrezept)
Frische Früchte

## Menüs, die sich gut vorbereiten lassen

Eingelegte Gemüse 117/118
Gegrillter Fisch im Bananenblatt 131
oder
Rinderspießchen mit Zitronengras 145
Grünes Bohnenkonfekt mit Sesam 203

Bananenblütensalat mit Aal 163
oder
Frühlingsrollen Hanoi-Style 161
Gefüllte Tintenfische 193
oder
Gegrilltes Schweinefleisch 196
Reismehlknödelchen in Ingwersirup 203

## Vegetarische Menüs

Für streng vegetarische Küche die Fischsauce jeweils durch Sojasauce ersetzen

Grüne-Papaya-Salat (Rindfleischstreifen weglassen) 21
Einfache Gemüsesuppe 35

Süßkartoffel-Curry (mit Gemüsebrühe) 50
Kokoseis 80
oder
Crème Caramel mit Zitronengras 77

Vegetarische Frühlingsrollen 92
Verschiedene eingelegte Gemüse 117/118
Reis-Bohnen-Kuchen 114
Lychee-Smoothie 149

Tofu-Bohnen-Salat 167
Gebackene Bananenblüten mit Erdnuss-Sojasauce 121
Geschwenkte Zucchiniblüten 179
oder
Gebratenes Gemüse 177

Vegetarische Glücksrollen 31
Tofu-Dill-Suppe 33
Gemüsecurry 50

## Menüs mit Fleisch und Geflügel

Pomerolsalat 19
Sauer-scharfe Fischsuppe 36
Schweinefleisch in Karamellsauce 61
Gebratenes Gemüse 177
Schwarzer Klebreis 44

Salat von Wasserspinat 113
Hühnersuppe mit Lotuswurzeln 108
Gegrillte Hackbällchen 141
Gebackene Bananenblüten 121

Krautsalat mit Huhn 21
Kürbissuppe mit Kokosmilch 36
Rinderragout mit Koriander und Basilikum 67
Crème Caramel mit Zitronengras 77

Scharfer
Rindfleischsalat

## Menüs mit Fisch und Meeresfrüchten

Salat von Lotusstängeln 19
Gegrillter Wolfsbarsch mit Ingwersauce 59
Kokosklebreis mit Bohnenpüree 80

Vietnamesische Sushi 100
Jakobsmuscheln mit Mie-Nudeln 132
oder
Gegrillter Fisch im Bananenblatt 131
Drachenfrucht-Shake 147

Tunfisch im Betelblatt 161
Frittierte Goldbrasse 191
Reismehlknödelchen in Ingwersirup 203

## Festliche Menüs (für ca. 8 Personen)

**Menü fürs Tet-Fest:**
Reiskuchen für das Tet-Fest 186
Kohlrouladensuppe 35
Gedämpfte Karpfenfilets mit Lilienblüten 65
Kokosschwein mit Ingwer 62
oder
Gefüllte Ente 199
Kandierte Früchte, z.B. Papaya oder Ingwer 200

**Kaiserliches Menü:**
Rindfleischröllchen in Betelblättern 95
oder
Zuckerrohrgarnelen 95
Jackfruchtsalat mit Riesengarnelen 99
Pak-Choi-Suppe mit Garnelenklößchen 107
Reis mit Lotuskernen 121
Rinderfilet mit Wasserspinat 145
Lychee-Smoothie 149
oder
Frische Früchte

**Feuertopfmenü:**
Frittierte Babyfische 132
Eingelegte Gemüse 117/118
Essig-Feuertopf 142
Kokoseis 80 mit frischen Früchten

## Menüs mit »Streetfood«

Die Nationalsuppe *pho bo* (Nudelsuppe mit Rind)
wird oft als vollständige Mahlzeit gegessen, sie lässt
sich aber gut in eine kleine Speisenfolge einbetten:
Glücksrollen 31, 90
oder
Glücksrollen mit Lachs 91
Nudelsuppe mit Rind 104
Kokos-Bohnen-Dessert 79

Reiscrêpes mit Huhn und Riesengarnelen 68
Kabeljau-Süßkartoffel-Fladen 27
Gekochte runde Reisnudeln (Bun-Nudeln)

Krautsalat mit Huhn 21
Reismehlpudding mit Shrimps 125
oder
Reis-Bohnen-Kuchen 114
Frische Früchte

Mandarinrollen 158
oder
Frühlingsrollen 29, 92, 161
Gebratener Tofu mit Minze 55
Schwarze-Bohnen-Kaltschale 207

## Ideen für ein vietnamesisches Büffet
## (für 12–14 Personen)

Krautsalat mit Huhn 21
Glücksrollen 31, 90, 91
Tunfisch im Betelblatt 161
Nudelsuppe mit Rind (Bun Ho Hue) 104
Gegrillte Hackbällchen 141
Frittierte Goldbrasse 191
Geschmorte Auberginen 49
Pfannengerührter Pak Choi 49
Kokosklebreis mit Bohnenpüree 80
Frische Früchte

Frittierte
Goldbrasse

Mandarinenrollen

# Vietnam – Daten, Zahlen und Fakten

*Das kleine Land in Südostasien ist hierzulande noch nicht sehr bekannt. Deshalb hier eine kurze Übersicht mit Infos zur Landeskunde.*

### Größe

Das Land ist gut 330 000 km² groß, also etwas kleiner als die Bundesrepublik Deutschland. Die Entfernung von der vietnamesisch-chinesischen Grenze im Norden bis zum Golf von Thailand im Süden beträgt 1650 km, die größte Ost-West-Ausdehnung erreicht das Land im Norden mit 600 km, während es an der schmalsten Stelle in Zentralvietnam weniger als 50 km breit ist.

### Geographie

Grabwächter aus Stein

Vietnam grenzt im Norden an China, im Nordwesten an Laos und im Südwesten an Kambodscha. Im Osten wird das Land der gesamten Länge nach durch das Südchinesische Meer begrenzt. Das Land gliedert sich in drei Großräume: Nordvietnam, von den Franzosen einst Tonkin genannt, mit der Hauptstadt Hanoi besteht aus dem Delta des Roten Flusses und dem Bergland. Während das fruchtbare Delta mit dem Golf von Tonkin zu den am dichtesten besiedelten Gebieten der Welt zählt (über 1000 Einwohner pro km²), leben in dem sechsmal so großen Bergland nur ein Drittel so viele Einwohner. Das extrem lange und schmale Zentralvietnam – die Franzosen nannten es Annam – bedeckt 35 % der Landesfläche, wird jedoch nur von 25 % der Bevölkerung bewohnt. Der Süden – während der französischen Besatzung hieß er Cochin-China – gilt wegen des fruchtbaren, knapp 40 000 km² großen Mekong-Deltas als Reiskammer des Landes. Ein Großteil der landwirtschaftlichen Exportwaren wird hier angebaut. Im Umkreis der Metropole Saigon mit knapp 7 Millionen Einwohnern haben sich große Industrieunternehmen angesiedelt.

### Bevölkerung und Sprache

Der kommunistische Stern

Fast 87 % der 80 Millionen Einwohner sind Vietnamesen. Etwa 8 Millionen gehören den über 50 Minderheiten an, viele von ihnen leben in den Bergregionen – wie die Tay, Muong und Hmong im Norden des Landes. Hinzu kommen 1 Million Auslandschinesen, 900 000 Khmer und 80 000 Cham, Nachfahren des bis Mitte des 15. Jh. in Zentralvietnam herrschenden Seefahrervolks. Über 50 % der Bevölkerung sind unter 15 Jahren. Die durchschnittliche Lebenserwartung liegt bei 67 Jahren, das Bevölkerungswachstum bei 2 %. Landessprache ist Vietnamesisch.

### Klima

Das Klima wird durch den feucht-heißen Südwestmonsun und den trocken-kühlen Nordostmonsun bestimmt. Der Wolkenpass bei Dan Nang in Zentralvietnam bildet die Klimagrenze. Im Süden des Landes ist es ganzjährig schwül-heiß, mit einer Regenzeit von Mai bis November und einer Trockenzeit von Dezember bis April. Im Norden lassen sich Trocken- und Regenzeit weniger klar voneinander unterscheiden, dafür gibt es deutliche Temperaturunterschiede. Während der kühlsten Monate Dezember und Januar kann das Thermometer im Bergland des Nordens bis auf den Gefrierpunkt sinken.

### Geschichte

Die Anfänge der vietnamesischen Geschichte liegen im Süden Chinas. Mit der Bildung des ersten eigenständigen Reiches verlagerte sich das Zentrum politischer Macht in das Delta des Roten Flusses. Im Jahre 111 v. Chr. geriet Vietnam für über ein Jahrtausend unter die Herrschaft der Chinesen. Nachdem der vietnamesische Feldherr Ngo Quyen 938 die Chinesen besiegt hatte, etablierten sich mit der Ly- und der Tran-Dynastie zwei Herrscherhäuser, die zwischen dem 10. und 15. Jh. ein starkes, zentralistisch geführtes Reich aufbauten. Im 10. Jh. begannen die bis dahin ausschließlich im Delta des Roten Flusses siedelnden Vietnamesen ihren langen Marsch nach Süden, der sie in das Mekong-Delta führte. Auf dem Weg dorthin unterwarfen sie das in Zentralvietnam herrschende Volk der Cham.
Zwischen 1672 und 1802 zerfiel das Land im Zuge eines 130 Jahre dauernden Bürgerkriegs zwischen den Fürstentümern der Trinh im Norden und der

Nguyen im Süden in zwei Teile. Im Jahre 1802 gingen die Nguyen als Sieger hervor und etablierten in ihrer Hauptstadt Hue eine absolutistische Monarchie.

Mitte des 18. Jh. wurde Vietnam zu einer französischen Kolonie. Während des Zweiten Weltkriegs besetzten die Japaner das Land. Nach dem Zweiten Weltkrieg nahm zunächst Frankreich seine alte Kolonie wieder in Besitz, doch unter Führung von Ho Chi Minh formierte sich der nationale Widerstand. Im Jahre 1954 kapitulierten die Franzosen in der Schlacht von Dien Bien Phu. Auf der Genfer Friedenskonferenz wurde das Land entlang des 17. Breitengrades in das kommunistische Nordvietnam und das kapitalistische, von den US-Amerikanern unterstützte Südvietnam geteilt. Wiedervereinigung und Unabhängigkeit blieben aber das Ziel aller Vietnamesen. Dafür kämpfte ab 1957 in Südvietnam eine kommunistische Untergrundarmee (Vietcong) gegen die von Nordvietnam, China und der UdSSR unterstützten amerikanischen Marionettenregimes. Ab 1964 griffen die USA aktiv in diesen Krieg mit einer gewaltigen Kriegsmaschinerie ein und starteten Flächenbombardements. 1969, auf dem Höhepunkt des Kriegs, kämpften mehr als 500 000 US-Soldaten in Vietnam. Dennoch erlitt die Großmacht eine vernichtende Niederlage, 1973 beendete sie ihren Einsatz in Vietnam, gegen den in den USA und weltweit Millionen Menschen jahrelang protestiert hatten. 1975 kapitulierte der Süden. Am 2. Juli 1976 wurde das Land offiziell unter nordvietnamesischer Führung wieder vereinigt. Bilanz des Kriegs: mehr als eine Millionen tote Vietnamesen, über 56 000 gefallene Amerikaner. Hunderttausende Vietnamesen v.a. aus dem Süden versuchten auf dem Seeweg zu flüchten (die Presse nannte sie Boat-People). In den folgenden Jahren wurde das Land streng kommunistisch regiert. Es herrschte wenig Kontakt zum kapitalistischen Ausland. Im Zuge des Zerfalls des Ostblocks kündigte die Partei 1987 das Reformprogramm *Doi moi* an: wirtschaftliche Erneuerung, langsame Öffnung des Landes. 1994 hoben die USA ihr Handelsembargo gegen Vietnam auf. Ein Jahr später folgte die diplomatische Anerkennung.

### Staat und Politik

Trotz der seit Mitte der 80er Jahre eingeführten Erneuerungspolitik – *Doi moi* – beansprucht die Kommunistische Partei nach wie vor alleinigen Führungsanspruch. Höchste Instanz ist der Parteitag, der alle fünf Jahre zusammentritt. Zwischen den Parteitagen berät sich etwa alle sechs Monate das Zentralkomitee. Aus dessen Mitgliedern setzt sich auch der Ministerrat zusammen, an dessen Spitze der Premierminister steht. Zwar nimmt der Staatspräsident formell den höchsten Rang im Staate ein, doch seit dem Tod von Ho Chi Minh beschränkt sich dessen Amt auf repräsentative Aufgaben. Alle fünf Jahre wird die Nationalversammlung gewählt. Inzwischen sind nicht mehr alle Kandidaten Mitglieder der Kommunistischen Partei, doch eine Vorauswahl, der sich die Parlamentarier unterziehen müssen, stellt sicher, dass nur staatskonforme Kandidaten in das 395-köpfige Parlament einziehen.

### Religion

Grundlage der vietnamesischen Religiosität ist die Ahnenverehrung. Die Ehrerbietung gegenüber den Vorfahren durch das tägliche Zeremoniell vor dem Ahnentempel vereint alle Vietnamesen. Auch der Glaube, dass den Naturerscheinungen Geister innewohnen, die man durch Opfergaben gütig stimmen muss, ist bis heute sehr lebendig. Die strengen Moralvorstellungen des Konfuzianismus haben den vietnamesischen Volkscharakter entscheidend geprägt. Doch auch Taoismus, Christentum und besonders Buddhismus spielen in Vietnam eine Rolle. Daneben existieren einige sektenartige Religionsgemeinschaften wie der kuriose Caodaismus, der östliche und westliche Glaubensrichtungen vereint.

### Wirtschaft

In der Landwirtschaft sind knapp 70 % der Bevölkerung beschäftigt. Seit der wirtschaftlichen Liberalisierung Ende der 80er Jahre entwickelte sich Vietnam vom Reisimporteur zum weltweit drittgrößten Reisexporteur – nach den USA und Thailand. Daneben werden v.a. Süßkartoffeln, Maniok und Zuckerrohr angebaut. 65 % aller Reisausfuhren erwirtschaftet man im Mekong-Delta. Zunehmende Bedeutung gewinnen die großen Kaffee- und Teeplantagen im zentralen Hochland und die Obstgärten im Mekong-Delta. Die Fischindustrie ist in den vergangenen Jahren zum drittgrößten Devisenbringer des Landes aufgestiegen. Mit Abstand die größte Einnahmequelle des Landes bildet die Rohölförderung.

Buddistischer Mönch

# Register
*Damit Sie Rezepte mit bestimmten Zutaten wie Klebreis oder Papaya noch schneller finden können, stehen diese Zutaten im Register zusätzlich auch über den entsprechenden Rezepten – ebenfalls alphabetisch geordnet und* **halbfett** *gedruckt.*

# Rezeptverzeichnis
## von Salat bis Desserts

# Bezugsadressen

Vietnam Center
Krumme Straße 42, 10627 Berlin
Tel.: 030-312 50 69

Asia-Kauf GmbH
Rheinstraße 24, 12161 Berlin
Tel.: 030/859 29 24

Asia-Shop Ekz
Hamburgerstraße 43, 22083 Hamburg
Tel.: 040/299 11 18

Vinh-Loi Asien-Supermarkt
Klosterwall 2, 20095 Hamburg
Tel. : 040/325 88 90

Asia Shopping Center
Hamburger Allee 37, 30161 Hannover
Tel.: 0511/32 17 41
www.asia-shopping-center.de

Asia Shop
Schwarzer Weg 36, 31224 Peine
05171/140 40

Kims Asia Store
Trompeterallee 3
41189 Mönchengladbach-Wickrath
Tel.: 02166/14 69 63
www.kims-asia-store.de

Eurasia
Frankfurter Straße 89, 51065 Köln
Tel.: 0221/69 90 27

Asia-Kauf GmbH
Hohenstaufenstraße 11
60327 Frankfurt/Main
Tel.: 069/75 15 00

Asia Shop KIM HA
Kaiseringstraße 10
68161 Mannheim Neckerau
Tel.: 0621/156 33 17

Asia Shop C&C
Rotenwaldstrasse 15, 70197 Stuttgart
Tel.: 0711/65 30 66

Asia Store
Birketweg 7, 80639 München
Tel.: 089/16 99 30

Orient Shop
Rosenheimer Straße 34
81669 München
Tel.: 089/448 52 51

## Internetadressen:

www.asianbrand.de
www.maimai.de
www.asienmarkt.de
www.asienshop.de
www.asientempel.de
www.asienversand.de
www. ruehlemanns.de: Hier gibt es alle
Kräuter als Pflanze.

# Adressen
*Hier finden Sie »unsere« Hotels und Restaurants in einer kleinen subjektiven Auswahl. Da in Vietnam ständig neue Hotels und vor allem Restaurants eröffnet werden, lassen sich sicher bei jeder Reise weitere empfehlenswerte Entdeckungen machen.*

## Saigon

Übernachten
**Continental Hotel**
Das älteste Hotel in Saigon. Sein Innenhof ist eine Oase der Ruhe, hier schrieb schon Graham Greene an seinen Romanen.
132–134 Dong Khoi,
Tel. 0084/8/829 92 01
www.continentalvietnam.com

Essen und Trinken
**Quán An Ngon**
Lebhaftes Restaurant mit sehr gutem Essen und schönem Ambiente: Die Betreiber lassen die besten Streetfood-Köchinnen Saigons im Hof zwischen den Gästetischen an ihren eigenen Kochstellen kochen. Bestellt wird beim Kellner. Vorteil: Restaurant-Komfort mit Suppenküchen-Tempo.
138 Nam Ky Khoi Nghia, District 1,
Tel. 825 71 79

**Com Nieu**
Hier wird die Spezialität des Hauses, im Tontopf gebackener Knusperreis (*com dap*), zum Abkühlen durch die Luft geschleudert! Auch lecker: *com chay cha ca*, kleine Fischküchlein auf Knusperreis.
6C Tu Xuong, District 3, Tel. 932 63 88

**Banh Xeo 46 A**
Streetfood »at its best«. Wie viele Straßenrestaurants ist auch dieses nach seiner Spezialität benannt: *ban xeo* sind mit Pilzen, Zwiebeln und grünen Bohnenkernen gefüllte Pfannkuchen aus Reismehl. Lecker, preiswert, gut besucht.
46 A Dinh Cong Trang, Tel. 824 11 10

**The Temple Club**
Hier kann man speisen und gleichzeitig schöne Möbel bewundern (und kaufen). Ein französischer Händler für Kolonialmöbel lässt in seinem Showroom auch Essen servieren, dessen Qualität sich schnell herumsprach.
29–31 Ton That Thiep, District 1,
Tel. 829 9244

## Phan Thiet

Kleiner Fischerort an der Ostküste, vier Autostunden von Saigon entfernt. Ideal für einen Kurztrip zum Baden: Weißer Strand mit Kokospalmen, kristallklares Wasser, rote Sanddünen.

Übernachten
**Coco Beach Resort**
Das war 1995 das erste luxuriöse Strand-Resort in Vietnam. Man wohnt in schönen Holzbungalows mit Veranda. 2 Restaurants, eines davon am Strand. Bibliothek, Kinderspielplatz, Wassersportmöglichkeiten. Massage und Pediküre. Die Hotelbesitzer, das deutsch-französische Paar Jutta und Daniel Arnaud, kümmern sich liebevoll um jedes Detail der gepflegten Anlage. Vorher reservieren.
Tipp: An der Rezeption die Jeep-Tour zum Weißen See buchen.
Nguyen Dinh Chieu, Ham Tien
6203 Phan Thiet,
Tel. 0084/62/8471-11, -12, -13
www.cocobeach.net

## Nha Trang

Badeort 450 km nördlich von Saigon. Das »Nizza Vietnams« lockt mit kilometerlangem Strand und lebhafter Promenade, tollen Tauch- und Schnorchelgebieten und dem schönsten Fischerhafen Vietnams.

Übernachten
**Ana Mandara Resort**
Das Resort zählt zu den exklusivsten Adressen an Vietnams Küste. Schöne Bungalows mitten in einem tropischen Garten, sehr geschmackvoll eingerichtet. Direkt zugänglicher Strand mit jeder Art von Wassersport. Sehr gutes Restaurant, ständig wechselndes Ausflugsprogramm, Kochkurse, schöner Spa-Bereich. Sehr freundliches Personal.
86 Tran Phu, Tel. 0084/58/82 98 29 und 81 07 00
www.six-senses.com/ana-mandara

Essen
**Nha Trang Seafood Restaurant**
Bestes Seafood-Restaurant der Stadt. Sehr authentisch – hierher kommen auch die Einheimischen.
46 Nguyen Thi Minh Khai St.,
Tel. 82 26 64

## Hue

Übernachten
**Hotel Saigon Morin**
Der herrliche Kolonialbau von 1901 war das erste Hotel der Stadt, wurde aber lange Zeit als Universität genutzt. 1998 wurde das Gebäude am Parfümfluss frisch renoviert wieder als Hotel eröffnet. Schöner Innenhof mit Pool.
30 Le Loi, Tel. 0084/54/82 35 26
www.morinhotel.com.vn

## Hoi An

Das Städtchen in der Nähe von Hue war früher einer der wichtigsten Handelshäfen Südostasiens. Wegen der vielen gut erhaltenen Bauten UNESCO-Weltkulturerbe. Idealer Ort zum entspannten Shoppen und Schlemmen.

Übernachten
**Hoi An Beach Resort**
Gelungene Bungalow-Anlage in malerischer Lage außerhalb Hoi Ans – genau zwischen Strand und Flussufer gelegen. Geräumige Zimmer mit Balkon. 2 Pools, Privatstrand. Am schönsten sind die Zimmer mit Flussblick. Kochkurse im Angebot. Mehrfach täglich ein Shuttle-Bus ins nahe Hoi An.
Cua Dai Beach,
Tel. 0084/510/92 70 11
www.hoiantourist.com

Essen und Trinken
**Cargo Club**
Trin Diem Vy, Köchin und Restaurantbesitzerin in dritter Generation, kocht nach vielen Rezepten ihrer Großmutter aus Zentralvietnam. Der Cargo Club ist ihr drittes und neuestes Restaurant in Hoi An. Sehr gutes Essen, gepflegtes Ambiente.
107–109 Nguyen Thai Hoc St.,
Tel. 91 04 89

**White Rose Restaurant** (Bong Hong Trang)
Hier gibt es die besten *banh bao* und *banh vac* der Stadt! Die gefüllten Teigtaschen, eine Spezialität aus Hoi An, heißen wegen ihrer Form auch »White Roses«. Der chinesischstämmige Familienbetrieb in der fünften Generation beliefert ganz Hoi An. Im Restaurant kann man zuschauen, wie die Teigtaschen gemacht werden.
51, Nhi Trung,
Tel. 86 27 84

## Hanoi

Übernachten
**Sofitel Metropole**
Traditionsreiches Kolonialhotel der Luxusklasse, erbaut im Jahr 1911. Schon Graham Greene und Somerset Maugham schwärmten vom exzellenten Service. Zimmer im alten Flügel reservieren! Das von Didier Corlou geführte französische Restaurant »Beaulieu« ist eine der besten Adressen für gehobene, internationale Küche.
15 Ngo Quyen Street,
Tel. 0084/4/826 69 19
www.sofitel.com

Essen und Trinken
**Dac Kim** (Bun Cha Nem Cua Be)
Garküche mit besonders köstlichen *bun cha* (gegrillte Schweinefleischfrikadellen) und *nem cua be* (Frühlingsrollen mit Krabben). Hier essen die Einheimischen. Mittags brummt der Laden, der sich über mehrere Stockwerke in einem engen Altbau zieht.
1 Hang Manh, Tel. 828 50 22

**Cha Ca La Vong**
Hanoier Institution seit 5 Generationen. Auf der Karte nur ein Gericht: Fischfilets, mit Nudeln und Dill am Tisch gegrillt. Authentisch und gut. Unbedingt reservieren.
14 Cha Ca, Tel. 825 39 29

**Café Giang**
7 Hang Gai
Von außen unscheinbares Café mit hübschem Innenhof. Spezialität: *nau trung sua*, mit Zucker und Eigelb aufgeschlagener Kaffee. Schmeckt wie Cappuccino mit Zabaione. Mittags geschlossen.

## Reiseveranstalter

**Studiosus Reisen**
www.studiosus.de
Erster deutscher Reiseveranstalter, der Vietnam auf dem Programm hatte – entsprechend groß ist die Erfahrung mit dem Land. Inzwischen hat der europaweit größte Veranstalter für Studienreisen für verschiedene Interessengebiete, z. B. auch Fahrradtouren, Schifffahrten auf dem Mekong und kulinarische Trips im Angebot.
Vietnam im Angebot haben auch z. B. Tischler Reisen, Meier's Weltreisen, DERTOUR und Neckermann.

# Literatur – eine Auswahl

*(angegeben ist die jeweils neueste Ausgabe, meistens ist das ein TB)*

## Belletristik

Graham Greene, Der stille Amerikaner, dtv 2003
Der Romanklassiker von 1955 handelt von einem englischen Korrespondenten im Saigon der Kolonialzeit, der einen Amerikaner kennen lernt. Dessen Undercover-Auftrag: skrupellos eine dritte Kraft in Vietnam zu etablieren, die eines Tages mit Unterstützung der Amerikaner über Ho Chi Minh triumphieren soll. (Ebenfalls empfehlenswert: die Neuverfilmung des Buchs von 2001 mit Michael Caine)

Marguerite Duras, Der Liebhaber, Suhrkamp TB 2002
1984 erstmals veröffentlichte Kindheitserinnerung der französischen Schriftstellerin, die ihre Jugend in Saigon verbracht hat und dort eine Affäre mit einem Chinesen hatte.

Duong Thu Huong, Roman ohne Namen, Unionsverlag 1997
Die vietnamesische, ehemalige Widerstandskämpferin schildert in ihrem Roman die Schrecken des Kriegs aus der Sicht eines jungen Kommandanten.

Pham Thi Hoai, Sonntagsmenü, Unionsverlag 2004
Die 1960 geborene Autorin beschreibt in kleinen, poetischen, manchmal skurrilen Geschichten den modernen Alltag in Vietnam.

Thich Nhat Hanh, Der Duft von Palmenblättern, Herder TB 2000
Autobiographische Vietnam-Tagebücher (1962–66) des renommierten, heute in Südfrankreich lebenden Zen-Philosophen.

Thich Nhat Hanh, Der Mondbambus, Droemer-Knaur TB 2001
Märchen und Geschichten, die von den Erfahrungen des Autors und seines Volkes im Krieg und im Exil handeln.

Andrew X. Pham, Mond über den Reisfeldern, Goldmann TB 2003
Erfahrungsbericht eines jungen Vietnamesen, der als 10-jähriger mit seiner Familie nach Amerika geflohen ist und bei seiner Rückkehr erkennt, dass er ein Fremder im eigenen Land geworden ist.

## Sachbücher

Anthony Bourdain, Ein Küchenchef reist um die Welt, Goldmann TB 2004
Ein Jahr lang reiste der Koch und Autor des Kultbuchs »Geständnisse eines Küchenchefs« um die Welt »auf der Suche nach dem vollkommenen Genuss«, so der Untertitel seines Reiseberichts. Am meisten ins Schwärmen kommt er über Vietnam, dem er ganze drei Kapitel widmet.

Tien-Huu, Vietnam – Kochbuch der Sinne, Belleville 1999
Der vietnamesische Ethnologe und Gastronom, der lange in Deutschland lebte (unser Fachlektor), beschrieb als einer der ersten in deutscher Sprache die vietnamesische Küche und ihre Bedeutung. Weit mehr als nur ein »Kochbuch« – lehrreich und poetisch. Leider sind die meisten seiner Werke nur noch antiquarisch zu erstehen.

Richard Sterling, World Food Vietnam, Lonely Planet 2000
Englischsprachiger Essensführer für Menschen, »die leben, um zu essen, trinken und reisen«, so die Unterzeile. Aus dem renommierten australischen Reiseführer-Verlag.

Monika Heyder, KulturSchock Vietnam, Reise Know-How Verlag 2003
Andere Länder – andere Sitten: Die Autorin erklärt Verhaltensweisen, Moralvorstellungen und kulturellen Hintergrund der vietnamesischen Gesellschaft.

Merian Vietnam, 2004

Kotte, Heinz/Siebert, Rüdiger, Vietnam. Die neue Zeit auf 100 Uhren, Lamuv 2001
Die Autoren haben lange Zeit in Vietnam verbracht. Ihr Buch ist Reisereportage, politischer Essay und fundierte historische Reflexion in einem.

Marc Frey, Geschichte des Vietnamkriegs, Beck TB 2002
Ausführliche Chronologie des Kriegs, ohne Wertung.

Denise Chong, Das Mädchen hinter dem Foto, Lübbe TB 2003
US-Schmöker zum berühmten Foto der Kim Phuc, dem kleinen Mädchen auf der Flucht vor den Napalm-Bomben.

Tim Page, Ein anderes Vietnam – Bilder des Krieges von der anderen Seite, National Geographic 2002
Der amerikanische Ex-Kriegsfotograf reiste 1999 wieder nach Vietnam und sammelte Bilder vietnamesischer Fotografen, die zwischen 1954 und 1975 aufgenommen wurden – mit ausführlichen Kommentaren und Interviews von Tim Page. Sehr schöner Fotoband.

# GENIESSERKÜCHE

*...für alle, die das Echte schätzen*

ISBN 3-7742-3202-4

ISBN 3-7742-2790-X

ISBN 3-7742-6069-9

ISBN 3-7742-6311-6

*Eine neue Generation von Kochbüchern zu ausgewählten Themen. Verführerische Rezepte und spannende Reportagen laden ein zu kulinarischen Entdeckungsreisen in Küche und Kultur und verheißen puren Genuss.*

Gutgemacht. Gutgelaunt.

## Text und Fotografie

**Hans Gerlach** kochte sieben Jahre in Sterne-Restaurants und studierte dann Architektur. Heute arbeitet er für Zeitschriften, Buchverlage und Werbekunden als Rezeptautor und Foodstylist – Letzteres seit vielen Jahren auch für GU. Für dieses Buch schrieb er die Rezepte und fotografierte die Reportagebilder.

**Susanna Bingemer** arbeitete schon während des Studiums als Lehrerin in Südostasien. Heute schreibt die freie Journalistin und Autorin am liebsten über Essen und fremde Länder. Diese Themen vereinen sich in den Reportagen dieses Buches.
Zusammen haben die beiden sich mit dem Büro "food & text" in München auf die Produktion von Food-Themen spezialisiert. Nach ihrer ersten Vietnamreise 1998 entstand die Idee zu diesem Buch, für das sie noch mehrmals ins Land reisten.

**Prof. Nguyen Tien Huu**, Ethnologe und Gastronom, betrieb fast 40 Jahre ein vietnamesisches Restaurant in München, bevor er wieder nach Vietnam zurückkehrte. Er übernahm die fachliche Beratung für das Buch.

**Joerg Lehmann** lebt als Fotograf seit 1991 in Paris. Er fotografiert Genuss für japanische und deutsche Magazine wie DER FEINSCHMECKER und für Buchverlage. Die Foodfotos dieses Buches lassen seine besondere Liebe zur asiatischen Küche spüren.

**Frauke Koops** arbeitet international erfolgreich als Foodstylistin, Produzentin und Rezeptautorin für Werbeagenturen, Frauen- und Foodzeitschriften und für das Gourmetmagazin DER FEINSCHMECKER. Ihre ganz eigene Handschrift ist auch in diesem Buch unverkennbar.

## Vielen Dank!

Für ihre Hilfe bei diesem Buch bedanken sich die Autoren herzlich bei Klaus Dietsch von Studiosus Reisen, Huu Doan von Saigontourist, Do Thu, Jim und Son vom Ana Mandara Resort, Jutta Arnaud vom Coco Beach Resort, Didier Corlou vom Sofitel Metropole Hotel, Van Hoi Asia Feinkost München, Ulla Gerlach und Inge Bingemer.

Programmleitung: Doris Birk
Redaktion: Birgit Rademacker
Lektorat: Adelheid Schmidt-Thomè
Korrektorat: Mischa Gallé
Requisite: Frauke Koops, Joerg Lehmann
Produktion und Styling: Frauke Koops
Assistenz: Ute Ritter, Rosi Oltersdorf
Versuchsküche: Alexander Kühn
Herstellung: Petra Roth
Gestaltung: Independent Mediendesign, München
Umschlaggestaltung: Independent Mediendesign, München, Petra Schmidt
Satz: Bernd Walser Buchproduktion, München
Reproduktion: Fotolito Longo, Bozen
Druck: Appl, Wemding
Bindung: Großbuchbinderei Monheim

ISBN 3-7742-6626-3

Auflage    4.    3.    2.    1.
           2007  2006  2005  2004

GRÄFE
UND
UNZER

*Ein Unternehmen der*
GANSKE VERLAGSGRUPPE

## Bildnachweis

**Joerg Lehmann:** 18–20, 25–26, 29 re, 30, 32–38, 45–51, 54–63, 65 li, 66, 69, 76, 80, 81, 92–94, 98, 101, 106–110, 114–120, 123 re, 124, 126, 127, 130–133, 140–145, 147 li, 148, 159, 160, 163 li, 164–167, 170–182, 189–192, 196–198, 201, 202, 210, 217 oben, 226, 227, Umschlagrückseite li, re
**Hans Gerlach:** Titelbild, 2–17, 28, 29 li, 31, 40–43, 52, 53, 64, 65 re, 68, 70–75, 78, 79, 82–91, 96, 97, 100, 102–105, 112, 113, 122, 123 li, 125, 128, 129, 134–139, 146, 147 re, 149, 150–157, 162, 163 re, 168, 169, 184–187, 194, 195, 200, 204–209, 211–221, 222–225, 228, 229, Umschlagrückseite Mitte
**Filmbild Fundus Robert Fischer** 22, 23